傻瓜狼实盘培训书系

傻瓜狼股票量化交易

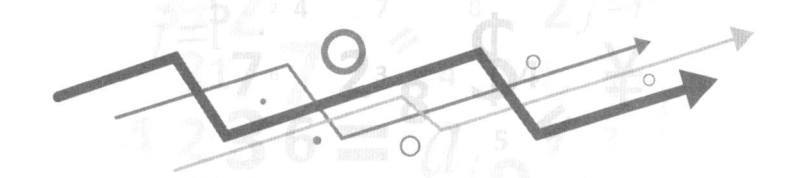

申棣什 著

中国经济出版社
CHINA ECONOMIC PUBLISHING HOUSE
北京

图书在版编目（CIP）数据

傻瓜狼股票量化交易／申棣什著．
北京：中国经济出版社，2018.3
ISBN 978-7-5136-5083-0

Ⅰ.①股… Ⅱ.①申… Ⅲ.①股票交易 Ⅳ.①F830.91

中国版本图书馆 CIP 数据核字（2018）第 024017 号

责任编辑　师少林
责任印制　马小宾
封面设计　华子设计

出版发行	中国经济出版社
印 刷 者	北京富泰印刷有限责任公司
经 销 者	各地新华书店
开　　本	710mm×1000mm　1/16
印　　张	17
字　　数	250 千字
版　　次	2018 年 3 月第 1 版
印　　次	2018 年 3 月第 1 次
定　　价	68.00 元

广告经营许可证　京西工商广字第 8179 号

中国经济出版社 网址：www.economyph.com 社址 北京市西城区百万庄北街 3 号 邮编 100037
本版图书如存在印装质量问题，请与本社发行中心联系调换（联系电话：010-68330607）

版权所有　盗版必究（举报电话：010-68355416　010-68319282）
国家版权局反盗版举报中心（举报电话：12390）　　　服务热线：010-88386794

前　言

抓热点、找突破、算空间、测卖点、设止损、执行模，看大做小、长持短打、跟进止盈持续盈利。

——执行，执行，再执行！

本书以技术问答的方式讲解量化交易，本书的出版得益于私募高级做手未来老师和著名交易师杨曙光老师的大力支持，得益于中国经济出版社师少林老师的鼎力相助，在此一并表示感谢。

《傻瓜狼炒股技术与战法》的读者都知道，"傻瓜狼"分"快狼""头狼"和"狼王"，其中"狼王"出击的点位在个股的起爆点上，是战役性的重仓出击的点位，抓的是大牛股即将走牛的异动，追的是正在飞奔的黑马。

交易是一门艺术，交易艺术刚柔相济，是胆量和技术的比拼，是执行力和心态的较量。如果您玩不转交易艺术，那就坚定地执行"模"，该买则买，该卖则卖。

"傻瓜狼量化交易"追索"量、价、时、空"的契合，规避高风险，挑战高收益，是融汇了"傻瓜狼"自己研发的经典技术和很多交易大师理论精髓的交易模式。量化交易进退自如，安全可靠，可操作性极强。只要您具备了良好的心理素质，确实掌握了其中的一门绝技，能够坚韧不拔地执行"傻瓜狼交易原则"，就一定能跑赢股市。

股海茫茫，哀鸿遍野，无数"小白"如飞蛾扑火，前赴后继自取灭亡。看多了股市万象，看多了无辜散户稀里糊涂地落入他人布下的陷阱，看多了"接盘侠抢占山头"，看多了"股市劳模"斩仓于黎明前的黑暗，看多了亏损累累的散户不惜重金到处抓"救命稻草"，这些股市乱象均令人十分心痛。没有金刚钻就不要去揽瓷器活，K线图表涨涨跌跌对谁都是公平的，那为什么吃亏的总是您？"知识改变命运"这句话不仅仅可以用来教育孩子，我们也不能忽视它的份量。俗话说："三百六十行，行行出状元"，在状元功成名就的背后，一定有超人的付出和天赋。

都说做股票不挣钱，那是因为他们不了解自己，不了解市场，不了解交易的真谛，是用"随意的瞎蒙"替代了"严谨的交易"。反之，掌握了交易技术不仅能挣钱而且能挣大钱。

一位著名的交易大师接受记者采访，记者问：假如您有四个儿子您会培养他们做什么？大师说：我要让老大当教师教书育人，让老二做军人保卫国土，让老三当医生救死扶伤，要让他们成为对祖国有用的人才。说到这里大师停了下来，记者不禁追问：那让老四干啥呢？大师哈哈一笑说：那还用问吗？一定要让老四当交易师呀，他上面不是有三个穷哥哥需要供养嘛！我深有体会：做股票真的能挣钱，证券投资可以是我们最后一份工作，只要我们能拿得动鼠标就能挣钱，但前提是我们必须掌握一套实实在在的交易模式，靠瞎折腾、撞大运早晚会赔个精光。

我信奉佛教，最初我也觉得股市中挣的钱可能是其他散户的，这样的话，做股票就不是善举，其实并非如此，我们投资股市是在支援国家建设就应当有所回报。而且，要行善，就应当让更多的人学会交易。股市里玩的是真金白银，是大家的血汗钱，多年以来很多散户一个个亏损累累，好像无论怎样做都要赔钱，其实，他们赔钱的真正原因是无法战胜自己，看懂了股市上的形形色色，读懂了K线背后的奥秘，掌握了交易技术，挣钱并不难。

谁都知道，只要我们能够做到"高抛低吸"就能盈利，其中的道理实在是太简单了：不断地高抛低吸，在复利的作用下就能创造出奇迹，账户资金就会像滚雪球一样越滚越大。但是，哪个地方是"高"，哪个地方是"低"您知道吗？是不是高了之后可能还有更高，低了后面还有新低？您可以下水试试：只要您买了就会下跌，只要您卖了就要上涨，您不卖继续跌，您敢买马上被套。为什么呢？您可以想一想，您是不是一直在追涨杀

前　言

跌?！说实话，只有机构的做手在高抛低吸！而大家呢？心里想着高抛低吸，实际上一直在反着做，要不然怎么会赔钱呢？接下来我们要解决的问题就简单了，我们需要弄清哪里是"高"哪里是"低"，知道了这些我们才能高抛低吸。

本书大篇幅剖析散户心理，以帮助大家树立正确的投资心态，因为这是散户赔钱的根本因素。从技术上讲，我重点讲解"傻瓜狼黄金测量"，仅此一招足以锁定胜局。除此之外我简单展示或描述了"K线计算""趋势理论""傻瓜狼天地量计算、令单计算"等。说实话，无论是计算还是测量都能确定大小波段的高低点，方法简单，路数神奇，其结果可能会让您拍案叫绝，惊奇之后您可能无法理解，但不管怎么说这是真实的，真金不怕火炼！

这套技术倾注了我们多年学习、研究的心血，凝聚了我们极大的付出和探索的艰辛，希望大家带着批判的眼光认真学习，学点真东西，把这套技术发扬光大并传承下去，最终成为一名优秀的证券投资人。

修行、悟道、脱胎换骨，"傻瓜狼"给您狼的忠诚和睿智，给您狼的勇气和坚定。让我们一同斩获财富，一同开创美好的幸福生活！

申棣什
2018 年 1 月 1 日

目　录

第一篇　修行

第一章　了解自己 ······ 3
- 第一节　明心见性 ······ 4
- 第二节　过江龙与舞龙灯 ······ 7
- 第三节　拉轿夫与抓壮丁 ······ 10
- 第四节　荐股与砸盘 ······ 12
- 第五节　资金少与仓位重 ······ 16
- 第六节　不能过于偏重基本面 ······ 17
- 第七节　频繁交易与频繁换股 ······ 18
- 第八节　止损与割肉 ······ 20

第二章　认识市场 ······ 24
- 第一节　国际货币与世界老大 ······ 24
- 第二节　中国需要大量的交易师 ······ 27
- 第三节　散户赔钱，地位使然 ······ 30
- 第四节　选对战场，选对时机，投身第三次造富运动 ······ 35

第三章　交易的真谛 ······ 37
- 第一节　天龙八部交易理念 ······ 37
- 第二节　心态与止损 ······ 39
- 第三节　复利与复亏 ······ 42
- 第四节　拿得住与扣鹌鹑 ······ 44
- 第五节　顺应市场，尊重市场 ······ 45

第六节　守不败之地，攻可赢之敌 …………………… 46

第四章　交易原则 …………………………………………… 49
第一节　量化交易七大原则 …………………………… 49
第二节　独立自主 ……………………………………… 50
第三节　看大做小 ……………………………………… 51
第四节　避免大亏 ……………………………………… 57
第五节　只做突破，不做下跌 ………………………… 60
第六节　长持短打 ……………………………………… 64
第七节　跟进止盈，拿住牛股 ………………………… 66
第八节　执行，执行，再执行！ ……………………… 68

第二篇　量化交易

第五章　傻瓜狼量化交易 …………………………………… 73
第一节　量化交易的魅力 ……………………………… 73
第二节　傻瓜狼量化交易 ……………………………… 77
第三节　算法所依据的理论及相关原理 ……………… 79
第四节　量化算法的可靠性分析 ……………………… 82
第五节　计算方法 ……………………………………… 83

第六章　大盘计算 …………………………………………… 87
第一节　顶底计算 ……………………………………… 88
第二节　傻瓜狼天地计算 ……………………………… 90

第七章　空间计算 …………………………………………… 93
第一节　空间计算的特点 ……………………………… 94
第二节　空间 AB 计算 ………………………………… 96
第三节　空间 ABC 计算 ……………………………… 107

第八章　浪型·时空·令单计算 ⋯⋯⋯⋯⋯⋯⋯⋯⋯⋯⋯⋯⋯⋯⋯⋯ 116

- 第一节　浪型计算概述 ⋯⋯⋯⋯⋯⋯⋯⋯⋯⋯⋯⋯⋯⋯ 117
- 第二节　出击回踩 ⋯⋯⋯⋯⋯⋯⋯⋯⋯⋯⋯⋯⋯⋯⋯⋯ 119
- 第三节　逃反弹顶 ⋯⋯⋯⋯⋯⋯⋯⋯⋯⋯⋯⋯⋯⋯⋯⋯ 123
- 第四节　跟进止盈 ⋯⋯⋯⋯⋯⋯⋯⋯⋯⋯⋯⋯⋯⋯⋯⋯ 128
- 第五节　最后一跌·最后一冲 ⋯⋯⋯⋯⋯⋯⋯⋯⋯⋯⋯ 131
- 第六节　双低高点·双高低点 ⋯⋯⋯⋯⋯⋯⋯⋯⋯⋯⋯ 134
- 第七节　单边下跌 ⋯⋯⋯⋯⋯⋯⋯⋯⋯⋯⋯⋯⋯⋯⋯⋯ 141
- 第八节　单边上涨 ⋯⋯⋯⋯⋯⋯⋯⋯⋯⋯⋯⋯⋯⋯⋯⋯ 143
- 第九节　时空计算 ⋯⋯⋯⋯⋯⋯⋯⋯⋯⋯⋯⋯⋯⋯⋯⋯ 146
- 第十节　模型计算 ⋯⋯⋯⋯⋯⋯⋯⋯⋯⋯⋯⋯⋯⋯⋯⋯ 154
- 第十一节　令单计算 ⋯⋯⋯⋯⋯⋯⋯⋯⋯⋯⋯⋯⋯⋯⋯ 159

第九章　形态的量化 ⋯⋯⋯⋯⋯⋯⋯⋯⋯⋯⋯⋯⋯⋯⋯⋯⋯⋯ 160

- 第一节　K线形态 ⋯⋯⋯⋯⋯⋯⋯⋯⋯⋯⋯⋯⋯⋯⋯⋯ 160
- 第二节　矩形与箱体 ⋯⋯⋯⋯⋯⋯⋯⋯⋯⋯⋯⋯⋯⋯⋯ 165
- 第三节　旗形 ⋯⋯⋯⋯⋯⋯⋯⋯⋯⋯⋯⋯⋯⋯⋯⋯⋯⋯ 178
- 第四节　三角形 ⋯⋯⋯⋯⋯⋯⋯⋯⋯⋯⋯⋯⋯⋯⋯⋯⋯ 188
- 第五节　N字形 ⋯⋯⋯⋯⋯⋯⋯⋯⋯⋯⋯⋯⋯⋯⋯⋯⋯ 203
- 第六节　弧形 ⋯⋯⋯⋯⋯⋯⋯⋯⋯⋯⋯⋯⋯⋯⋯⋯⋯⋯ 207
- 第七节　形态之王——岛形反转 ⋯⋯⋯⋯⋯⋯⋯⋯⋯⋯ 220
- 第八节　单顶、双顶、头肩顶 ⋯⋯⋯⋯⋯⋯⋯⋯⋯⋯⋯ 224
- 第九节　单底、双底、头肩底 ⋯⋯⋯⋯⋯⋯⋯⋯⋯⋯⋯ 230

第十章　黄金测量 ⋯⋯⋯⋯⋯⋯⋯⋯⋯⋯⋯⋯⋯⋯⋯⋯⋯⋯⋯ 240

- 第一节　黄金堆与黄金测量 ⋯⋯⋯⋯⋯⋯⋯⋯⋯⋯⋯⋯ 241
- 第二节　黄金堆交易要领 ⋯⋯⋯⋯⋯⋯⋯⋯⋯⋯⋯⋯⋯ 248
- 第三节　黄金时间计算 ⋯⋯⋯⋯⋯⋯⋯⋯⋯⋯⋯⋯⋯⋯ 254

后　记 ⋯⋯⋯⋯⋯⋯⋯⋯⋯⋯⋯⋯⋯⋯⋯⋯⋯⋯⋯⋯⋯⋯⋯⋯ 257

第一篇

修 行

要想成为一名成功的证券投资人，不在于您有多高的学识，而在于您必须掌握可靠的技术，遵循雷打不动的操作原则。最重要的是要有一个好心态。好心态基于成熟的人性，成熟的人性来自于自我修行。

因此，您要想把股票做好最关键的一课就是修行。修行的目的是了解自己、了解市场、了解交易的真谛，通过修行明心见性，养成成熟的人性，筑牢基础，立柱架梁，构建起自己的盈利模式，才能不断斩获财富。

第一章　了解自己

　　每个人的学识、阅历、脾气秉性各有不同，因此就有不同的处世风格，不能说因为要投资证券就要改变自己的现状，更何况"江山易改禀性难移"。但是我们必须明白，在跨入证券市场之前必须通过修行了解自己，了解市场，了解交易的真谛。

　　证券市场对于每一名散户来说都是公平的市场，股市中有日进斗金的散户高手，这些人凤毛麟角；也有无数个一败涂地的"小白"，就好比遍野的哀鸿。对于修炼出成熟人性的人来说，他们凭借良好的心态，依靠技术、坚持原则，能够从容、稳健地应对市场的跌宕起伏，恰似冲浪的赛手，犹如入海的蛟龙。对他们来说，股市处处鲜花、遍地黄金，好比琼楼玉宇，好比光辉灿烂的天堂，斩获财富如探囊取物。对于那些克服不了自身人性弱点的人，股市处处陷阱、遍地毒蛇，是苦海无涯、杀人无痕的地狱。

　　投资本身就是一场修行，修行是化蛹成蝶、脱胎换骨的蜕变，修行的目的是为了遇见自己，是为了明心见性。明心见性之后才能找到适合自己的盈利模式，坦然接受交易中的不完美，不与市场对抗，将交易中的大亏避免掉，自然就能稳定盈利了。

　　"没有技术的原则是空洞的原则，没有原则的技术是盲目的技术，人性修炼不够的交易是失败的交易，绝大多数散户交易失败的原因归根到底是人性出了问题。一分技术、两分原则、七分人性，其中占比最重的人性的问题往往不被接受，不被理解，而被完全忽视。殊不知，只有将成熟的人性、完备的原则、严密的技术三者成功凝聚，才能产生正确的投资心态，才能实现真正意义上的以小博大。"

——CIP 国际认证交易师·杨曙光

第一节　明心见性

问001：什么是修行，人性的弱点有哪些？

答：

简单的说，修行就是不断地审视自己，了解自己，修正掉自身人性的弱点，培养出成熟的人性，从而形成良好的投资心态。

比如：听消息、信专家、资金少、仓位重、过于偏重基本面、频繁换股、频繁交易、自以为是、急于暴富、追涨杀跌、盲目抄底、不顾事实、不肯认错、患得患失、不学无术、盲目崇拜、盲目跟风、不设止损、惜小认大、接受荐股、过度贪婪、随意转化时间框架等等，这些都是证券投资难于取胜的兵家大忌，都来自于人性的弱点，沾上一条足以致命。

问002：为什么要修行？

答：

从某种意义上讲，交易就是在交易人性，人是决定交易成败的主要因素，人性通常在交易中起着决定性的作用。

您可以问问自己，以往的亏损是怎样产生的：是不是入市的时机选错了？是不是一看账户上出现了巨大的浮亏就害怕了，害怕了就斩仓，且斩仓在了黎明前的黑暗？是不是由于贪婪，在对行情判断正确、入市的时机选择正确的情况下越涨越加码了，就这样垫高了成本，而在股价正常回调的过程中造成了损失？没有成熟的人性，就没有良好的心态，再好的技术也等于零。

在交易中追求完美、患得患失、不守原则、过度贪婪等等，最终会导致交易彻底变形，变成了小赚大亏；害怕获利回吐，该拿住的筹码拿不住，放走了黑马；该买入的时候迟迟下不了决心，该卖出的时候犹犹豫豫舍不得，有技术也不管用。

有的人总觉得赚钱太慢，总希望寻找一只赚钱更快的股票，贪婪驱赶着他们就像猴子掰玉米，找到一个，放弃一个，一辈子都在寻找中、在追涨杀跌中度过。这些人性的弱点都是影响我们投资成功真正的障碍。

投资、交易是一项在您没有真正参与的时候相对简单，当您一旦参与其中就变得相当复杂的金钱游戏。因为真实的交易动用了您的血汗钱，真金白银时多时少让您始终悬着心，本来很"简单"的事情由于加入了人性的弱点就"复杂"了。比如您在进行模拟操作的时候能赢，可真的实盘操作往往就会失败。这就说明往往"简单"更有效。

大多数人从事证券交易都亏钱，这是因为原本做股票的技能太简单了，而人类总是用复杂的眼光来看待简单的世界，将无比简单的东西无限复杂化，这是绝大多数人最终不能成功的主要原因之一。

每一个想要投身金融行业的投资者，都必须首先克服自己人性的弱点，完善自己的品性，通过修行放下"自我"，铸就好心态。有了好心态、有了好技术、确立好交易原则、严格执行交易计划，才能持久获利。

问003：如何才算修成正果？

答：

克服了自身人性的弱点，有了良好的心态，改善了自身的投资条件，掌握了技术分析的方法，能够做到独立自主分析、独立自主操作、严格执行操作原则，就算是修成了正果。

1. 学会看大做小。
2. 学会长持短打。
3. 学会计算和测量。
4. 学会选股。
5. 学会止损。
6. 学会跟进止盈。
7. 学会做T。
8. 掌握1~2种量化交易模型。
9. 能够按照交易原则，真正做到执行，执行，再执行！

以上九条实际上可以概括成两个字，那就是"执行"！没有静下心来踏踏实实的"执行"，没有"执行"力，一切等于零。这个"执行"看似简单，能够做到真的很不容易。

问 004：为什么不能听消息？

答：

说实话，听消息是最害人的。为了规避听消息的风险我们不妨自己做一回"傻瓜"，什么也不信，只相信自己分析、计算、测量的结果。我们一贯将股市定义为骗市和政策市，而再高明的骗子也骗不了傻子。

听消息是不自信的表现，之所以不自信是因为手头上没功夫，做股票讲究的是独立自主，动手操刀必须信心满满，必须自信。这种自信来自于我们对行情正确的研判，而不是道听途说的消息。

下面我从消息的来源说起，分析一下为什么不能听消息：

1. 机构做票最害怕的就是"跑风"，一旦"跑风"他们就会蒙受巨大损失。因此，机构要将保密放在第一位。在一般的情况下，小私募的做手正在做哪只股票就连他的老板、他的家人都不知道。只有到了出货的尾声，他们才有可能把消息故意透露出去，当您得到消息的时候，就是请您来当"接盘侠"的时候。

2. 来自亲朋好友的消息肯定没有恶意，但是他不会是主力的做手或操盘手，即使他是操盘手也未必了解做手的操盘意图。说对说错都是蒙的，不是涨就是跌，概率各占50%。

3. 如果真是机构透露出来的消息，说明机构遇到了出货困难，更不能买，上涨也不能买，因为股价随时都有可能暴跌。

4. 在当今信息化时代，推荐股票的微信、短信、电话可以说铺天盖地无孔不入。有卖软件的、有"过江龙"或"舞龙灯"拉人入伙的、有配合主力出货的、有指望骗点荐股费的，五花八门，真假难辨。

由于国家施行了双20限制，因此，这两年又出现了"拉轿夫"和"抓壮丁"的等等，万象迭起、鱼龙混杂。总之，这都是无利不起早，都是空手套白狼的小把戏，世上从来就没有只赚吆喝不挣钱的营生。

5. 来自F10的消息不可不信，也不可全信。例如，他说某日停盘等等这是真的，但是，有些关于经营方面的消息不必全信。相对来说，有些大网站披露的信息反倒更可靠。

由此我们得出结论：

1. 不听消息、不听股评，就不会被忽悠。
2. 在利益角逐最白热化的股市没有慈善家，天上不会掉馅饼。

第二节　过江龙与舞龙灯

问 005：什么是"过江龙"？

答：

所谓"过江龙"是团伙游资投机炒作的一种违法行为。游资炒作的幕后操纵者称为"龙头"，他们通过多种途径网罗会员，由此就聚集起分布在祖国各地的大量游资。由于这些游资听从调动，可以随时随地出击某只股票，来无影去无踪，因此它被称为"过江龙"。

那么，为什么这些游资会听从调动呢？因为，加入"过江龙"的散户首先要缴纳每年几万元的年费，并且"龙头"也确实能让会员在短时间内挣到大钱。交了几万元的费用就能跟着"龙头"挣大钱，尝到了甜头的散户就不会轻易脱离"过江龙"，更不会轻易错过每一次挣钱的交易机会。

我们来看"过江龙"是如何运作的：首先，龙头会根据他掌控资金的多少选好猎物，然后用自己的资金大量买入，建好"老鼠仓"。等"龙头"吃的差不多了，他就会指挥会员有计划、有步骤地跟进、抢盘。众人拾柴火焰高，股价上涨，资金推动，游资突然大量涌入某只股票，这只股票的股价必然会快速拔高。

潜伏在这只股票中的做手，看到这样一股从天而降的超大资金流没有章法、不顾死活地大量涌入，开始做手有可能指挥砸盘，但砸盘也不起任何作用，这时做手就会慌神儿，受到惊吓的做手也就不敢再砸盘了，因为越砸成本越高，越砸损失的廉价筹码越多。在行里这种情况叫"惊庄"。

被过江龙"惊庄"的做手也不敢配合拉抬，因为，谁也说不清这股游资会在什么时间、以什么价格出货。所以，做手只能"锁仓"，等待"过江龙"游走，等待风平浪静。

股价拉高到了一定的高度，"龙头"提前跑光了，才会通知会员分批跑，由于"龙头"一直没让大家跑，会员就会一直追。所以，尽管"龙头"的资金量很大，他还是能够痛痛快快地把货出完。"龙头"之所以让会员分批跑，是为了给会员留点骨头留点汤。

试想，如果大量的游资一起进，天天都是一字涨停板谁也买不到；如果大家一起出，天天都是一字跌停板谁也跑不了。"龙头"通过控制消息的发送范围控制股价潮起潮落，这样就实现了所有会员"利益均沾"的目的。"过江龙"一走股价自然暴跌，至少要跌到做手"锁仓"的点位。

"过江龙"的特点是：涨得快，跌得猛。在较高的位置有出货，如果龙头的资金量大，在较高的位置会出现短暂的横盘，在真正的高点上反倒没有出货的征兆形成单顶，下跌的末期常常会出现一字跌停板。然而"过江龙"最大的特点是不按套路出牌，遇到这样的股票万万不可追高。

总的来看，"龙头"吃了肉，会员啃了骨头喝了汤皆大欢喜。即使在这一轮的操作中有的会员没有挣到钱他也不会打退堂鼓。因为，会员们每次都能亲眼看到"龙头"的"集结号"一响股价天天涨，收兵锣一敲股价必暴跌，这些都是发生在眼前的事实由不得不信。怪只怪自己抢筹手慢没逮着，出货太贪跑得慢。

"过江龙"有违法嫌疑，但是为了躲避制裁他们会不断改换门庭，不断变通"集结号"，虽然他们的资金量十分庞大，但是十分分散难以查证。因此至今仍有"过江龙"存在也就不难理解了。

这样我们就能理解，为什么有的股票常常会在毫无征兆、毫无利好，甚至出现亏损的情况下突然来个鲤鱼打挺一蹿老高，突然又一落千丈销声匿迹的原因了。

由此我们得出结论：

1. 不要盲目追高！

很多股票不按套路出牌，尤其是"过江龙"最喜欢猎杀小盘股，再好的技术遇到这样的股票也不起任何作用，一旦遇到这样的股票只能见好就收。

2. 当出现大量资金不顾一切疯狂出货的现象时，一定要果断离场。

问 006：什么是"舞龙灯"？

答：

"舞龙灯"与"过江龙"形式相近，本质不同。所谓"舞龙灯"，是指当某只个股符合了某种选股定式之后，大量技术派疯狂买入而形成的一股势不可挡的资金流，在这种资金流的带动下股价节节攀升。"过江龙"有违法嫌疑，"舞龙灯"不违法，但也有扰乱市场秩序的因素，它是游走在违法与不违法之间的"擦边球"。

那么，为什么说"舞龙灯"不违法呢？

1. "舞龙灯"没有"龙头"，没有谁能够利用团队的资金实力谋取个人私利，有肉大家吃，有汤大家一起喝。

2. 加入"舞龙灯"的会员不需要向谁缴纳高额的年费。

3. 吹响"舞龙灯集结号"的不是某个特定的人，而是一种独特的量化交易模型，是做手故意做出来给技术派看的一种"模"，水平高的做手往往会把这个"模"做得一分不差。

因为，做手心里很明白，技术派发现了这样的股票一定会大量买入，所以当天不出涨停板也会出现大阳线。做手心里明白，技术派买入了这样的股票之后都不会轻易出手。因为技术派知道这样的股票会涨多高。因此，技术派的筹码只会助涨，而不是危险的浮筹，做手也就用不着把这些筹码洗出去了。

我们知道，任何一只股票的背后都有做手，做手翻手为云覆手为雨，散户只能跟着跑，跑来跑去，钱袋子跑漏了。散户单打独斗，除了遇到风吹草动跑得快之外再没有任何优势。所以组建、加入"舞龙灯"是较好的选择。

做手吹响"舞龙灯集结号"可以号令技术派，但不是每个技术派都能找得到这样的股票，撞上了大赚一笔，没撞上也是常有的事。很多散户看不懂这种"模"，见到了"散财童子"也不认识，说不定还会躲着走。因此要想挣这些踏踏实实的钱同样需要团队的力量。

再者"舞龙灯"不像"过江龙"那样需要"龙头"调度，"舞龙灯"靠的是自然协调。因为参与者之间没有任何利益关系，没有一定要听从哪个人指挥的必要，无论是买还是卖随意性很强。所以"舞龙灯"需要比"过江龙"更多的参与者才能保证真正参战的资金量够用。

如果我们组建了"舞龙灯"团队，那么队员的首要任务是在几千只股票中寻找和发现哪只股票吹响了"集结号"，一旦发现，一呼百应共同出击，既给做手抬了轿子，也给我们带来了丰厚回报。

由此我们得出结论：

1."舞龙灯"是团队成员抱团取暖，依靠团队的力量共同抵御赔钱的命运，携手致富的一种盈利模式，是散户能够做到百战百胜的必由之路。

2."舞龙灯"不违法，您掌握的"模"越多挣钱的机会也就越多。

问 007：我们有没有舞龙灯集结号？

答：

我们一共有 12 种量化交易模型，这些"模"都是吹响"舞龙灯"向财富进军的"集结号"。比如其中的"时空共振"就是一种非常好的"模"，这种"模"很少见，一年只会出现几次，"时空共振"的预拉涨幅是 35%，也就是说涨到了 35% 做手就有可能出货了，但是在我们找到的所有案例中涨幅都在 75% 左右，之所以超出了预期高度有可能是技术派蜂拥而上的结果。

第三节　拉轿夫与抓壮丁

问 008：什么是双 20 限制？

答：

国家为了抑制过度投机，保证证券市场的健康发展，针对机构施行了"双 20 限制"。第一个"20"是指机构投入股市的资金不能超过自身总资产的 20%，第二个"20"是指机构买入某家上市公司的股票不能超过其流通盘的 20%。

"双 20 限制"从某种程度上改变了庄散对垒的格局，起到了抑制机构过度投机的作用，但是证券市场的天性就是投机，投机可以遏制却不能根除。

问 009：什么是"拉轿夫"？

答：

"双 20 限制"似乎捆住了机构的手脚，然而，上有政策、下有对策。机构一边"拉轿夫"，一边"抓壮丁"，都是为了找回他们的控盘能力，为自己打江山招兵买马，让广大散户充当他们的马前卒。

机构利用讲解技术、义务诊股、推荐股票、白送软件、拉人免费入群、晒账户等等展示肌肉，赢得大家的信任。最终的目的是希望大家在他需要的时候买入某只他们指定的股票，或者帮他们抬轿子，或者让大家当"接盘侠"，这种情况叫"拉轿夫"。

充当机构的"轿夫"是不是真的能挣钱？本人没有参与过，不能妄言，也许给人家当"轿夫"多多少少应该能挣几个铜板。但是，如果当了"接盘侠"那就惨了。确认他们是让您当"轿夫"还是当"接盘侠"要看看当前股价的位置，如果股价在 K 线图表的低位有可能是请您抬轿子，如果股价已经运行到了高位就有可能是请君入瓮，让您来当"接盘侠"了。

其实，就算是当"轿夫"也未必就能挣到辛苦钱，做手一定会在拉升之前展开大清洗，防止在拉升的时候浮筹跳出来捣乱，这也就是说，老爷送到家，轿夫也就无用了。

问 010：什么是"抓壮丁"？

答：

机构的客服很热情，接触久了很容易博得您的信任，他们会掌握合适的火候邀请您"合作"，"合作"的方式就是控制您的账户，交易密码一改就解除了您的操作权，这叫"抓壮丁"。

如果挣了钱他们要提取您的盈利，一般在 50% 左右。如果真是这样，那也不错，至少是只挣不赔的，但是不要高兴得太早，他们根本看不上您的这点盈利提成，他们的目的是利用大家的资金保全他们的控盘能力，保证他们的大资金安全运作，一旦遇到不测他们就会"丢卒保车"让大家当替罪羊。再者，如果他们出货不顺，先把高价货甩给你那就糟了，血本无

11

归也无话可说。

还有一种"抓壮丁"的方式是做手给自己"抓壮丁"，这和机构"抓壮丁"的性质不同。我们知道，做手是机构雇佣的"工作人员"，机构要给做手高昂的薪酬，有的做手不满足这点收入，于是他会通过多种手段联络一些散户，掌控这些散户的交易账户，在他为机构运作的过程中建立他自己的"老鼠仓"，等挣了钱他要提取一部分利润做为他自己的"私房钱"。相对来说给做手当"家丁"好像安全一些，但是这绝不是万全之策。因为大机构运作某只股票的时间周期很长，他们计划获利的空间也不会太高。他们吸筹时要打压股价，也就是说，在某一个时间段上他们的账户是"亏损"的，如果这时您急需用钱就只能接受这种亏损。

由此我们得出结论：

1. 股市是利益角逐的战场，利益不承认人情，更不相信眼泪。因此，不要随意相信他人，一定要把命运掌握在自己手里。

2. 学点真功夫是您一辈子的福报，依靠别人永远难成大器，任何一个散户高手都是自己闯出来的。

第四节　荐股与砸盘

问011：为什么不能接受荐股？

答：

做股票一定要独立自主，不能接受荐股，也不能盲目跟风，只有依靠自己的实力才能真正挣到钱。

假如您认识一位做股票非常棒的老师，老师给您一个人推荐了一只股票还算靠谱，如果他在大庭广众之下推荐了这只股票那就不好说了。不是说老师的水平低，也不是说老师心术不正，每一个当老师的都希望自己推出的股票涨了又涨，都希望自己的学生挣到钱。可是知道的人太多了基本上也就没戏了，如果大家都知道这位老师很棒，都很崇拜这位老师，那么大家就会把这个消息扩散出去，七大姑八大姨一传十、十传百，说不定就会传到哪个不懂股票的大户耳朵里，一个大单进去黄花菜就凉了，做手一定会砸盘，砸不出去做手不敢拉升。

问 012：为什么不能向不懂技术的人荐股？

答：

在不接受荐股的同时也不能轻易向他人推荐股票，尤其不能向不懂股票的人推荐股票。

首先，你要推荐股票的对象一定是很亲近的人，向人家推荐股票就需要把买入价、预期上涨的价格、止损价告诉人家，你还应该告诉人家明天会如何开盘，如何看第二天的集合竞价。其他的都好说，根据集合竞价断定当天的走势只有短短的 5 分钟，如果弄出来个"缩量高开"或"放量低开"就糟了，当天买入立马被套。尤其是出现了"令单大低开"当天就是跌停板，这样的话不但您帮不到人家，反而害了人家。

再者，做手筑底一般比较复杂，相对来说判断顶部比较容易，即使您告诉了人家预判的高点，可万一出现了顶背离、乌云盖顶、黄昏之星或向下的跳空缺口，您一眼就看出来了，您自己跑掉了，可来得及通知人家吗？眼看着把人家扔到了山尖上，如果遇到了"黑天鹅"、遇到了"白犀牛"、遇到了"闪崩"那就更说不清了。这样不但没有帮了人家，反而害了人家。

更糟糕的是，您的朋友不懂股票才会让您荐股，他不懂股票不代表人家没有钱，如果他确实信任您说不定几百万元一下子就冲进去了，如果他介入的时机不对做手必然要砸盘，弄不好您也会被他拉下水，大家都跟着受连累。

股市中真正的高手不会轻易荐股，更不会在大庭广众之下荐股，人家不是怕被"打脸"，而是他们知道荐股有百害而无一利。相反天天晒账户、天天荐股的所谓"高手"一定另有它意。

由此我们得出结论：

1. 要学就要学到真本领，做股票最讲究独立自主。

2. 不能随意向不懂股票的人推荐股票。

3. 尤其是那些有较大影响的媒体或平台，他们推荐的股票最好别碰，如果手里有一定要备加谨慎。

问 013：为什么"非单"进来做手就要砸盘？

答：

首先，我们要知道不是主力挂出或成交的大单叫"非单"。

1. 如果这个"非单"是一个大买单，一旦出现在做手吸筹或洗盘的时候做手定要砸盘。

我们知道，每只股票的背后都有一名主力的做手，做手每日的操盘动作都是提前计划好的，做手的操盘手一方面研究大盘，一方面研究散户。在一个盘子不大的个股中，如果出现了 50 万元或 100 万元的"非单"都会引起操盘手的高度关注并汇报给做手。

因为这个大单不是他们下的，肯定是"非单"，敢于下如此大单的有可能是技术派的单子，也有可能是一般散户的。因此，他们一定要查，他们甚至可以查到您的名下，至少他们能查到这个大单来自于哪个地方、哪个营业部。

比如，做手要打压吸筹，股价下跌，跌势凌厉。散户见状本应该逃跑才对，不应该冒出来这么一个不怕死的大单，而且是重磅抢筹。他们要试探对方，就会砸盘，今天不砸明天砸，至少这个"非单"会被他们死死地盯上，一定要把它洗出去才敢拉升。

再如，做手正在洗盘，结果不但没洗出去多少散户，反而来了一个大"非单"，他们就会继续洗盘，不把这个大"非单"洗出去他们不会善罢甘休，只有砸到这个大"非单"承受不了账面浮亏，跑掉了，他们才会拉升。

因为散户的浮筹对做手的威胁很大，更何况是一个特别大的买单。如果是技术派吃进的大买单还好，因为技术派持股比较稳定，不会轻易卖出，属于"定时炸弹"；如果是一般散户吃进的大买单，那就是浮筹，浮筹是随时都会引爆的"炸弹"。散户的操作随意性很强，常常会在做手对敲拉升的过程中出逃，这样就会形成高山落石，成为引发散户集体大逃亡的"泥石流"。

我们知道，做手的重兵埋伏在底部，用来拉升的资金并不多，用来控盘的资金也不多，因为留下控盘或拉升的资金太多了，主力挣的钱就少了，做手的收入也就少了。

而在某一只股票里散户的资金量相对来说比较大。所以，一旦爆发"泥石流"做手肯定吃不消，关键是一旦操作失败机构损失巨大，做手也是打工的，无法承担巨大的损失，对他来说后果很严重。所以，做手一定要把这个"不速之客"请出去才敢拉升。

如果您不信邪，非要大单出击，那也好，在您实在扛不住浮亏准备卖出的时候知会别人一声，也让他们捡个便宜。这不是开玩笑，不信您就试试，只要您一卖，股票就涨，只要您不卖，它就一直跌。如果您卖了它还不涨，就说明还有别的"非单"需要处理。

2. 并不是说只要一看到大"非单"做手就一定会砸盘。比如到了做手出货的末期冒出来个大"接盘侠"，做手定会偷着乐，就不用花钱砸盘了。再如，如果在做手狂甩尾货的时候冒出来一个大"非单"做手也不会砸盘，为了明天顺利出货，说不定还会在即将收盘的时候把股价对敲拉高。如果做手想赶紧把股价砸低再炒它一把，常常会留些筹码专门砸盘。

由此我们得出结论：

1. 如果您的资金量很大，您可以在不同的地域或者在不同的券商多分几个户头，您还可以多买几只不同的股票。如果您只看好一只股票，您可以分不同的日期、不同的时间、不同的价位，以小单分批买入。切不可大单直接进出，否则害了自己也害了别人。

2. 在实盘中不要看到一个单量很大的单子买入了您就抢着跟进，这多半是大"非单"。做手拉升常常使用上涨冲击波，也就是连续、大单、快速、密集成交。如果此时压单很重，大买单交而不挂，那就更好了，如果再符合了其他三个要求今日才有可能直冲涨停。

第五节　资金少与仓位重

问 014：资金少、仓位重有什么不好？

答：

1. 资金少不能有效分仓以控制风险。

"傻瓜狼"讲究"九匹狼、三分仓、三三分仓"。九匹狼的含义是将总资金分成三份，分别买入三类不同性质的股票：一类养家糊口的票、一类"有效突破"某种形态的票、一类与涨停板有关的票。这三类股票风险逐次加大，风险大获利大。"三三分仓"的含义则是针对一只股票我们要分三次进行交易。

因为事情都不是绝对的，对于散户来说，赢，赢在概率上。除了自动量化交易和高频交易系统，世界上没有板上钉钉只挣不赔的方法，世界级大师也有赔钱的时候。例如，华尔街奇才艾略特，经历了从穷光蛋到百万富翁，又从百万富翁到穷光蛋的四起四落，最后自杀身亡。再如，投机大师索罗斯压宝希拉里当选美国总统，结果特朗普上台损失惨重。再如，顶级投资大师江恩曾经显赫一时，到了最后却穷困潦倒。还有股神巴菲特重防守、轻进攻，每年的净利润也只有 20%，他是靠资金实力挣钱的。

真正的常胜将军是数学家詹姆斯·西蒙斯，他使用"大壁虎"量化交易系统百战百胜。再如，大科学家牛顿，做股票赔掉了一大半的家产，最后他感慨地说：我能预测出天体的运行轨迹却算不出人类的疯狂。

我们是小散，不能和大师相比，大师都有赔钱的时候，何况我们呢？再说，大师也说过：保证本金安全是第一要务。"九匹狼，三分仓，三三分仓"是控制系统性风险，保证本金安全的重要手段之一，资金少就无法分仓。

2. 仓位重更可怕。

资金少必然要仓位重，否则几手几手的交易不够缴费的，挣个仨瓜俩枣不够辛苦费。比如说投资 10 万元挣到 1% 是 1000 元，交易一笔还能剩下大几百，投入 1 万挣到 1%交易一笔就剩不下钱了。

仓位重为什么更可怕呢？这就好比守阵地，敌人一来一梭子子弹全打光了，打不死敌人只能当俘虏，没有还手的余地。

3. 资金少、仓位重无法做差价很小的小 T。

真正挣钱的散户都是做 T 的高手，资金少无法做 T。在实战中我们可以通过"黄金测量"清晰地看到做手几乎每天都在做 T。看似进去 1000 万元，其实没拉多高他就跑了。我们要知道投入 1000 万元，涨一分钱那是"10 万雪花银"，涨 1 毛钱那也是黄金百万两。而持股少涨 1 毛可能还挣不到一盒快餐，如果跟庄交易不但挣不到银子弄不好还会赔本。

也许您会问做手小幅度做 T，就不怕损失佣金吗？这一点我们不用替人家担心，机构和我们不一样，他们要缴纳的佣金很低几乎可以忽略不计。

4. 资金少只能做一只股票。

这好理解，万一您做的这只股票停盘了您就"待业"了，万一这只股票出现了闪失搞不好您就"下岗"了。

5. 资金少市值就小，能申购新股的"配号"就少，不容易中签新股。

总之"韩信用兵多多益善"，投资股市至少要拥有 6 万元以上的保证金，这也是券商给您低佣金的最低门槛，再者仓位重是兵家大忌，无论您投资多少不遇到大牛市就不能保持全仓。

第六节 不能过于偏重基本面

问 015：为什么不能过于偏重基本面？

答：

过于偏重基本面往往会放跑大黑马，这一点不难理解。因为，有的股票基本面非常好可就是不涨，一跌再跌也很常见。相反有些基本面不好的股票，说不定哪天连续拔高，说极端点，有的 ST 股、有的预亏股常常出现连续的一字涨停板，犹如旱地拔葱、一飞冲天，成为短时间翻倍的超级大牛股。

比如，某家玻璃厂的股票，爆涨爆跌，波澜壮阔，其实该厂早已经买不起原料做不起玻璃了，厂区都卖给房地产开发商了，大楼都封顶了，可人家的股票有差价，这种暴涨暴跌的股票才是技术派追捧的好股票。

另外，不侧重基本面不等于不看基本面，看看基本面以及公司咨讯可以防止买到即将停盘的股票。

由此我们得出结论：

1. 对于小散来说，基本面应该看，但不能过于偏重基本面。
2. 资金量大的散户则一定要关注基本面，学习巴菲特坚持价值投资做长线。

第七节　频繁交易与频繁换股

问016：为什么不能频繁交易、频繁换股？

答：

频繁交易、频繁换股最能暴露出来不学无术、急于暴富、追涨杀跌、患得患失等人性的弱点。比如，他不知道手中持有的股票是涨是跌，没有相对的理论依据，缺乏技术支持，这是不学无术的结果。

1. 没有知识，没有技术分析能力，又想着一夜暴富，就会厌烦手中的股票不涨，看着其他猛涨的股票就会眼红。自然就会去追涨杀跌，结果卖出的股票开始疯涨了，刚买的股票开始下跌了，就这样"成功"地完成了一笔赔钱的交易。由于一次次追涨杀跌，一次次造成损失，也就更容易患得患失了：害怕卖了就涨，不敢卖；害怕买了就跌，不敢买。就这样形成了恶性循环。

挣钱赔钱事小，搞坏了心态很要命，一旦心态坏了往往就会头脑发热做出错的交易，损失更大。

2. 患得患失是频繁换股、频繁交易的根源，它有多种表现形式，比如，本应该止损的股票只因为还差一点点就解套了所以舍不得及时卖出；

本应止盈的股票，害怕卖了再涨结果盈利缩水。

再如，旁人一句不经意的话，就能改变他的操作思路。这些人做股票，从开盘到收盘一看就是一整天，而且他们不是在进行盘中分析，该买则买，该卖则卖，进行盘中做T。而是账户不离眼儿，喜怒哀乐被价格的短期波动和账户上的浮动盈亏所牵制，高兴了误操作一把，不高兴了还是误操作一把。

实际上，真正的散户高手从集合竞价开始看盘，在10时之前人家就知道了今天的走势，看看有没有差价，如果有差价计算好高低点价格，直接完成挂单，然后就不再看盘了，该干啥干啥。到了尾盘再看半小时操作一下足够了。账户不离眼儿、盘面不离眼儿实际上是患得患失最直接的表现。

还有，有的人看到手中的股票涨了就犯"恐高症"，忘记了强者恒强、忘记了跟进止盈的原则而匆匆出局。然后去找低位的股票，玩一个"坦然"抄底。为什么就不想想，如果手中的股票还远离"计算高点"或"黄金测量"的高点为什么要卖呢？大盘一再上涨，一些股票却一直趴在地板上，这些股票真的能买吗？患得患失，频繁换股，是兵家大忌，劳神伤财，得不偿失。

3. 没有章法的频繁操作更要不得，没有章法、没有依据的频繁操作一定是卖在了下跌的时候，买在上涨的瞬间，频繁交易的实质是玩分时线上的追涨杀跌，是"股市劳模"赔钱的主要根源。

市场有句话："谁敢和市场开玩笑，市场就会和谁开玩笑，一定会把他打趴下"。不断追涨杀跌，不断抄底杀涨，频繁换股，频繁交易，就是赶上大牛市也挣不到三瓜俩枣。

没有可靠的分析能力就需要学习，做股票是一门缜密的学问，是一门艺术，只有大家掌握了可靠的技术才能有成熟的人性，才能有良好的心态。十八般武艺练精了做股票就是"熟练工"。说实话，做股票是一种轻松快乐的生意，不要把简单的事情搞得太复杂。

由此我们得出结论：

1. 学好技术是克服人性弱点的关键。

2. 没有较高预期的股票不买，没有达到止盈要求的股票坚决不卖。

3. 不能频繁换股，不能频繁交易，更不能随意追涨杀跌，并且开新仓的股票当日必须盈利。

4. 静如处子，动如脱兔，没有依据不动手，动手必须稳、准、狠。

问 017：为什么不能盲目抄底？

答：

盲目抄底也是不容忽视的人性弱点，我们知道强者恒强，也应该知道弱者恒弱，任何一只股票只有相对的低点，没有真正的底。

有句话在市场上流传已久："高手死在抄底的路上"，其实，既然是高手就没有"死"的道理。看大做小、抓热点、计算、测量等等，都能准确地找到相对的低点。切记"牛市追涨不抄底，熊市抄底不追涨"。牛势追涨追的是"有效突破"，在牛市中趴窝的股票一定是病鸭子；熊市抄底抄的是"最后一跌"，熊市的暴涨十有八九是昙花一现。

在此我们需要强化记忆一个重要的理念："永远不做正在下跌的股票"，因为我们不是机构，不存在打压吸筹的问题。因此，我们只做右侧交易，不做左侧交易。

左侧交易是指在日线图表上不断地买阴线，右侧交易是指买在股价企稳上升趋势中的回踩，尽管如此，我们买回调，不买上冲，不能回到分时追涨杀跌和 K 线追涨杀跌的老路子上来。

由此我们得出结论：

1. 永远不做正在下跌的股票。

2. 牛势不抄底，熊市不追涨。

第八节　止损与割肉

问 018：为什么要设止损，什么是惜小认大？

答：

在动手之前，我们首先要计算、测量出来这只股票有较高的预期涨幅，然后，确认批次跟进的买点，更重要的是要找准止损点。在没有提前设好止损点的情况下千万不能鲁莽出击。量化交易模型，既有三个买点，也有一个止损点。这里的止损点不是"拍脑门"想出来的，而是计算出来的，大家只要严格执行止损原则就可以永不被套。

那么，为什么要设止损点呢？这就好比小偷偷东西，要提前找好退路，一旦暴露溜之大吉，万一被捉挨顿暴揍、受到精神折磨不说，弄不好就要住"班房"了。

被套就好比住"班房"，很多散户不能挣钱，账面稍微见红跑得比兔子还快，可一旦被套反而心安气定、长期持有、雷打不动，直到越套越深、非要把"牢底"坐穿。本来只有一点点小损失，心疼呀，舍不得呀，该跑就是不跑，直到损失越来越大，损失大了反而不在乎了，这就是"惜小认大"。

惜小认大体现的是"虱子多了不咬，债多了不愁"的病态心理，是很要命的人性弱点，可以肯定的说，凡是赔了大钱的散户都没有止损的概念，都是惜小认大的"楷模"。

说实话，做股票就是做生意，买入之后被浅套这很正常，我们毕竟资金有限，不能通过正负金字塔方式操盘。因此，就不能一味地补仓试图摊低成本。那么多好股票，为什么非要在一棵树上吊死呢？

再说，我们永远不做正在下跌的股票，趋势变了该止损就止损。止损价是"模"被破坏的价格，皮之不存毛将焉附。在股价跌破止损位之前的损失是计划内的损失，我们必须承担，因为您的资金量大浮亏才大，其实损失的点数并不多。如果股价还没有跌破止损位您就跑了，无法承受巨额的浮亏也就挣不到大钱。只要收盘时"模"还在，我们就要沉住气，坚守住我们最后的防线，万万不可乱了方寸导致交易失败。

在实战中，我们一定要执行量化交易模型，每一个"模"都蕴含着一定的道理，眼下的亏损是暂时的浮亏，我们计算、测量出来的目标值不会轻易失效。但是，股价一旦跌破了止损位，不是大盘出现了问题，就是机构放弃了他们前期构筑的工事，遇到这种情况我们也只能放弃。

由此我们得出结论：

1. 应熟练掌握"模"的技术要领，操刀之前首先设好止损位。

2. 只要"模"不破坏，必须坚守！要敢于承担计划内的亏损，防止跑在黎明前的黑暗。

问 019：止损和割肉有什么不一样？

答：

从客观上讲，止损和割肉都是在亏损的情况下卖出股票，但是它们之间有本质上的区别。

止损，是因为做手放弃了他之前构筑的工事，做手放弃了我们也要放弃，止损是计划内亏损，从交易层面上讲止损虽然是赔钱了，但它依然是一笔成功的交易。

割肉，是失败的交易，是因为没有提前设置止损价格，在无法承担账面巨大浮亏的情况下，被动做出卖出决策的行为。

其实，割肉也要会割，割肉之前我们要通过计算、测量看看股价是不是接近了这些低点，通过黄金堆看看做手是不是正在打压吸筹。如果515发出了买入信号，我们就能找准割肉或者补仓的点位，防止盲目割肉割在即将反弹的位置上。

如果我们已经预判出跌幅很深，剩下的唯一选择是"赶紧跑"，切不可犹豫不决，最后身陷囹圄。

提示：515是指5分钟、1分钟、15分钟K线图。

问 020：如何看过度贪婪？

答：

过度贪婪是人性的最大弱点之一，追求完美的心理、毕其功于一役的心理、数钱的心理都是过度贪婪的直接表现。在明眼人看来贪婪是自己给自己设套，自己挖坑自己跳。

1. 在股市中追求完美是贪婪的极端表现，我们知道股市如战场，只要是战场厮杀从来就没有完美的胜利。试图买在最低的价格上，试图卖在最高的价格上，都是极度贪婪的写照。

2. 时时惦记账面上那点资金的起伏变化，无形中影响到心态，钱多了激情四溢、欣喜如狂，钱少了心跳加速、万分沮丧，无形中被眼前浮动的盈亏左右了情绪，忘记了交易原则，忽略了真实行情本身，数钱的心理对我们正常的思维判断有非常大的干扰。只有做到了手中有股，心中无股，进退循法，才能坦然盈利。

问 021：如何看随意转化时间框架？

答：

随意转换时间框架也是人性的弱点。转化时间框架是指把短线做成了长线或者把长线做成了短线。这种转化有主动的也有被动的。

例如，有的人买到了一只股票，涨得不错，本来这是一只短线股，看它涨得不错，不但不卖，反而再度加仓，心存侥幸，希望它涨得更高，于是把这只短线票变成了长线操作。这是主动地转换了时间框架。短线票就是短线票，在上涨中一味地加仓，就会垫高成本，一旦遇到回调，原来的盈利就不见了，说不定还会被套。违反了上涨不加仓的原则必败无疑。

还有人，买入股票之前，计算的涨幅会很高，结果在上涨的途中出了一个大阴线就吓坏了，也顾不上看看这个大阴线是不是上涨腰背离，上涨腰背离可遇不可求，正是越跌越买、尾盘加仓的天赐良机。他可好，脚底抹油溜了。不知道哪个老师告诉过他在上涨的途中不能出大阴线？这样就把一只长线股当短线处理了。究其原因，他是怕挣到的那点钱再赔回去。从客观上讲，这也应该算是主动地转换了时间框架。

还有被动转换时间框架的情况：他明知这是一只短线票，可是被套了，被套了就舍不得止损了，于是做起了长线，死死抱着亏损的筹码去接受更大的亏损。

总之，随意转化时间框架是心存侥幸、过度贪婪、患得患失等人性弱点的具体表现。整个交易没有章法，混乱无序，这种轻易转化时间框架的操作必定要承受不坚持交易原则的恶果。

第二章　认识市场

在中国共产党的英明领导下，中国正在与世界博弈，不断开拓经济领域的发展空间，"一带一路"为中国经济插上了高飞的翅膀。中国梦是国家富强的梦、民族复兴的梦、人民幸福的梦、社会和谐的梦，是你的梦，也是我的梦。让我们擦亮慧眼，跟上时代步伐，选对时机、选对战场，投身第三次造富运动。

中国股市前景无限。上证市值与华尔街市值严重不匹配，上证指数与道琼斯指数严重不匹配，这里蕴含着无限商机。沪港通、深港通，以及未来的沪伦通等等都是吸引国际资本、实现平衡的管道，上证指数三千点，将是我们再也看不到的历史最低点。

诚然，证券市场永远根除不了投机的本性，散户赔钱命运使然，要想抗衡华尔街，中国需要大量成熟的交易师。因为，不久的将来我们所面对的不仅是国内的做手，还有跨国的做手。学点真本领，学会量化交易，搭上国家复兴的财富巨轮，为自己挣钱，为国家出力！！

第一节　国际货币与世界老大

问022：国际货币与证券市场有关系吗？

答：

证券投资的实质是货币的交易，那么我们就来说说货币，说说钱。我们知道货币有四大功能：货币的第一个功能是价值尺度，任何商品都可以通过货币来衡量其价值。货币的第二大功能是结算或者说支付手段。货币的第三大功能是流通，货币流通本身并不能使货币增值。货币的第四个功能是储蓄，储蓄能导致货币的增值，但是储蓄的增值效应已经越来越小了，有的国家还要交储蓄管理费，所以把钱存在银行里，靠储蓄已经挣不到钱了。

这些年，大家深有感触：靠储蓄不要说增值，就连保值的效应也已经荡然无存，不贬值就已经烧高香了。

货币固有的四大功能都不能增值，然而，美国的 GDP 有 46% 的份额来自于货币的交易。因此说，货币本身就具有交易的功能，证券交易的实质就是货币的交易。成功的交易可以在复利的作用下无量增值。同样，失败的交易也会将损失无限放大。通过认真分析不难明白，价值尺度、货币流通、银行储蓄、结算支付以及货币交易，这些功能之间有着千丝万缕的联系，其中货币的国际化流通是奠定国家强盛的基石，货币的交易具有增值的效应，这是货币的最大魅力。

总之，人民币国际化是中国成为世界经济老大的前提，经济上的世界老大必然惠及国民，必然国富民强，国民富有了，证券市场自然蒸蒸日上。

问 023：为什么说谁的货币成了国际货币谁就是世界老大？

答：

在世界上最早的国际货币是黄金、白银，康熙时代中国是世界上的老大，是政治、经济、文化交流的中心。在康熙眼里西方处于蛮夷时代，他为了阻止中国先进的技术、文化流出国门采取了闭关锁国的政策，正是这个政策断送了中国老大的地位，后来英镑将黄金、白银边缘化了。

在十八世纪六十年代以来，西方经历了第三次工业革命，首先崛起的是西班牙，他们仰仗国家的力量打造出一个无敌舰队，这个海盗性质的舰队横扫沿海国家，靠着他们的坚船利炮掠夺世界财富，满载财富的无敌舰队在中大西洋、在英国女王的眼皮子底下来来往往，耀武扬威，女王当然不高兴了。1588 年英国女王命令拼凑起来的英国舰队以小博大火烧了西班牙的无敌舰队。从此英国逐步夺得了海上霸主地位。

当时的英国比西班牙更加贪婪，他们不仅掠夺世界财富，而且殖民，就这样世界上好多国家沦为了英国的殖民地，从此英国就有了"日不落国"的称谓，自然英镑就成了国际货币。这样一来，英国印的钞票越多被殖民地国家就越惨。

那么，美国是怎样取代英国成为世界老大的呢？单从这一点来说，美国真的要感谢第二次世界大战。1937年"二战"爆发，很多国家被德国法西斯和日本鬼子打得一败涂地，前苏联、英国、中国、法国等等很多国家都被打残了。这时候的美国拼命卖军火，大发战争财，没钱买他就赊给你，条件是用美元结算。

我们知道，战争打的是资源、拼的是资金，很多国家没钱买却又急需大量军火，所以只能认从。这下可好，美元逐步取代了英镑。可以说"二战"使美元击败了英镑，之后的美国又建立了保持美元霸主地位的布雷顿森林体系，没过多少年美国就成了世界老大。

美国是商业性质的资本主义国家，凭他的实力完全可以侵略或占领很多弱小的国家，可是美国不这样做，美国只认钱。美国凭借美元的坚挺和美元的国际化性质，成为全球的霸主，冷战后更成为唯一的超级大国。

改革开放使中国快速崛起，但是国际货币依然是美元。中国已经取代日本，成为了世界排名第二的经济体，中国在众多领域领先于世界，其中就包括制造业，可以说近40年来中国发展之快是令任何一个国家都眼红的，中国就像一个巨人猛然站立起来了，然而，这是一个被捆绑着的巨人，这条无形的绳索就是美元。

中国有悠久的历史，有博大精深的文化底蕴，中国人民勤劳、勇敢、善良、智慧。2013年习主席提出的"一带一路"设想构筑了实现中国梦的通途，陆、海、空、网络全方位出击，一大批互联互通重大项目纷纷落地，包括亚投行的逐步壮大都将助力实现人民币国际化。

这就意味着中国终将摆脱美元的捆绑，再次夺回世界老大的地位，中国的经济已经迎来了广阔的发展机遇，经济的发展必将为广大股民带来丰厚的红利。

第二节　中国需要大量的交易师

问 024：为什么中国需要大量的交易师？

答：

美国 46% 的 GDP 来自于金融市场，来自于货币的交易，交易本身就具有投机的本性。在改革开放的初期中国施行了招商引资，这是启动发展的必由之路，后来实行的国有股减持也是必由之路。华尔街出色的交易师瞄准了机会，把中国的股市一度变成了"绞肉机"，掠夺走我们大量的财富。在世界上华尔街发动的经济掠夺之战屡屡得手，这样的案例不胜枚举。

国际间，经济战线的争夺是看不见硝烟的战场，其拼杀之惨烈、血腥不亚于导弹对决。在金融交易战线上，由"小白"拼凑起来的大军，即使人数再多，面对披坚执锐的劲旅也难逃覆灭的下场。2017 年 7 月国家出台的新政策或将终结"全民炒股"的现状，其中既有保护广大"小白"的含义，也有提升中国交易师战斗力的含义，中国要想抗衡华尔街需要大量的交易师。

证券投资就是做生意，是通过货币的交易获得利润。当您实现了第一笔交易的时候，您就成为了一名证券投资人，成为了一名交易员、一名操盘手。说实话，做股票是一项高大尚的职业，从事这个职业需要严谨的职业训练和职业作风。

您只有具备了交易师的心理素质，拥有了可靠的技术分析能力，才能成为一名真正的交易师，才能以小博大获取丰厚的利润。试想，如果中国的散户各个都是交易师，那么，我们挣的钱也许就是美国人的钱。

不肯下功夫学习，不了解股市，什么都不懂还想着挣点钱，可能吗？靠瞎折腾，撞大运，早晚会赔得一干二净，直到只剩下"两袖清风"。

问 025：在当下如何学成交易师？

答：

随着时代的变迁，火药的发明使热兵器取代了冷兵器，科学技术的进步使机器人日益取代了生产线旁的工人，进一步来看，量子通讯必然取代常规通讯，而在投资领域，自动量化交易必然要取代老套的技术分析。目前，很多机构都在使用自动量化交易系统，广大散户用不上这种系统，一个是资金问题，一个是会做"模"的人很少，做"模"既要懂分析技术，又要懂计算机编程，是当今机构最抢手的人才。

说实话，挣不到钱，拿到的证书再硬、再耀眼也没用。能不能持续稳定地挣钱才是衡量一个人有没有交易师水平的尺子，能挣钱才是硬道理。我们有足够的"模"，但是由于种种原因还没有做成自动交易系统，所以只要您能够克服自身的人性弱点，找到适合您使用的"模"，按照"模"的要求机械操作就能挣钱。如果您找到了符合"模"要求的股票，按套路出牌，不断锁定每笔交易的利润，您就是响当当的交易师。实际上有些"模"很简单，就像一层窗户纸一点就破，但是它确实是一种有效的盈利模式。

问026：什么是"模"？

答：

詹姆斯·西蒙斯是世界级数学家，也是一名对冲基金经理，在华尔街每年净赚15亿美元。他是发明、创建、使用"模"的鼻祖，他的"模"颠覆了所有理论，使他成为世界上最会挣钱人，一名伟大的基金经理。

所谓"模"就是一种经过量化的或者说数字化的交易模型。它对选股、选时、选点、止损都进行了具体的设定，从而实现真正意义上的机械化操作模式。其实，每一个成功的"模"其含义都不复杂，几句话就能描述其要领。"模"之所以能够做出笔笔成功的交易，仅在于它克服了人性的弱点。

我们有"长线12模"，学会用精一种就能取胜。这些"模"看似简单，其实在每一个"模"中都潜藏着某种特定的含义。在实战中可以为具体的操作导航，只需要在《量化交易计算器》上填好关键的数字，就能产生买入价、止损价，也能计算出止盈价。美中不足的是我们没能将这些"模"做成自动的系统。

自动量化交易系统的产生是证券行业一次伟大的革命，当前很多机构已经在使用这种系统。

问 027：什么是自动量化交易系统？

答：

所谓自动量化交易系统，是指对成功的交易技术进行量化，建立起一个数字化模型，也就是"模"。是通过计算机编程把这个"模"做成执行软件，然后再把这个软件关联上交易账户，让电脑自动进行交易的一套系统。

做成自动量化交易体统对于一个计算机高手来说并不难，最难的是建"模"。就好比下象棋，很多人都会下象棋，车马炮怎么走都明白，但是能不能赢就不好说了，遇见个"臭棋篓子"赢一把很正常，要是遇到了棋圣必败无疑。因此，成功的"模"能挣钱，失败的"模"肯定赔钱，更何况，哪只股票背后的做手都是"棋圣"而不是"臭棋篓子"，如果把失败的"模"关联上您的账户，用不了多久账户资金就打水漂了。

所以说，自动量化交易成功的关键是建"模"，建好的"模"至少要对以往20年的行情进行模拟回测，这样就涵盖了各种行情。通过回测不断优化，直到评测结果能够达到满意的收益率，这个"模"才可以放心大胆投入使用。

计算机人工智能的"智商"比起人类毫不逊色。自动量化交易系统能够自动执行：选时、选股、筛股、选点、买入、卖出、加仓、减仓、止盈、止损等操作，能够做到最有效的仓位管理和风险控制，真正做到机械操作。

最为重要的是，它能够克服人性的弱点和人的误判，有了这个东西，也就有了真正意义上的"自动提款机"。

现在市面上就有这种东西，有收费的也有免费赠送的，评测的年收益率都很高，但是，往往实战效果并不好。我们之所以不愿意把自己的"模"做成自动交易软件，一个最大的顾虑是，我们搞不出来自己的大数据开发平台，如果借用别人的数据平台，当您把自己的"模"投入使用的那一刻，就是向全世界公开这个"模"内在编程的时刻。

我们知道，有些技术知道的人越多越好，知道的人多了大家可以推波助澜，同进同出，使得买卖信号更稳定。而有的技术一旦知道的人多了，其战斗力就会大打折扣。

问 028：什么是自动高频交易系统？

答：

自动高频交易系统 2009 年在华尔街首次出现，一般是基金大佬使用的武器，它是靠庞大的资金支撑的玩法，钱少了根本玩不起。其原理很简单，很有效。

首先，电脑选出一只抛单很重的股票，然后在"卖2"以上大量挂买单，这样就能够瞬间吞掉大量卖单，由于突然进来大量资金，股价自然快速拔高。股价还没涨多少，电脑突然杀个"回马枪"，在"买2"以下大量挂卖单，瞬间抛出刚刚吃进的筹码。

自动高频交易之"高频"是指它的交易速度非常快，买入卖出速度极快，我们从它每天几百次的撤单数量就可以略见一斑。因为价差小，这样的操作每笔交易挣不到多少钱，但是架不住它交易的次数多，单笔挣的点数虽然少，但积少成多也就挣出了点数。因此，自动高频交易每天都能给主人挣钱。

我们知道美国和中国香港施行 T+0，因此，自动高频交易系统在美国可以用，这套系统被称为"基金抽水机"。

第三节　散户赔钱，地位使然

问 029：为什么说散户赔钱，命运使然？

答：

2017 年 7 月 1 日，证监会出台了 A 股股民专业投资者和普通投资者评级制度，这是国家保护中小投资人利益的英明决策。我们知道，在股市没有几个散户是挣钱的，很多人认为做股票就是败家和赌博差不多。残酷的现实一再验证这一观点，有些人本来过得很幸福，就是因为做股票弄得妻离子散，甚至还有为这事跳楼的。为什么呢？因为我们是散户，从客观的角度看，散户的地位已经锁定了必定赔钱的命运。

我们想一下就会明白，进入股市的有"几种人"，我们可以掰着手指头数一数，第一种是国家，国家是股市里最大的赢家。第二种是上市公司，上市就圈钱。第三种是机构，机构是控盘的主力，只挣不赔。第四种是券商，券商挣的是佣金，也是只挣不赔。第五种是围绕股市挣钱的人。第六种就是咱们散户了，以上五种人都是只挣不赔的，散户不赔让谁赔，因此说"散户赔钱，命运使然"。

问030：为什么说国家是最大的赢家？

答：

国家为了崛起实行了改革开放政策，把企业交给市场，让企业焕发出蓬勃发展的活力，这样就有了股市。国家开办股市要收印花税，仅此一项每天就有几亿元的进账，此外，国家通过银行、券商、保险等权重股直接投资股市也是为了充盈国库。

国家不贪，有10%的收益就会鸣金收兵，因为国家的资金十分庞大，尤其是养老金入市资金量很大，国家赔不起，也不能赔。

国家挣钱理所应当，例如国防、军工、高科技、教育、医疗、防灾、救灾、基础设施建设等等都需要钱。国家挣钱都是为了提高人民福祉，只有国家强大了我们才能过上好日子。

总之，国家是只挣不赔的，国家是股市最大的赢家。

由此我们得出结论：

1. 因为国家要挣钱，并且只挣10%，因此，就不能容忍行情没完没了地上涨或下跌，行情一定要有波段。

2. 因为国家赔不起，所以就有了"前高不过，前低不破"的理论基础。

问031：为什么"前高不过，前低不破"？

答：

"前高不过，前低不破"是指，如果此次波段上涨的高度没有突破前期的高点，那么后期下跌波段的低点一般不会跌破前期的低点。

公募打压吸筹吃饱了交给私募拉升，这时的私募手里没有多少筹码，无法拉升，私募也需要建仓，私募也是冲钱来的，可是私募建仓也没那么容易，他只有打压股价才能拿到筹码，所以私募必须打压股价。

但是借给私募十个胆他也不敢打穿公募的成本价，不能打穿前低。因为公募是国家的钱，资金量很大，一旦打穿了前期的最低价国家就会蒙受巨大的损失。国家能干吗？坚决不能，所以"前低不破"。

私募靠打压吸筹吃饱了才会展开试盘、洗盘或者直接拉升，同时私募还要配合公募出货，这时就会出现"螺旋桨"走势。也就是股价上涨15%左右展开横盘震荡，这是公募出货的标志。等到"螺旋桨"转不动了就说明公募走光了，接下来就要看私募怎样"表演"了。

如果私募没吃饱，私募常常会拉升一点，这次拉升是私募资金入场推起来的，同时为再次下打吸筹创造条件，如果公募还没有把货出完，而私募拉升的高度过了前高公募就会出货，所以私募会控制股价不过前高，接下来就会弄出个三次探底，但是这次探底也不能跌破前低。

私募有可能一边拉升一边吸筹，这要看私募如何与公募配合。然而，如果前高一直不过私募就白折腾了，私募挣不到钱，公募就拿不到私募"上供"的钱。所以后期必须出现"过前高"的行情。私募会有一个出货的目标位，到了目标位他才能挣钱。因此，我们不仅要知道"前高不过，前低不破"，也要清楚，如果过了前高，再次出现了下跌，就有可能跌破前低，才会展开新一轮的炒作。

"前高不过，前底不破"指的是机构之间的关系，说的主要是大盘，但是一般80%的个股会随着大盘走，因此这个说法也适用于个股。

大盘在暴跌之后触底反弹，随后会跌破前低，出现"最后一跌"，这是国家队做出来的。大盘企稳之后才会出现"前高不过，前底不破"的情况。

问032：上市公司如何圈钱？

答：

我们知道，股价上涨靠的是资金推动，资金不断流向新股，老股票就会因为失血过多而休克。时下A股发行新股的频率和数量已经双双打破了

A股纪录和世界纪录，这是股指趴窝的重要因素之一。国家控制着股指低位运行，是为了把更多的企业"接上船"，这是为今后A股走强下的一步"大棋"，发现了其中的奥秘我们就能预见，第三次造富运动已经拉开了序幕。

上市公司上市就"圈钱"这是不争的事实。2016年针对新股发行证监会取消了核准制开始施行注册制。从此IPO好像不再是散户头上高悬的铡刀，新股不断发行，实质上还是加大了市场"抽血"的力度。

发行新股最怕的是没人买单，所以中介就会把发行价与开盘价拉开档次，并且一旦上市连出涨停板，凡是申购上新股的股民常常会大赚一笔。中介用这种办法吸引大家抢着申购，这样一来原本只有几千万元甚至几百万元资产的公司，只要一上市马上身价倍增，乌鸡瞬间变凤凰，这就是"圈钱"。新股发行得越快，圈走的钱越多，最后还是要由广大散户承担。

除此之外，在更多的情况下上市公司与机构联手相互配合进行自身炒作，依然挣钱，所以说，上市公司也是只挣不赔的。

问033：机构会不会也有赔钱的时候？

答：

机构分两种，一种是代表国家队的公募，一种是代表个人的私募，因此个股可以分为"公募个股"和"私募个股"。我们可以简单地理解为，"公募个股"是国家队坐庄的个股，"私募个股"是个人坐庄的个股。

大盘所有的低点都是国家队做出来的，只有国家队才能拿到最低价的筹码，公募买入股票的价格远远低于私募买入的价格。公募在拿到最低价的筹码之后，才能轮到私募建仓，私募要起到企稳大盘的作用。

公募挣钱有两个途经，一个是公募直接做票挣钱，不过由于公募的资金量太大，进出不易，所以公募只要稳稳当当挣上10%左右就要出货了。公募挣钱的第二个途径是从私募手里拿钱。公募打低股价吃饱了就会交给私募拉升，私募拉不起来就挣不到钱，私募挣不到钱，公募也就无法从私募手里拿钱了。

与公募相比私募的资金少得可怜，并且私募的资金有成本、有利息。公募可以任意调控股指的涨跌或者某只个股的涨跌。因此，私募想要做某只股票首先要经过公募"批准"。但是，如果哪家私募的资金量太少公募不"带他玩"那就另当别论了。其实很多小私募也不含糊，他们多半是大私募的"分包商"。

机构坐拥资金实力可以控制股价，比如在一个菜市场，一共就有一百斤茄子他都买了，这样他就有了定价权，机构一旦收集到了足够的筹码就可以实现控盘，是涨是跌机构说了算，因此机构应该是只挣不赔的。

通过对公募和私募关系的分析也能证实，为什么股指常常出现"前高不过，前底不破"的情形。

问034：还有哪些人只挣不赔？

答：

在股市中只挣不赔的还有券商，券商挣的是佣金，只要你进行了交易他就挣走了佣金。还有就是那些围绕股市挣钱的人。比如，卖软件的、卖书的、做股评的、挣诊股费的、挣讲课费的等等，只要股市还在他们就能挣钱。

问035：为什么只有散户赔钱？

答：

在证券市场上有国家、上市公司、机构、券商和一些围绕股市挣钱的"衍生物"，人家都是只挣不赔的，剩下的就是散户了，散户不赔让谁赔？说实话，散户是股市上最庞大的拥有资金的群体，但是针对某个散户来说，别说你有几百万几千万，就算你有过亿的资产，只要你没有机构的操作手段，没有搞懂机构的操作模式照样是散户，只要你是散户就难逃赔钱的命运。就算有一天你捉到了一只大牛股，挣了不少钱，只要你没有兑现，早早晚晚还得赔回去，这只是一个时间问题。赶上疯牛市，人人都挣钱，但用不了多久你再问问，他们挣的钱还剩多少，是不是连本钱都赔进去了？！

通过以上分析我们不难搞清楚"散户赔钱，地位使然"。但是我们要知道，还有一部分散户找到了自己的盈利模式，实现了财富自由，日子过得非常好。

第二章 认识市场

第四节　选对战场，选对时机，投身第三次造富运动

问 036：时机、战场是指当今的 A 股吗？

答：

在这里我所说的时机和战场正是当下的 A 股市场。选对事业的主战场，选对入场的最佳时机，是使我们的人生走向成功、走向辉煌的关键。

我们可以亲身感受到，中国经济增长领先全球，上市公司的市值、盈利也可圈可点。但是，眼看着道琼斯指数都超过了 2 万点了，而市值全球排名第二的中国 A 股，上证指数才只有 3000 多点，严重的不匹配必将随着时间的推移削减。

沪港通、深港通、未来的沪伦通、沪台通等等都是吸纳外资的"管道"，是水总会往低处流，庞大的资本早晚会通过这些"管道"流向 A 股。"一带一路"终将架起更多的桥梁，都将作为里程碑见证中国股市的崛起，3000 点将是未来再也看不到的历史最低点。

因此，我们要坚信 A 股就是主战场，时下正是最好的入场时机，第三次造富运动已经拉开了序幕。

问 037：第三次造富运动从何谈起？

答：

在中国的现代史上曾经出现过两次造富运动，第一次是邓小平提出的"让一部分人先富起来"。

上世纪八十年代干啥啥行，可是当时有谁能够看明白呢？银行追着给您贷款都不敢接，但那时候真的就有一帮胆大的或者是实在找不到出路的人干起了"个体户"，而第一批富人就在这些胆大的人当中产生了。回头看，这就是第一次造富运动。

第二次造富运动是房地产开发，不要以为那些开发商都是腰缠万贯的有钱人，有的人根本就没钱。只是他们头脑灵活，找准了战场，选对了时

机，他们舍得给政府更多的拿地钱，当初只要拿到了土地，银行追着屁股给你贷款，啥事干不成呢？就这样又造就了一批富人。

　　眼下，中国的第三次造富运动已经拉开了序幕，这就是投资 A 股市场。人民币逐步国际化、股指和市值与世界第二大经济体严重不相称、3000 点历史最低点都足以说明问题。国家始终压着大盘走，大批量发行新股，都说明 A 股正在积蓄爆发的力量。

　　希望大家不要犹豫、行动起来、切莫等待，找到自己的盈利模式，看大盘跟党走，投身造富运动，成为新一批富人。

第三章　交易的真谛

交易的真谛是不断战胜内心的自己。人的大脑不断进化，常常对没有发生的事情做出主观定论。因为人总是在潜意识中希望事情朝着自己的意愿方向发展。如此，就进入了自己为自己设下的圈套。原本，只要我们进入了股市就已经钻进了他人早已设好的局，我们再自己挖坑自己跳，最终的结局可想而知。

通过这一章的学习我们要搞清楚人性、技术、原则三者结合、密不可分、缺一不可。技术分析的抓手是量、价、时、空，这是建"模"的依据。合理的仓位管理、有效地做T是扩大盈利、控制系统性风险的主要手段，沉稳的心态是最终取胜的保障。

"我是模型先生，不想进行基本面分析，模型的优势之一是可以降低风险。而依靠个人判断选股您可能一夜暴富，也可能在第二天又输得精光"。

——詹姆斯·西蒙斯

第一节　天龙八部交易理念

问038：什么是天龙八部交易理念？

答：

"天龙八部"是指天神、龙、夜叉等八种守护佛法的神。这八种神各有神通，各持法器和神威分守八方，共同守护佛法。

我们把"天龙八部"这个神话与证券交易联系在一起，不是为了故弄玄虚，而是希望大家在潜意识中形成一个立体的概念。也就是说在"天龙八部交易理念"中提出的每一个理念既要"各司其职"又要融为一体，不能顾此失彼，更不能厚此薄彼，这就是"天龙八部交易理念"得名的由来。

问 039：天龙八部交易理念有哪些内容？

答：

1. 计划内的亏损只是你获取利润的成本。
2. 交易成功 70% 靠心态。
3. 证券投资最重要的是学会止损。
4. 积小胜为大胜，复利增长是财富聚集的捷径。
5. 利润是持有出来的。
6. 学会承认市场、顺应市场、尊重市场。
7. 交易之道，守不败之地、攻可赢之敌。
8. 以错误为师，不犯同样的错误。

问 040：什么是计划内亏损？

答：

机构建仓需要打压股价，因为做手明白散户操盘的特点是追涨杀跌，不打压股价就拿不到筹码，打压得越猛散户跑得越快。而且股价打压得越低，拿到的筹码越便宜。然而，打压股价需要舆论，更需要银子，最直接、最有效的方法就是用钱砸盘。机构越是着急建仓，股价就会跌得越猛。

这样一来，机构一上手就出现了账面上的亏损。通常机构控制自身的亏损在 20% 以内，这就是机构计划内的亏损。

也许您会问，有的股票跌下来的幅度远远超过了 20%，这又如何解释呢？我们只要看一下 1 分钟"黄金堆"就明白了，机构几乎每天都在做高抛低吸，有的时候差价很小，但是架不住做手掌控的钱多，做这样的小差价机构能挣钱，散户跟着做挣不到钱。尽管有差价，技术派也不会做正在下跌的股票。

说到这里我们也就能想到，为什么股市上流传着"急跌快进，急拉快出"这样一句话，这句话对各个周期的 K 线都管用，对分时线或者 1 分钟

K线也管用。但是，说说容易做起来就难了，因为您不会计算，也不会测量，不知道股价要跌到哪里。没有"黄金堆"您就不知道操盘手要在哪个价格区间把刚刚买入的筹码卖掉。

问041：我们有没有计划内亏损？

答：

计划内的亏损机构有我们也允许有。因为我们毕竟是在被动地跟随机构，我们正在做的事情是以小博大。

首先您要做好三件事：第一您要找到一个正在"急行军"的个股，第二，您要找好打伏击的位置，最后您要找好退路。

在实战中，我们要找热点、找"有效突破"、找"螺旋桨"，这就相当于找"急行军"的个股。如果我们跟随机构建仓或者找的是正在洗盘的个股，那就找错了，您伏击它，它马上就会围攻您。

找位置要找"牛回头"、找"回踩"，这需要1分钟计算或测量。

找退路就是设好止损点。任何一个"模"都有止损点，股价跌到了止损点，就说明这个"模"被破坏了，也就是说，支持这个"模"的成功要素均已失效，这时不要抱任何幻想，赶紧跑掉。这期间的损失是我们提前计划好的，是我们计划内的亏损，我们必须坦然接受。

第二节　心态与止损

问042：为什么说交易成功70%靠心态？

答：

绝大多数的散户都是赔钱的，"小白"赔钱尚可理解，有些技术派也有可能赔钱，究其原因是心态出了问题，有原则、懂技术，缺乏执行力，实质上还是没有好的心态，所以说交易成功70%靠心态。

市场并不可怕，可怕的是我们自身人性的弱点，在股市中我们最大的敌人正是我们自己：恐惧、怀疑、犹豫、后悔、浮躁、侥幸、冲动、贪婪、幻想等等这些都是交易失败的根源，交易的真谛就是不断战胜内心的自己。

希望大家好好反省一下自己，看一下您当初卖掉的股票现在是不是涨起来老高了，那您为什么当初卖了呢？再看一下您当初买入的股票都跌成什么样了，那为什么一直拿到现在？

记得我在以前的书中说过，台湾武侠小说的作者古龙曾经开玩笑说，人生最快乐的事儿是出门捡了块金子，比这更快乐的事儿是走了几步又捡了一块金子。现在看来这个说法太小儿科了，喜涨必然跌悲。金钻投机，快乐操盘，要的是每笔交易都是成功的交易。心如止水，按部就班，不因浮盈而兴奋，不因浮亏而沮丧才对。

我曾经遇到一位散户，此人要么大挣一把，要么大亏一把，该挣的钱没有拿到，该避免的损失没有避免，辛辛苦苦好几年，到头来竹篮打水一场空。问我原因，我说您的心态超好，唯独不懂技术，没有确认顶与底的技术手段，不会止损也不会止盈。说实话，如果此人懂点技术必成大器。

还有一位，他天天都在寻找牛股，隔一天问他，他手中的股票就已经不是当初他持有的那只股票了，还常晒账户，炫耀自己挣了钱。不用问，这样的人挣不到大钱，也亏不到哪里去。这样的人一般懂一些技术，要不然他也不会挣个钱就晒账户，从来没有挣过大钱的人才爱晒账户，此次挣钱了，一定是高兴坏了，生怕别人不知道。那赔了钱呢，一定会像霜打了的茄子蔫了。这位不差技术，欠缺的是好心态。把技术搞扎实，把心态放平稳，一项一项改掉自身的人性弱点才能功德圆满。

还有的人眼高手低，想挣钱却又不肯学习，也不修行，什么也不懂，只等着天上掉馅饼，到处打听消息，到处捞救命稻草，这是最危险的。这样的人如果无法有大的改进，最好早点金盆洗手远离股市。

如果您看到了A股的商机，希望参与这次造富运动，希望在证券投资领域成就一番事业，就必须学习点真技术，修行出良好的心态。

做股票是一项严肃的事业，心态、技术、原则缺一不可、相辅相成。没有好的技术，心态再好也没用。没有好的心态，技术再好也不行。有了好的技术，有了好的心态，没有执行力照样等于零。

说真的，技术好学，心态难修。偏偏心态又是最重要的，那怎么办呢？

1. 当您应该止损的时候，回忆一下"复亏"的道理。

2. 当您"恐高"的时候，想一想"复利"的神奇，悄悄告诉自己"利润是持有出来的"。

3. 当分时跳水，您打算跑掉的时候，算一算今天最多它能跌到哪里，在猛跌的时候是不是出现了"黄金堆"，是不是出现了"底背离"，是不是出现了"上涨腰背离"。

4. 当分时直冲云霄的时候，看一看股价是不是已经接近计算最高价或"黄金出货价"了，是不是出现了"顶背离"，是不是出现了"下跌腰背离"。

总之，大家一定要找到自己的病根儿，对症下药，敢下猛药，才能战胜自己。

问043：为什么说证券投资最重要的是学会止损？

答：

在散户中，任何一个发财的人，任何一个成功的佼佼者，任何一个大咖，都是止损的高手，没有止损就没有他们今天的成就。

止损是当"模"被破坏，或者是因为某种原因做手放弃了他精心搭建的这个"模"之后，账户浮亏已经到达我们计划内亏损的限度时采取的斩仓操作。

诚然，在亏损的情况下卖出股票是一项痛苦的抉择，从性质上讲止损不是割肉，但也是在我们心头上动刀子。因此，面对止损要有坚定的勇气和决心，这个时候就怕犹豫不决，患得患失，就怕舍不得。

什么时候在您止损的时候，感觉不到有什么不舒服，在您止损后股价又涨起来了，您没有觉得后悔的时候，就说明您慢慢成熟起来了，好心态在这时已经派上了用场。

就如有个人在路边走，突然一个花盆从天而降在脚前摔得粉碎。心态好的人，说不定会双手合十、口诵阿弥陀佛、感谢佛祖保佑，庆幸自己躲过一劫。要是遇到心态不好的人，准会冲楼上破口大骂，找不到冤家还好，找到了说不定就要挨上一盆洗脚水，刚受了惊吓，又成了落汤鸡，心态更坏。如果恼羞成怒上楼出气，遇见个柔弱女子倒还好说，如果遇见个愣头青，不是两败俱伤，就是挨顿暴揍。前者，大难不死必有后福，高高兴兴走了；后者，自讨苦吃，祸不单行。您看，是不是两种心态两种境遇?！

止损考验的就是心态，该止损，就止损，管它日后怎样走。如果不止损，亏损的概率极大，损失会越来越多。就算在止损之后股价又涨起来了，我们也不能后悔，因为这是避免大亏的操作原则，是我们提前设计好的计划内亏损。

对于我们散户来说止损很容易，因为资金少所以跑得快。说实话，系统性风险是散户赔钱的主要原因，一旦情况不妙，超出了我们恪守的底线，一定要果断止损。

第三节 复利与复亏

问 044：为什么说积小胜为大胜，复利增长是财富聚集的捷径?

答：

爱因斯坦曾说"复利是地球上第八大奇迹"，复利是积小胜为大胜的理论基础。成功的交易依靠复利增长可以快速聚集财富，而失败的交易在"复亏"的助推下可以在很短的时间内把人推向深渊。

我们先来看看，复利是如何让利润奔跑的。假如，我们全仓投资 1 万元，每次盈利 10%，那么操作 50 次就可以变成 100 万元。

再如，我们每月只赚 5%，三年下来本金能翻 5 倍，五年下来本金能翻 8 倍，十年下来本金就能翻上 348 倍。不要小看每笔交易只有 10%的盈利，不要小看每月只挣 5%，这个 10%、5%足以创造出令人难以置信的奇迹，这不是天方夜谭，这正是复利的魅力。

我们看一下表 3.1，表中第一行里的数字表示交易的次数，第一列中的数字表示每笔交易盈利的百分比。这个表以投资 1 万元为基点开始计算，以万元为单位。

通过查看交易次数和每笔交易盈利的百分比，纵横坐标一交叉就能找到这1万元能挣多少钱了。比如，交易了1次挣了20%，账户总资产是1.2万元；交易了25次，每笔都挣20%那就是95万元；如果交易15次，每笔都挣40%，扣除1万元的本金，您的净利润是154万元。看看复利是不是能创造奇迹?!

表 3.1　复利计算表

	1	2	3	4	5	6	7	8	9	10	15	20	25
20%	1.2	1.4	1.7	2.1	2.5	3	3.6	4.3	5.2	6.2	15	38	95
25%	1.25	1.6	1.9	2.4	3.1	3.8	4.8	6	7.5	9.3	28	87	265
30%	1.3	1.7	2.2	2.9	3.7	4.8	6.2	8.2	11	14	51	190	706
35%	1.35	1.8	2.5	3.3	4.5	6.1	8.2	11	15	20	90	404	1813
40%	14	2	2.7	3.8	5.4	7.5	11	15	21	29	155	1181	4500
50%	1.5	2.3	3.4	5.1	7.6	11	17	26	38	58	435	3325	2.5亿
60%	1.6	2.6	4.1	6.6	11	17	27	43	69	110	1153	1.2亿	13亿

明白了复利的神奇，我们就明白了积小胜足以为大胜的道理，可见小虾米照样是海鲜，豆包照样是干粮。

问 045：什么是"复亏"？

答：

股市中没有"复亏"这个词所以打上了引号，我是为了让大家刻骨铭心地记住这个概念，因为失败的交易更可怕。下面我们来看一下表3.2：

表 3.2　"复亏"计算表

本金亏损的幅度	回本需要盈利的幅度
5%	5.26%
10%	11.11%
20%	25.00%
30%	42.86%
40%	66.67%
50%	100.00%
60%	150.00%
70%	233.33%
80%	400.00%
90%	900.00%

以上的数据表明，如果亏损了5%需要挣一个5.26%才能回本，以此类推，越往下看越可怕。如果在哪只股票上损失过半，那就得抓到一个能翻番的股票才能挽回损失。

我们每一个散户投资者，一定要把这组数字装进脑子里，脑子里没有这组数字的人很难做到止损。要居安思危、警钟长鸣，要记住：保住本金才是第一要务。要时刻记住"复亏"这个"概念"。

第四节　拿得住与扣鹌鹑

问046：为什么说利润是持有出来的？

答：

严格地说，"丰厚的利润是持有出来的，巨额的亏损也是持有出来的"。单纯做短线只能挣个仨瓜俩枣，挣不到大钱。

既然我们知道了"持有"的重要性，就要坚持"持有"做长线，前提是这只股票距离我们计算或测量出来的高点还相差很远，这样的股票可以长持，不要轻易跑掉，实在管不住自己，干脆不看盘，每天收盘前看一眼就好。初学者也可以玩玩"扣鹌鹑"用心管住手。

如果大盘早已见顶，股价正在下跌，而且距离我们计算、测量出来的低点还相差很远，不要犹豫，赶紧卖出，这个时候玩长持那就坏了，遇到这样的股票啥时候止盈、啥时候割肉都是对的。

拿到好票，坚持持有能给我们带来丰厚的利润，然而，真正的散户高手一直在做T，一直在做长持短打这是最棒的。长持短打既可以扩大盈利，又可以规避风险。

问047：什么是扣鹌鹑？

答：

孙子曰"兵者诡道也"。所谓"扣鹌鹑"是我们为了克服拿不住牛股、做不到长持所采取的一个有效策略，其操作的实质是快速脱离我们自己的成本区。

比如，我们决定要开新仓了，开新仓之前我们已经通过计算、测量和综合分析，确认了股价下跌到当前的位置已经是低位了。那么，在开新仓的当天我们要计算出来今天的最低价，分批买入，买入的份额要占您预留底仓的一倍或更多，当天应有盈利。到了第二天计算出高点卖出超买的份额，留下底仓。这样我们就拿到了一定的点数，快速脱离了自己的成本区，这就是"扣鹌鹑"。

鹌鹑已经扣在了笼子里接下来的操作就可以变得很轻松，鹌鹑扣得越多为长持打下的基础就越牢靠，只要盈利还在，那么在上涨的途中出现几根阴线我们也就不用害怕了。要么盘中做T，要么持股待涨。如果情况不妙，在鹌鹑逃跑的时候我们赶紧收网，留下几只算几只。

第五节　顺应市场，尊重市场

问048：为什么市场永远是对的？如何顺应市场？

答：

我们知道，能够影响到金融市场波动的因素多如繁星，股指就是对这些因素的反映。

尽管您的一笔操作犹如大海里的一滴水，微乎其微，无法察觉，但是这滴水依然对股指构成影响。无数微乎其微的力量叠加起来直接影响个股，无数个股的运动影响大盘。在所有因素中起决定性作用的是国家的政策和意志，股指的走势代表国家的意愿，国家才是A股股指的真正做手。

由此可见，市场不是哪个人、哪个机构、哪个域外市场所能掌控的。当国家画好了路线图，所有大大小小的力量可以将个股搞得异彩纷呈，但大盘的路线图不会改变。此起彼伏的众股，相互交错的能量，始终在寻找平衡点，最终让我们看到了现实的市场运动，所以说，市场永远是对的。

既然市场永远是对的，我们就应该承认市场、顺应市场、尊重市场。那么，当出现了系统性风险的时候我们一定要果断离场，比如大盘在高位出现了向下的跳空缺口、走到了极限高点、走到了前期有效的压力位等等，我们都要先逃出来再说。

切记，在实战中我们一定要"看大做小"，什么时候都不要与大盘的趋势对着干，不要做螳臂挡车的傻事。大盘不好的时候再好的指标、再好的"模"、再好的操作模式都会统统失效。决不能抱着盲目的自信对抗市场。我们的信号足以指明暴风雨即将来临的点位，我们的技术足以把握市场的潮起潮落。只要我们坚持操作原则，果断执行操作，必能逢凶化吉，遇难呈祥。

第六节　守不败之地，攻可赢之敌

问049：如何做到守不败之地？

答：

交易之道，守不败之地，攻可赢之敌，是说要控制好风险，避免大亏，接受小亏，不断累积大大小小的胜利，最终获得丰厚的利润。其中的"守不败之地"有三层含义：

第一，守不败之地的第一层含义是耐心等待时机。

在实战中，我们一定要"看大做小"，如果大盘不好或者大盘出现了"28"现象，我们要耐心等待，切不可与市场较劲，善猎者，必善等待。

我常说"牛市有熊股，熊市有牛股，机会天天有"。那么一会儿说熊市有牛股，一会儿说要耐心等待，这不是自相矛盾吗？其实并不矛盾，这需要我们根据行情用对策略：

在牛市大部队出动，长持短打做波段，其中的长持，打的是战役，其中的短打，打的是战术。

在熊市小资金参与快进快出做差价，打的是游击战。因为，逆势操作风险很大，赶上一个暴跌前功尽弃不说，弄不好还会损兵折将伤了元气。所以不能用重兵出击攻城掠地，只能派出小分队打打伏击，打一枪换一个地方，选出的猎物只要有差价，我们就可以快进快出玩一把。

比如发现了"下跌腰背离"的股票，当天尾盘买入，第二天收阳卖出。因为背离技术很简单，只要瞄上一眼我们就能看出来它是不是"下跌腰背离"。下跌腰背离的特点是，第二天低开收阳线，后期还会继续下跌。所以，第二天算好 1 分钟高点卖出，持股几分钟也能赢利。

再如，遇到了"底背离"那就更好了，即使第二天不卖，也不用担心它还会再跌多少，并且后期一定是要上涨的。如果不懂底背离还是老老实实继续观望，耐心等待大盘转暖，守好自己的不败之地。

第二，守不败之地的另一层含义是跟进止盈始终拿住大牛股。我们可以：

1. 用"趋势三攻、安全线、顶背离、上涨看支撑"等手段对付"过天股"。

2. 用"三阳测量、黄金测量、浪型计算、形态计算、K 线计算"等手段对付"拔高股"和"过折股"。

3. 用"卧浪 618"对付暴涨暴跌的"妖股"。

守住了这些阵地，就能大获全胜，不让盈利缩水。

第三，守不败之地最重要的含义是控制风险避免大亏。

不管大盘或个股当前处在哪个位置，只要见到了 15 种顶部特征之一，只要符合了卖出要求，不管胜负，不看账面盈亏，二话不说，果断出局。

总之，守不败之地具体的做法是：看大做小、控制仓位、守住阵地、拿住牛股、出顶即逃、避免大亏。

问 050：哪些情况属于攻可赢之敌？

答：

第一，大盘企稳做龙头。

大盘形成了上升趋势之后，大部分股票都是可赢之敌。其中符合了"模"要求的个股、在"月点"上突破了某种形态的个股、当前的热点股、准备接过下一个牛势板块的接周股、过了前期历史高点的"过天股"、放出"令单"的平开股和高开股、跑来送钱的"大叔"股等等都是最好的可赢之敌。

除此之外，还有很多预期良好的可赢之敌。切记，要做就做最好的，不要浪费了大盘给我们送钱的好机会。做强者恒强的龙 1，龙 1 停盘了做龙2，龙2不行做龙3，反正我们要做龙头。不要嫌人家已经涨得太高了，只要它的股价与我们计算出来的目标值还有差距，就可以放心大胆地跟进。跟进的时候一定要找回调，计算出3~5天的最低价，在接近最低价的当天算出来当天的买入价格，随后就不要犹豫了，一定要果断出击、敢于出击。

做"龙头"切记四点：

1. 龙头股容易停盘，不能单做一只。
2. 龙头股"见三不见四"，板块轮动换"周阳"。
3. 龙头股必出"倚天剑"，只要"倚天剑"还在就不出手。
4. 龙头股怕见"屠龙剑"，只要出了"屠龙剑"一定要在第一时间跑掉。

第二，软柿子好捏更好吃，中小创是散户真正的财神股。

弱小的敌人更容易露出破绽，上蹿下跳给差价。比如中小创，中小创是私募玩家的乐园，因为中小创盘子小私募更容易实现控盘，也就是说，在中小创中更容易跑出来大黑马。

问051：如何理解错误为师，不犯同样的错误？

答：

证券交易的本质是货币的交易，说到底是人与人之间的博弈，在庞大的散户群体中，犯错少的人挣犯错多的人的钱。

股市充满欺骗，每个人修行的程度有天壤之别，在心态、技术、执行力等方面更是大相径庭。在股市中没有人不犯错误，即使是满腹经纶的交易大师也会犯错，即使是身经百战的散户高手也会经常犯错，然而，谁犯的错误少，谁挣钱；谁犯的错误多，谁赔钱。

这就要求我们，不断总结成功的经验，不断汲取失败的教训。既要剖析自己失败的原因，也要接受他人失败的教训。因为，失败意味着流血，教训源自于损失。敢于面对错误，以自己的错误为师，以他人的错误为鉴，找到避免错误的方法，是提升自身战斗力的捷径。

认识错误，改正错误，再也不犯同样的错误，才能有所长进。抓铁有痕、踏石留印，才能使胜利的航船行稳致远。

第四章　交易原则

有了成熟的人性或者说有了良好的心态、有了可靠的技术或者说策略，而没有原则，依然不会有成功的交易。量化交易的原则就是为了实战，为了打胜仗。

我们要有成熟的心态，要有看家的技术本领，更要有坚韧不拔执行原则的定力，才能以小博大攻城掠地，不断斩获财富，不断走向辉煌。

第一节　量化交易七大原则

问052：我们有哪些交易原则？

答：

量化交易有七大原则：

1. 独立自主分析、独立自主交易。

2. 看大做小。

3. 避免大亏。

4. 只做突破，不做下跌。

5. 长持短打。

6. 跟进止盈，拿住牛股。

7. 执行，执行，再执行！错过时机补救执行！

做股票赢在良好的心态上、赢在炉火纯青的技术上、赢在对交易原则坚定的执行上。要想成为一名成功的交易师一定要有自信心和纪律性，要有持之以恒的耐力和连续性，始终掌控全局，思路清晰，处变不惊，胸有成竹。

第二节　独立自主

问 053：为什么要独立自主？

答：

"傻瓜狼量化交易"有足够的技术支持，有可靠的策略和原则，唯独不能越俎代庖替人修行。为了帮助大家克服自身的弱点，刻意将独立自主分析、独立自主交易做为我们的第一交易原则。

1. 不听来自任何渠道的消息，不接受荐股。闲暇之时可以多看一些关于宏观经济的分析报告、行业调研报告和公司调研报告。

2. 训练自己严格按技术套路出牌。

3. 在实战中不要把精力放在不断选股上，而要放在选择买卖点上，尽量做熟不做生。

问 054：为什么做熟不做生？

答：

做熟不做生是指尽量做我们熟悉的股票。因为在每只股票的背后都有一名很棒的做手，他指挥操作的资金数额比较多容不得半点闪失，职业性质使得每一名做手都是出色的"欺骗大师"。

然而，做手也是普普通通的人，他们的脾气性格不尽相同，有沉稳的、也有激进的，有强势的、也有软弱的，在他们身上独有的性格特点会淋漓尽致地反映在他们的操盘手段上。

再者，每一只股票的盘子有大有小，做手能够掌控的资金量有多有少，个股中有公募也有私募，因此做手的话语权也不尽相同。相对来说私募控制的小盘股做手可以"说一不二"，而对于公募控制的国家队来说，其做手的背后一定会有"垂帘干政的婆婆"。

这样的话，每只股票就有了自己的"性格"，我们压缩一下盘面就能清晰地看到，有的个股快速打压、快速吸筹、快速拔高；有的股票慢慢建仓、慢慢洗盘、遇到拉升也是慢慢腾腾地缓步上行，还有的个股会突然快速拔高，然后慢慢下打反反复复循环操作。

当我们熟悉了某只个股的"个性"之后，就更容易跟上他的步伐。因此，在做股票的时候应尽量做熟不做生。

第三节　看大做小

问 055：什么是看大做小？

答：

1. "看大做小"的第一层含义是"看大盘做个股"，或者说，看着大盘 K 线做个股 K 线。因为国家控制着大盘，大盘 K 线的涨涨跌跌代表着国家的意愿。机构控制着个股，个股的涨跌代表机构的意图，机构要按国家的意图操盘。

在正常的情况下绝大多数个股的走势与大盘同步，尽管也有与大盘不同步的个股，但也不代表他们正在对抗大盘、敢于对抗大盘。相反，他们逆势操作的行为正是在看着国家的脸色行事。

为什么这么说呢？如果我们把大盘看作"一只个股"，那么，国家就是这只个股的幕后"做手"，每只个股都可以看做是这"一只个股"中众多的"投资人"之一。"做手"控盘有进有退，有涨有跌。"投资人"亦步亦趋，有买有卖。"做手"与"投资人"之间形成默契，才能使"交易不间断"进行，有护盘的、有出货的、有拉升的、有建仓的、有打压的，这样才不至于使股指直线上涨或直线下跌。

看清了其中的"默契"我们也就明白了，那些逆势操作的个股也在国家的掌控之中，也在看大做小，看着大盘的脸色行事。

2. 看大做小的第二层含义是"盯板块做热点"。

3. 看大做小的第三层含义是"看个股长周期上涨趋势，做短期波段"。

问 056：为什么要看大做小？

答：

"看大做小"是我们跟上国家的步伐、抓住挣钱的机会、避免系统性风险的第二大交易原则。

如果绝大多数个股都在上涨，则大盘上涨。如果绝大多数个股都在下跌，那么大盘也在下跌。从表面上看，好像是众多个股的涨跌左右着大盘，实际上恰恰相反，大盘的涨与跌是国家通过对银行、券商、保险等权重股控制出来的，所有的个股无论是上涨还是下跌，都是大盘的"跟风客"。

在大盘下跌的趋势中，那些逆势上涨的股票一般是一些小板块的小盘股，这些小盘股不可能有撼动大盘的力量，因此常常会出现昙花一现的奇观，今天拉出几个涨停板，随后就有可能出现"闪崩"。

在大盘不好的时候权重板块下跌，小板块轮流上阵护盘，掩护国家队压低股指，国家队也不可能让这些小板块一味地牺牲，何况谁也不愿意当冤大头。这样就出现了板块轮动加快的现象。因此，在大盘不好的时候，我们不要去追那些小板块中上涨的个股，如果他们故意"躺枪"，我们抢盘就成了炮灰。

很多散户一年四季东一榔头西一棒槌，而且常常是重仓持股，到头来竹篮打水一场空。切记，市场很残酷，不会嘉奖"股市劳模"，更不会施舍那些"不知道自己正在干什么的人"。因此我们要"看大做小"，看明白了大盘再做个股。要牢牢记住，做股票只有与国家同频、与主力同频才能赚钱。没有浑水摸鱼的本事就不要在大盘不好的时候轻举妄动。

我们先要研究大盘，把握住大盘的趋势，才能把握住绝大多数个股的走势。读懂了大盘K线就读懂了政策，才能与国家同频、与机构共舞。抓住每一次机会，躲避每一次风险，才能稳定获利。所以，不看大盘只看个股就好比盲人瞎马必败无疑，我们只有"看大做小"才能稳操胜券。

您可以回忆一下，您每一次挣的钱都应是大盘上涨给您的钱，如果您没有及时止盈，遇到大盘下跌，那些挣来的钱就会退回去。大盘上涨时80%的股票也上涨，失败的概率只有20%；大盘下跌时80%的股票也会下跌，胜算的概率也只有20%。因此"看大做小"理由充分，这是我们必须坚守的第二个原则。

需要补充的一点是，一些传统的、拥有自主知识产权的股票，比如贵州茅台、东阿阿胶、安琪酵母等等他们的走势常常我行我素，不受大盘的牵制，而受行业淡旺季的影响。

由此我们得出结论：

1. 看大做小。
2. 大盘不好离场休息，大盘给力积极参战。

问 057：我们有成功的"模"是不是就不用看大做小？

答：

"看大做小"是我们一定要恪守的原则。在出现了系统性风险的时候我们要做的只有一个字"跑"！舍不得跑、犹犹豫豫跑得慢、害怕卖了再涨等等都是要命的忌讳。能不能在风险来临之际提前跑掉是衡量交易师水平高低的标尺，能不能在风险已经显现的时候跑掉是赢家与输家的分水岭。

切记，在系统性风险信号已经出现了的时候，任何"模"、任何指标、任何定式全部失效，任何关于支持上涨的技术分析全部失效！

尽管会有个别的"模"还在坚守阵地，尽管会有个别的案例是成功的，但是我们不要心存侥幸，不要抱任何幻想，先溜了再说。

俗话说"君子爱财取之有道"，不是我们的钱不挣，不是我们的菜不吃。不能拿自己的血汗钱赌股、赌市场。

有的散户高手每天都看盘，看似重仓持有股票，实际上人家手中并没有股票，一年到头持股的时间很短，大部分时间处于空仓状态。他们不出手则罢，一出手就能逮住大牛股，日子过得滋润洒脱，不比那些整日里忙忙活活的人挣得少。这些人看似老谋深算，其实很简单，他们只做大盘的上涨段。另外，股市行情历来是熊长牛短，因此他们持股的时间就短。

问 058：如何看大？

答：

牛势有熊股，熊市有牛股，机会天天有，并且大盘经常出现"28"现象，这让我们如何把握看大做小呢？

所谓"看大"实际上包括五看：一看上证指数，二看深证指数，三看

53

券商指数，四看持股板块指数，五看中小板指数和创业板指数。这些指数要放在您的持仓板块中，随时观察它们的动向。

1. 上证指数统揽全局，由于沪市拥有的权重股最多，因此"话语权"最大。这是"一家之长"。如果我们做的是上证 A 股，它就是我们这些"小媳妇"的"公公"。

2. 深证指数拥有的权重股越来越多，也有一定的"话语权"，如果我们做的是深市 A 股，那么深证指数就是我们这些小媳妇的"公公"。如果您是张家的媳妇儿非要看李家公公的脸色那就闹笑话了。

3. 银行、券商、保险等较大板块的指数，都是"公公"的亲兄弟，是"公公"的主心骨，这些"叔公"的一句话就能把"公公"给忽悠了，尤其是券商，券商涨大盘涨，券商跌大盘跌，他老是跑到"公公"的前面，让"公公"跟着他跑，因此，"叔公"的脸色也要看。

4. 您持有的个股属于哪个版块，哪个板块的指数就是"婆婆"，一般来说家里的大事"公公"说了算，小事"婆婆"说了算。做为小媳妇儿，一定要看"婆婆"的脸色。

5. 中小板指数和创业板指数是"老公"，日子过得好不好就看"老公"的本事了。打个比方，上证指数涨，个股涨，那是"公公"给您的钱。只有中小创指数上涨的时候，才是"老公"大显身手大把挣钱的时候，这个钱才是自家"老公"挣的钱。

做为散户我们都是"小媳妇儿"。既要看"公公"的脸色，也要看"婆婆"的脸色，更要支持"老公"去抓中小创，看大盘、看板块、把握中小创。

在大波段启动的初期，券商、银行、保险等权重股先动，到了大波段的中期或后期，权重股偃旗息鼓，中小创活跃，板块轮动加快。

由此我们就应该明白，"公公"给钱不给钱那是人家的事，即使给钱也不会给太多，因为，权重股盘子太大，一般不会暴涨暴跌，短时间之内差价较小，谁也挣不了大钱。中小创不一样，中小创盘子小，上蹿下跳给差价，所以说，还是"老公"最可靠。

从而我们应该明白：

第四章 交易原则

"公公、婆婆、老公一起冲锋"就是牛势。

"公公、婆婆、老公一起撤退"就是熊市。

"公公打冲锋、老公拖后腿、婆婆就成了墙头草",这就是"28"现象。

"公公歇菜了、老公攻山头、婆婆还是左右为难",这样就会出现板块轮动加速,热点不断变化,个股昙花一现。

声明:"嫁汉嫁汉穿衣吃饭"的封建思想已经成为过去,在这里我只是打个比方,没有歧视女士的意思。

由此我们得出结论:

1. 看大要做到五看,要把握大局。

2. 大盘是大盘,个股是个股,它们之间虽然关系密切,但不代表大盘就能完全左右某只个股,看大盘把握大行情,针对个股还是要具体问题具体分析。看大的实质是为了做好"仓位"管理。弄清楚什么时候应该重仓、什么时候小资金参与,应该做大盘股,还是应该做中小创。

3. 在实战中,如果遇到系统性风险还是一定要听"公公"的,我们知道,覆巢之下焉有完卵。毕竟"公公"是一家之主,他有保护全家人安全的责任。

4. 在底部权重股护盘是为了控制指数的下跌速度,未来大盘还要下跌。

5. 在底部中小创上涨,才是行情真正的启动点,因为无论是公募还是私募他们都知道国家队建仓的最低点在哪里。因此,私募敢于在这个点位发动上攻行情。

6. 大盘在重要的压力位上,只有国家队或者说权重股发动的向上突破,才是真正的突破。如果在这些压力位是中小创引领的上冲则属于拉高出货的行情。

问059:如何判断大盘的涨跌?

答:

判断大盘是涨是跌,上涨能涨到多少点,下跌要跌到多少点,要用多长时间达到这个空间的目标位，需要综合使用以下几种方法：

1. 我们使用量化交易计算器算出大盘 K 线波段的高点和低点。

先算出来 2~3 月级别的大波段，再算出来 3~5 天内的小波段，最后在实盘中算出当天大盘的高低点。3000 点的基数，计算误差一般不超过几个点，有的时候分毫不差。

2. 我们使用"天地量理论"，对大盘大波段的顶与低进行确认。地量是底，天量是顶，我们通过"天地量计算"对 K 线计算的结果进行再次确认，这是战役性布局的主要依据。

3. 我们使用大盘密码确认出在某个区间大盘要出多少根阳线、多少根阴线，总体趋势是涨是跌。

4. 我们使用《狼王交易系统》、选点线、筹码图、NACD 三买三卖等工具确认计算的结果中究竟哪个数是最真实的数值。

5. 我们使用涨跌趋势模型，预判大盘的时空关系，或者说预判出达到这个涨跌空间大致需要用几根 K 线走完。

学会了计算、背离、趋势模型，学会了测量，大盘每天 K 线收阴收阳、是涨是跌、跌多少、涨多少，在哪里止跌，在哪里止涨等等就会一目了然。

问 060：什么是"28"现象，如何预判和应对"28"现象？

答：

上证指数天天涨，多数个股天天跌，赚了指数不赚钱，这种现象就是"28"现象。

1. 我们通过计算或趋势确认的方法分别判断一下大盘和中小创未来的趋势。如果它们的趋势方向一致那就是正常的行情。如果大盘的趋势向上而中小创趋势向下，我们就可以断定"28"现象就要出现了，这是日线级别的"28"现象。

2. 在大盘的分时图中有两条趋势线，一条是白色线代表权重股，一条是黄色线代表中小创。如果这两条线靠在一起，同起同落，就说明权重股和中小创股出现了普涨普跌的情况，这是正常的行情。如果白色线上涨，黄色线下跌，这就表明盘中出现了"28"现象。

遇到了"28"现象，我们应该抓热点快进快出，小资金盘中做T，或者直接做180ETF或50ETF。

第四节　避免大亏

问061：如何避免大亏？

答：

系统性风险是造成散户大面积赔钱的罪魁祸首，在系统性风险爆发之际，任何指标、任何定式、任何"模"全部失效。因此，避免系统性风险是避免大亏的主要手段，"大盘不好撒腿就跑"是我们必须严格执行的第三大交易原则。

问062：什么是系统性风险？

答：

我们所说的"看大做小"主要看沪市大盘，上证指数是最重要的参考指标。因为它具有规则性、标准化和稳定性强的特点。

系统性风险是指沪指突然变脸，莫名其妙地突然展开一轮暴跌，K线图表连续跳水。在这种情况下80%的股票就会应声而跌。股市里很多人赔钱，赔钱的主要原因来自于系统性风险。

例如，2016年1月发生的两融事件导致几次"千股跌停"，致使多家基金公司"爆仓"，多家千亿大户销声匿迹，数千亿资金瞬间蒸发。因此，要在股市中避免大亏，首要的就是学会分析大盘K线的走势，掌握大盘趋势，及时预判A股市场的系统性风险。这对我们散户来说性命攸关、十分重要。

问063：系统性风险出现之前会有哪些信号？

答：

系统性风险的信号有两类：一类是提前发出的预警信号，一类是在风险已经形成之后发出的报警信号，报警信号有滞后性，但是它的可靠性更强。

问 064：系统性风险预警信号有哪些？

答：

系统性风险的预警信号有七种：

1. 在日线上使用《量化交易计算器》计算出来的"极限高点"。

股指到达了"极限高点"就是准高点，除非遇到了疯牛市。这个预警信号早在本轮上涨的底部就已经被锁定了，其实战意义非常重大。

2. 用"价值K线"计算出来的"趋势高点"。

"趋势高点"有误差，但是它能告诉我们到达了"趋势高点"计算值之后，准高点会随时出现。

3. 用"天地量理论"计算出来的"天量高点"。

"天量高点"也有误差，它能告诉我们股指到达了"天量高点"就进入到了高风险区域。

4. 用｛浪型计算｝算出来的"浪型高点"。

"浪型高点"是在某个波浪的低点提前锁定这个波段准高点的一种方法，计算结果误差很小，这是我们常用的一种方法。

5. 用趋势模型测量出来的"有效高点"。

"有效高点"几乎没有误差，股指接近了这个"有效高点"随时都有可能回调，我们不要冒险，一定要躲避回调，因为股指第一次摸到"有效高点"回调的概率极大，并且下跌的天数在7~16天。股指再次突破"有效高点"并且被"1+3"确认了之后大牛市就要展开了，因此过了"有效高点"才是战役性的布局点。

6. 用"黄金堆"测量出来"黄金出货价"。

"黄金出货价"是测量出来，股指一定会到达这个高点，在没有到达这个高点之前我们可以放心大胆地持股。如果单一使用"黄金出货价"有的时候会把握不住最后一冲，所以需要结合计算锁定最高点。

7. 用单根K线能够直接判断出来的"顶背离"。

"顶背离"一眼就能看得出来，首次出现了"顶背离"第二天展开下跌的概率较大，有的时候有可能再度上冲几天然后展开下跌，上冲的天数一般为2~3天，上冲的幅度一般也不大，并且留下的多为上影线。

总之，出现了以上七种预警高点，我们就要格外小心了，应"冲高出，逢高卖，只卖不买"。如果我们希望把最后一笔交易做到极致，我们可以在临近日K线计算高点的时候，使用5分钟K线计算，推算出真正的高点会出现在最近几天之内的哪一天，然后再用1分钟计算出最精确的结果完美出局。

我们之所以搞出这么多个预警高点，是因为每一种判顶的方法虽说路数各有千秋，其结果却大有异曲同工之妙。这些方法是我们判断大盘顶部的"智囊团"，让它们互为佐证、相互印证更加稳妥。

问065：系统性风险有哪些警示信号？

答：

系统性风险警示性信号有四种：

1. 大盘在关键的节点上出现了向下的跳空缺口。

所谓关键的节点是指：历史上的有效高点、极限高点、下跌价值K线等。如果某一天在这个关键的节点上出现了阴线，而这个阴线的收盘价接近了前阳的开盘价，第二天一般会出现向下的跳空缺口，出现了这种情况大盘就要快速下跌一段时间了。

2. 大盘K线跌破了前阳的半分位开始进入盘压行情。出现了这种情况我们要看历史趋势，找到支撑的点位，并且计算一下，看看能不能在此点位止跌，如果能则大盘又给了我们一次抄底的机会，盘中就能抓住一次大幅探底回升的最低点。

3. 股指反弹到达了前期历史上的"价值K线10、1+3、10+3"的压力位的时候我们要躲避回调。

4. 在关键的节点上《狼王交易系统》发出了日线级别的卖出信号。信号一出不是要展开一轮长期下跌，就是要出现回调，见了应赶紧跑。

第五节　只做突破，不做下跌

问 066：为什么只做有效突破的股票不做正在下跌的个股？

答：

被誉为华尔街"神奇小子"的艾略特是做突破的顶级大师，他发明的波浪理论价值连城。说实话波浪理论相当复杂，数浪数不对就会陷入"千人千浪"的误区，我们只需要汲取精华为我所用就好。

艾略特波浪理论的精华有：

1. 主升3浪。

2. 卧浪。

3. 浪型走完是通道的起点。

4. 在一个形态突破之前一般要走完小9浪。

5. 波浪幅度的测算。

艾略特波浪理论对我们最为重要的启发是只做"有效突破"的个股。做突破就要根据不同的行情找热点或者找龙头，牛市长持短打做龙头，猴市快进快出做热点。

切记，我们永远不要做正在下跌的个股，不要在日线级别的K线上试图抄底，老手最容易死在抄底的路上。是不是底我们要看计算的结果，股价到达了极限低点，同时"黄金堆"显示做手已经大量建仓了，长持短打指标也发出买入信号了，我们也不要心跳加速急于动手。

第一，这里是不是底还很难说，市场上有熊市，也有疯熊市。一旦遇到疯熊市抄底必死。

第二，做手在顶部出货要的是一个"快"字，因为他在顶部出货实属高度机密，出货越慢越容易被识破。做手要出的货太多或者遇到了出货困难才会在顶部横盘，大盘股往往就是这样，他要"做顶"出货。而小盘股常常是伴着利好快速出货。

建仓筑底比较复杂，要想从散户手中搞到廉价筹码并不容易，建仓、洗盘等等既需要时间也需要过程。因此我们看到的底不一定就是真正的底，说不定会出现二次探底、三次探底。

第三，在没有出现"有效突破"之前波段小、差价小、反复震荡、耗时长久，关键是在没有出现"有效突破"之前，形态没有被确认，拿着这样的股票会很郁闷。

在这里我们说明两点：

1. 从日线上看做"有效突破"有追涨之嫌，但这不是真正的追涨，因为我们动手之前已经得知它的涨幅，买入的点位还在底部。

2. 我们按照"模"的要求分批建仓，看似正在买下跌的股票，实际上我们买在了上涨趋势中回踩的位置，并没有违背原则。

总之，只做"有效突破，不做下跌"是量化交易的第四大交易原则。

问 067：热点与龙头有区别吗？

答：

为了应对各种行情的变化，在相应的行情选择合适的猎物，我们要区分两个概念："热点板块、热点股"和"龙头板块、龙头股"。

1. "热点板块"是指眼下资金流入、上涨领先的板块。它带有即时性的特点，也就是说，今天它是热点板块但明天就可能不是热点板块。在这个热点板块中总是涨得最好、排名靠前、能起到领导作用的个股就是这个板块的"热点股"。

2. "龙头板块"是指一些权重较大的板块，例如银行、券商、保险、中小创等等。龙头板块具有持续性，一旦龙头板块上涨或下跌，行情发展的时间比较长。相应的，在某个龙头板块中总是排名靠前的个股，就是这个龙头板块的"龙头股"。

3. 龙头板块可以是，也可以不是当前的热点板块。如果当前的热点板块正是龙头板块，则大盘指数上涨。

因此，在大盘单边上涨的行情中，我们要做"龙头股"；在"28"现象出现以后，我们要做"热点股"。

另外，"热点股"与"龙头股"相比持续性较差；"热点股"上涨不一定非要出现"有效突破"，而绝大多数"龙头股"上涨都要出现"有效突破"。

问 068：为什么要找热点股？

答：

热点股就是当下资金真正流入的个股，无论在什么情况下，只要我们准备选股买入，首先我们要想到找热点，找龙头，找"有效突破"。

如果当时的热点板块正是龙头板块那就更好了。找热点板块中的热 1、热 2，找龙头板块中的龙 1、龙 2，龙 1 涨停了或停牌了，那就找龙 2，龙 2 还不行，那就找龙 3。

问 069：什么叫形态？

答：

所谓形态是指由多根 K 线共同组成的几何形状，每个形态都含有某种特定的含义。所有形态都有以下共同的特点：

1. 每个形态都有颈线。

2. 在每个形态之内的每一根 K 线，它们所对应的成交量都必须是缩量的。

3. 没有出现"有效突破"的形态有可能会发生变形，或者说它会变形。

切记，无论如何我们不要做形态内的股票，因为这个形态并没有确定，什么时候能走出来也很难说，只有出现了"有效突破"才能确立某个形态的成立。

问 070：什么是有效突破？

答：

某根 K 线跑出了形态或者说超出了形态颈线的 3%，这根 K 线的实体大于 3%，它所对应的成交量放大了 30%，但不能放巨量，这就叫"有效突破"。

在实战中，我们只做"有效突破"形态的个股，但也不是见一个买一个，我们要看看它是不是一只大牛股。见了这样的股票我们把它"圈"起来，从中找到能大涨的股票。

第一，先计算、测量看看这只股票有没有差价。

第二，计算一下这只股票涨到目标位需要多长时间。

1. 一看上涨力度，是不是出现了力度背离。

2. 二看选点线上涨角度，角度越大越好。

3. 三看前期下跌的力度，跌得越猛越好。

4. 四看"黄金堆"的大小和密度，"黄金堆"大说明做手吃的货多，"黄金堆"密集说明做手建仓速度快，属于快进快出的操作手法。

我们还要看这个做手是不是在他的操盘史上一直是这么玩的，是不是猛打压、快吸筹、拔高就跑的主，如果是，那就跟他玩一把。

5. 五看它是不是常常在哪个月点上突破，在月初的月点上突破的能涨一个月，在月中的月点上突破能涨半个月。同样的涨幅一个要用一个月，一个仅用半个月，所以要选时间短的做。

第三，"有效突破"形态的股票绝大多数都符合一个特定的"模"，我们把这只个股的数据输入《量化交易计算器》，按照计算出来的买入价、止损价、止盈价进行操作就好。

总之，选"有效突破"要选最好的：

1. 有"模"的优先。

2. 在月点上突破的"月点股"优先。

3. 突破大阳线的实体越大对应的成交量放大适中的优先。

4. 目标位遥远、"黄金堆"大、上涨力度大的优先。

说到这里也许您会觉得太麻烦，其实整个过程并不复杂。一年就做几只股票好好选选也值得。

问 071：什么是月点股？

答：

"月点股"中的"月点"出自白居易《春题湖上》的一首诗："松排山面千重翠，月点波心一颗珠"，寓意为皎洁的明月荡漾在西子湖面，宛若一颗跳动的明珠，美轮美奂。个股前缀月点，寓意该股如月中天。

所谓月点是指 1、2、3 号和 14、15、16 号，这六天都是月点。

所谓月点股是指在月点上出现"有效突破"形态的个股。

第一，月点股分类：

1. 月点股分为小月点股和大月点股。

2. 小月点股是指在月点日期均开盘的情况下出现的月点股。

3. 大月点股是指在月点日期被节假日挤占了的情况下，在剩下的交易日里出现的月点股。例如，1号、2号是节假日，只剩下3号开盘，那么准备在月点上启动的个股只能在3号突破形态，这样，在3号出现的月点股就是大月点股。

第二，"月点股"的特点：

1. "月点股"如果是在月初启动的，它将会上涨一个月。月点股如果是在月中启动的，它将会上涨半个月。

2. 大月点股往往会在剩下的交易日里集中突破形态。

第三，"月点股"实战要领：

到了月点日期，我们要打开当下的热点板块，密切注意"热1、热2"的表现，到了尾盘确认一下它能不能实现"有效突破"。如果当天就能判断出来它是"月点股"，临收盘即可建仓，随后按照"模"的要求执行后续操作。

第六节　长持短打

问072：如何理解长持短打？

答：

股市中真正的散户高手都是做T的行家里手，不仅散户高手，机构的做手几乎每天都在做T，做T是不断规避风险、不断获取高额利润的法宝。

"长持短打"的含义是针对某一只看好的股票长线持有，短线操作。或者说针对这只股票长期持有，高抛低吸。"长持短打"是我们必须坚持的第五大交易原则。

那么，既然我们看好这只股票为什么不老老实实拿着，而要短线操作呢？

1. 天有不测风云，虽然我们看好了这只股票，但是它究竟是不是一只大牛股，我们不能提前认定，只有它走完了全过程，我们才能看明白。但等它涨到天上去了，我们也看明白了，黄花菜也凉了。

2. 我们知道，利润是持有出来的，逮住一只翻倍的大牛股不容易，能够做到长持更不容易，再牛的股票在上涨的途中也会出一些大大小小的阴线，尤其是经过了一轮单边上涨，股价已经涨了很高的时候，突然弄出来几个大阴线怎么办呢？

你说它是洗盘吧，看似有大笔资金外流；你说它是"乌云盖顶"吧，它又是"上涨腰背离"；你说它是顶吧，第二天又来了个涨停板；你说它不是顶吧，它又打穿了前阳的半分位。如果K线图表出的是一连串的大小阳线还好说，如果出现了一个深度下打的大阴线或者出了一个跌停板，是不是就会面临困惑？是顶不是顶真假难辨。

有些翻番的超级大牛股早已经超越了历史前高成了"过天股"，还是一个劲地上涨，这时用"三阳测量"的方法已经对付不了它了。有些大黑马早已经突破了极限高点还是一个劲地涨，计算的方法似乎也管不了它了，我们又该如何应对呢？说不定哪天出来一个放量的跌停板，弄出个"乌云盖顶"把我们吓跑了，随后它又翻了一番咋办？到头来还是没拿住。如果它确实开始下跌了，万一是小幅回调咋办？万一真的是见顶下跌呢？原先挣的钱是不是就退回去了，至少盈利会缩水。

对待这样的股票，我们可以使用安全线、趋势三攻对付它，但是最终的结果必然会使盈利缩水，弄不好就会早早地颠下马来。为了能够"拿得住"，我们的策略是针对这只股票一边长持，一边短打。就好像老汉赶马车，既要稳稳地坐在大车上，还要挥舞长鞭驱赶着马儿快跑。

3. "长持短打"可以扩大盈利，比如我们全仓持有，K线重心的上移，是上上下下的上移，就好像东北大秧歌进两步退一步，如果我们半仓跟随扭秧歌，另外半仓只跟上移，不跟后退，高点卖出，低点买进，这样的话，我们就能不断降低成本，扩大收益。

4. "长持短打"可以规避风险，因为我们在开盘前是半仓，在收盘时还是半仓，只在当天可以控制的时间段内是满仓。一旦遇到风险，我们就可以付出折半的代价全身而退。由此，我们使用短打的策略既保护了长持计划的实施，又规避了风险。

总之，"长持短打"看似半仓持有，其实依然是全仓操作。长持可以赢得利润，短打可以保护长持，规避风险，扩大盈利。在这里我们说的短打就是指盘中做 T。

第七节　跟进止盈，拿住牛股

问 073：什么是跟进止盈？

答：

"跟进止盈"是量化交易第六大交易原则，是拿得住大牛股避免盈利缩水的策略和技术。所谓"跟进"是指不断提高防守的价格，所谓"止盈"是指卖出股票兑现盈利。

量化交易跟进止盈的方法有四种：

1. 用"趋势三攻"、安全线、破前阳半分位、顶背离对付"过天股"。

2. 用黄金出货点对付"过折股"。

3. 用"三阳测量"对付正处于拉升期间的个股。

4. 用 {浪型计算} 做单边上涨行情。

结合以上方法，我们用长持短打买入信号批量跟进低吸，用长持短打卖出信号批量高抛止盈。

常言道"会买的是徒弟，会卖的是师傅"，很多人都买入过大牛股，只是因为没有采用"跟进止盈"的具体方法最终导致交易失败，由大盈变成了大亏或者没有实现预期的盈利，所以在实战中我们必须坚持跟进止盈的交易原则把利润拿到手。

问 074：什么是趋势三攻？

答：

"趋势三攻"是对付"过天股"的有效方法之一。在绝大多数情况下"过天股"都有三条趋势线，每条趋势线的角度大致为 30 度、45 度、60 度，因此，称之为"趋势三攻"。"趋势三攻"是"江恩角度线"的发挥和运用，"江恩角度线"中的角度分别是 30 度、45 度、60 度，而"趋势三攻"的三个角度是根据实际趋势的角度画出来的。"趋势三攻"的实战要领：

1. "趋势三攻"在日线上使用。

2. 我们要随着趋势的发展画线，使得每条 K 线的底沿靠紧趋势线，当趋势发生力度变盘的时候重新画出新的趋势线。

3. 只要眼下走出来的 K 线的收盘价没有跌破某个角度线就继续持有。只看收盘价，不考虑盘中跌破趋势线的情况。当收盘价跌破任意一条趋势线的时候果断卖出。

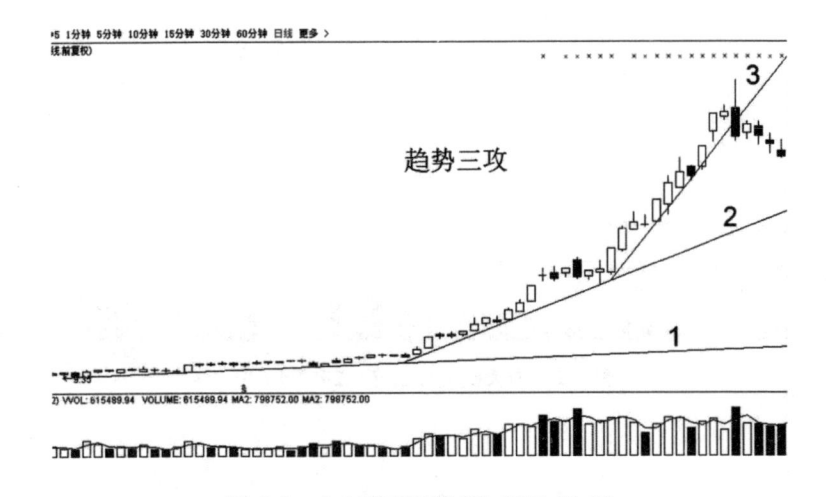

图 4.1　方大碳素日线 JT.2017.10.01

问 075：什么是安全线？

答：

"安全线"是一条移动均线，"过天股"股价一旦跌破安全线就表明风险将至，这条均线是保障我们安全撤离的最后屏障，因此称之为"安全线"。

安全线的实战要领：

1. 安全线在日线上使用。

2. 我们要根据上涨趋势力度的变化随时调整安全线参数，让"安全线"始终处在远离每一条 K 线收盘价向下 1%~2% 的位置。设置得太近容易放走大黑马，设置得太远容易使盈利缩水。

3. 只要眼下走出来的 K 线的收盘价没有跌破安全线就继续持有。只看收盘价，不考虑盘中跌破趋势线的情况。当收盘价跌破了安全线的时候果断卖出。

如图 4.2 所示：

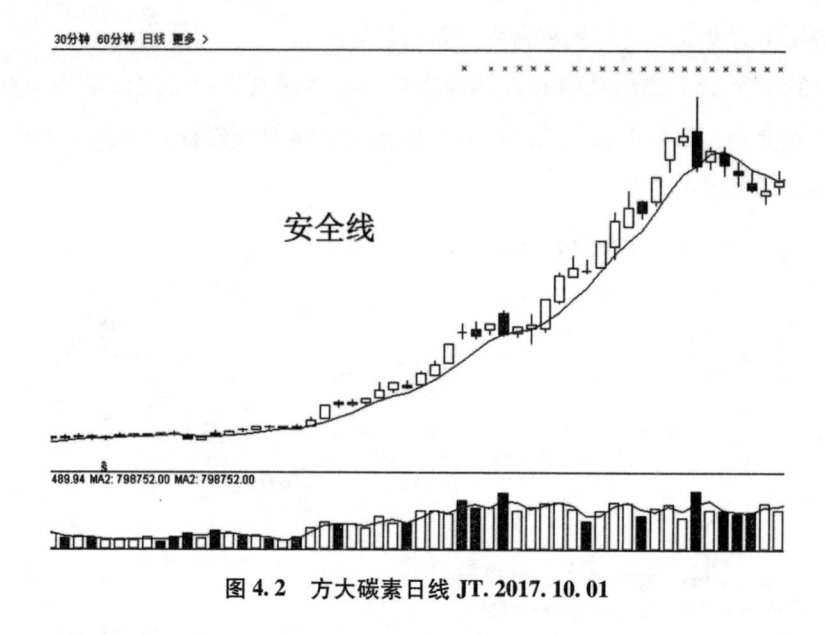

图 4.2　方大碳素日线 JT. 2017. 10. 01

第八节　执行，执行，再执行！

问 076：为什么要把执行作为一项原则？

答：

詹姆斯·西蒙斯是美国具有传奇色彩的交易大师，可以说他的每笔交易无论是盈利的交易还是止损的交易都是成功的交易，他在 80 高龄时依然能够日进斗金，每年获得 15 亿美元的利润。

他之所以能够取得如此辉煌的成就，是因为他发明了自动量化交易系统，这套系统排除了所有人为因素的干扰，始终机械地执行某个交易程序，最终把西蒙斯塑造成了"神"。

在此，我们不妨分析一下自动量化交易系统到底有哪些特点：

1. 心态超好：它仅仅是一个数学模型、一个执行程序，所有人性的弱点都与它无关。

2. 懂点技术：它是一个简单而有效的"模"，这个"模"每笔交易能挣到的钱很少，就连西蒙斯也戏称自己的战法是"壁虎战法"，就是天天吃些小蚊子。

3. 有持之以恒的连续性和耐力：虽说每笔交易挣钱不多，但是它在不停地吃蚊子，积小胜为大胜。

4. 执行程序毫不犹豫，表明它有很强的自信心和果敢的执行力。

5. 很强的纪律性：它严格地执行程序绝不走样。

我们看一下上述的关键词：心态好、懂技术、连续性、自信心、执行力、纪律性等等，仅此而已。西蒙斯靠程序做到了以上几点，成为了当之无愧的股神。试想，如果您也能做到以上几点，是不是也就成"股神"了?!

细细想来，自动量化交易系统的成功来自于"果断的执行"和"持续的执行"。选股、买入、止损、止盈是执行，盘中计算、高抛低吸也是执行，该动的时候动，该静的时候静等等都是执行。怕就怕纸上谈兵头头是道，实战起来做不到执行。

我们把执行做为第七大交易原则，就是希望大家牢牢记住一切都要按照套路出牌，严守纪律地执行、操作。

第二篇

量化交易

　　自动量化交易也称算法交易，是严格按照计算机某种算法编程所进行的自动交易。世界级数学家詹姆斯·西蒙斯是自动量化交易的开山鼻祖，他发明的自动量化交易系统颠覆了传统的交易方法，代表了当代最先进的交易模式。自动量化交易最大的优势在于它能够克服人性的弱点，把买入、卖出、止盈、止损的任务交给了"人工智能"。

　　任何一个自动量化交易系统都有一个独一无二"模"，"模"是设置在交易系统中的一种数学模型，在实盘中计算机通过海量的大数据分析，快速且不间断地寻找符合"模"要求的条件，机械地执行编程中所设计的相应操作。

　　任何一个"模"都不可能涵盖量价时空进行全方位分析，其中技术分析的范围被局限在了一个狭小的空间。因此，尽管是最优秀的、胜算概率极大的、能够保障稳定盈利的"模"都有买与卖，都有止盈与止损。自然，不好的或有缺陷的"模"更无法规避风险与巨亏。因此，运用自动量化交易取胜的关键是建"模"。先不说"模"的好坏，仅建"模"本身就是一项非常艰难的事情，建"模"不仅需要高超的计算机编程功底，还需要掌握高超的股票分析技术。

成功的"模"属于商业机密，发明者不可能与大众分享，没有经过10年以上回测且胜算概率较大的"模"，恐怕谁也不敢使用。因此，自动量化交易对我们普通投资者来说依然是水中花、镜中月可望不可及。

傻瓜狼汲取了量化交易的理念，对胜算概率极大的盈利模式进行量化处理，将复杂的行情和千变万化的K线走势归结于计算与测量，从而实现对交易的数字化管理。我们依靠量价时空技术分析、依靠私募操盘使用的测量技术以及我们独创的"黄金测量"，针对大盘或个股的K线图表跟踪计算、跟踪测量，尽最大可能把握住每一次交易机会，实现人机合一的量化交易。我们之所以将这套技术定名为"傻瓜狼量化交易"，是因为这套技术可以广泛地对各种行情、各种形态、各种走势以及各种选股模型进行算法设置而不能与账户勾联实现自动交易。

"傻瓜狼量化交易"属于算法交易但没有实现"自动"交易，因此也就没有被局限在某一个具体的编程中，思路更广阔，视角更宽广。但从另一个角度来说，这也是它的最大弊端，它不能像自动量化交易那样自然地排除人性弱点对交易的影响。因此我们要记住在实战中一定要按照计算的结果"傻傻"地、机械地执行操作，训练自己执行、执行、再执行的能力。

本篇我尽量使用一只股票做案例，让大家体会一下始终跟踪一只股票，通过计算和测量找到各个比较精确的交易点位，能够不断地找到合适的交易点位也就找到了成功的盈利模式。

第五章　傻瓜狼量化交易

"傻瓜狼量化交易"是没有实现"自动"交易的算法交易。股价涨涨跌跌扑朔迷离，已经走出来的K线图表一目了然，看似漂亮的涨势说不定接下来就会出现一根大阴线，把前期的盈利一口吞掉；看似一路狂跌说不定接下来就会来一个旱地拔葱，股价一飞冲天。不买吧股价天天涨，真下手吧股价立马暴跌。资深股民都知道股价在底部放量上涨后市看涨，高位天量后市看跌，而在实战中未来的走势有可能恰恰相反。总之，传统的交易模式和分析模式都有可能出现闪失，最终使大家不知从何下手，操作起来更是一头雾水。

"傻瓜狼量化交易"通过计算给出交易方案，从根本上解决了不知所措的问题，在什么价格买入、投入多少资金、在什么价格加仓、加多少仓、在什么价格止盈、在什么价格止损，都取决于计算的结果。实战中只要按照计算的结果认真地执行了操作，无论是盈利的交易还是止损的交易都是成功的交易。因为我们的每一个算法模型都是业内公认的模型，是私募操盘常用的模型，不同的是我们对其进行了数学量化。

大家最关心的应该是"傻瓜狼量化交易"包括哪些计算，这些计算是不是可靠，引用了哪些原理，计算的结果是否精确，如何进行计算，这正是本章要说明的问题。

第一节　量化交易的魅力

问077：谁是量化交易第一人？

答：

首先我们认识一位量化投资的传奇人物詹姆斯·西蒙斯，此人堪称世界上量化交易第一人。

詹姆斯·西蒙斯是一位世界级数学家，一位慈善家、投资家，一位密码破译专家，还是 Medallion 对冲基金经理。他在华尔街每年净赚 15 亿美元，他所领导的对冲基金运用数学模型进行短线交易，所有的交易决策都由电脑做出并执行，量化交易是西蒙斯成功的秘诀。

西蒙斯是发明、创建、使用"模"的鼻祖，他的"模"颠覆了所有理论，被誉为世界上最会挣钱的人。目前，西蒙斯已经 80 多岁了，直到现在西蒙斯依然屹立辉煌的巅峰，无人能与之匹敌。在 2008 年美国爆发次贷危机的时期，他领导的基金依然创下了 85% 的回报率，使他成为最伟大的基金经理。

我们知道世界上有很多著名的投资大师，在证券市场他们都有开创先河的投资理论，比如江恩的江恩理论、巴菲特的价值投资理论、索罗斯的投机思维、查尔斯的趋势理论和波浪理论等等，这些理论对世界金融市场影响极大，几乎成为世界上所有机构做手研究、追捧的理念及技术，几乎是所有投资者心中的"圣经"。然而对于很多普通投资者来说学习这些理论无异于读"天书"，要想搞明白几位大师毕生的研究成果可能要花费大家一生的精力。这些传统的理论价值连城，学习掌握是却最大的难点，而西蒙斯的量化投资技术只拾得其中冰山一角就能稳定获利，而且他的收益率是世界上所有投资大师中是最高的，并且这种盈利模式既稳定又可靠。

从某种意义上讲量化投资颠覆了传统的技术分析，因为，量化的数学模型虽然有局限性，但是可以量化的资源无限广阔，完全可以超出传统技术分析的范畴，例如 2009 年在华尔街出现的高频交易就是一个非常神奇的典范。

问 078：什么是"模"？

答：

所谓"模"就是一种数学模型，它对选股、选时、选点、止损都进行了具体的设定，实现了真正意义上的机械化操作模式。其实，每一个成功的"模"其含义都不复杂，几句话就能描述其要领。"模"之所以能够做出一笔笔成功的交易一方面取决于"模"本身的可靠性，或者说符合某种大概率成功因素，更重要的一个方面在于它彻底地克服了人性的弱点对交易的干扰。

任何"模"都有局限性，设定的各种条件不可能面面俱到，不可能把量价时空统统涵盖起来。詹姆斯·西蒙斯使用的"模"未必有多么复杂，按照他自己的说法他发明的的数学模型就像一个大壁虎专吃蚊子，也就是说他的"模"每笔交易收获的点数并不多，但却积少成多，靠量取胜，靠操作频率取胜，西蒙斯风趣地称他的战法为"壁虎战法"，由此我们就可以略见一斑。

问 079：什么是自动量化交易系统？

答：

所谓自动量化交易系统，是指把"模"通过计算机编程做成执行软件，再把这个软件与某个市场的交易平台进行关联，然后再关联上交易账户，这样计算机就可以适时采集市场上海量的交易数据，从而由电脑自动进行分析、自动进行交易的一套系统。

做成自动量化交易系统对于一个计算机高手来说并不难，最难的是建"模"。就好比下象棋，很多人都会下象棋，车、马、炮怎么走都明白，但是能不能赢就不好说了，你要是遇见个"臭棋篓子"赢一把很正常，如果是遇到了棋圣则必败无疑。因此，成功的"模"能挣钱，失败的"模"肯定赔钱，更何况，哪只股票背后的做手都是"棋圣"而不是"臭棋篓子"，如果是把失败的"模"关联上您的账户，用不了多久账户资金就打水漂了。

所以说，自动量化交易成功的关键是建"模"，建好的"模"至少要对以往 20 年的行情进行模拟回测，这样就涵盖了各种行情。通过回测不断优化，直到评测结果能够达到满意的收益率，这个"模"才可以放心大胆投入使用。

毋庸置疑，计算机人工智能的"智商"比起人类毫不逊色。自动量化交易系统能够自动执行：选时、选股、筛股、选点、买入、卖出、加仓、减仓、止盈、止损等操作，能够做到最有效的仓位管理和风险控制，真正做到机械操作。

最为重要的是，它能够克服人性的弱点和人的误判，有了这个东西，也就有了真正意义上的"自动提款机"。

现在市面上就有这种东西，有收费的也有免费赠送的，评测的年收益率都很高，但是，实战效果往往并不好。我们之所以不愿意把自己的"模"做成自动交易软件，一个最大的顾虑是，我们搞不出来自己的大数据开发平台，如果借用别人的数据平台，当把自己的"模"投入使用的那一刻，就是向全世界公开这个"模"内在编程的时刻。

我们知道，有些技术知道的人越多越好，知道的人多了大家可以推波助澜，同进同出，使得买卖信号更稳定。但有的技术一旦知道的人多了，其战斗力却会大打折扣。其实，如果您富可敌国，却又不懂股票，不妨搞一套自动高频交易系统，那样，您应该会百战百胜无敌手。

笔者有幸见识过一个比较成功的"模"，它的设计原理是让电脑在所有的股票当中寻找已经走出来的箱体，只要符合了箱体要求的股票瞬间一网打尽，然后等待股价运行到箱体的下边轨，只要股价跌到了下边轨的价格计算机就会自动买入，买入的份额按照提前设好的数量一单一单快速买进，只要股价到达了箱体上边轨的价格计算机就会自动空仓。如果买入后股价跌破了箱体下边轨计算机会立即止损，如果在下边轨挂出的单子没有成交计算机还会闪电撤单。计算机时刻不停地在设定好的股票范围内自动搜索、买卖、撤单、止盈、止损。这是一家券商为了招揽客户免费提供的"模"。

问080：什么是高频交易？

答：

自动高频交易系统就是一款超越了传统技术分析手段的自动量化交易系统，2009年首次出现在华尔街基金市场，它是靠庞大的资金做为支撑的玩法，是基金操盘的杀手锏，钱少了根本玩不起，其原理很简单，也很有效。

首先，电脑自动选出一些抛单很重的股票，然后以"卖2"以上的价格大量高频率买入，这样就能够瞬间吞掉大量卖单，由于在极其短暂的时间内突然涌入大量资金，股价就会很自然地快速拔高。这时电脑突然杀个

"回马枪"，以"买2"以下的价格大量卖出，以微小的差价瞬间抛出刚刚吃进的筹码。

自动高频交易系统的交易速度非常快，频率非常高，买入卖出闪电完成，我们从它每天几百次的撤单数量就可以看出它的频率和速度。因为价差小，这样的操作每笔交易挣不到多少点，但是架不住它交易的次数多，单笔挣的点数虽然少，但积少成多也就挣出了点数。因此，自动高频交易每天都能给主人挣钱。

我们知道美国和中国香港地区施行T+0，因此，自动高频交易系统在美国可以大行其道。这套系统被称为"抽水机"，在A股市场派不上用场，A股一直没有实行T+0交易制度，很有可能是为了抵御高频交易给A股造成风险。

第二节 傻瓜狼量化交易

问081：什么是傻瓜狼量化交易？

答：

傻瓜狼量化交易是没有实现自动交易的算法交易和测量交易。我们知道，量化的核心思想是对某种事物进行数字化管理，量化即为数量化。使用数学模型进行计算可以实现量化，使用衡具测量也可以实现量化。只不过计算可以通过编程由电脑实现自动量化，而测量无法编程进而实现自动量化。将计算和测量结合起来无疑扩大了可以量化的范围。

傻瓜狼量化交易基于量价时空、K线形态、浪型走势、机构建仓等传统的技术分析，以及机构做手常用的K线模型，通过计算和测量确定出具体的交易价格以指导我们的操作。

问082：傻瓜狼量化交易包括哪些计算？

答：

1. 空间计算——用于计算K线图从最低点价格到最高点的价格，或从最高点价格到最低点的价格，从而计算出K线图的涨跌空间。

2. 形态计算——用于计算某种 K 形态形成之后未来即将产生的最近的最高点的价格或最低点价格。

3. 浪型计算——用于计算形成某种浪型之后未来即将产生的最近的最高点价格或最低点价格。

4. 时空计算——用于计算一种特定的浪型在哪一天涨到最高点的最高价。

5. 模型计算——用于计算某种选股定式或选股模型的交易点价格。

6. 黄金计算——用于计算股价未来涨到"黄金出货价"的时间范围。

7. 令单计算——用于计算某只个股令单的手数。

8. 天地计算——用于计算大盘在最低点或最高点应该对应的成交额，通过计算出来的成交额判断大盘的见顶或见底。

9. 顶底计算——用于计算大盘未来即将见顶或见底的指数。

问 083：傻瓜狼量化交易包括哪些测量？

答：

1. 黄金测量——用鼠标在 K 线图上测量出主力的出货价格，或主力在盘中做 T 高抛的价格。

2. 筹码测量——用于测量股价能不能向上突破前高点或历史高点的价格。

3. 三阳测量——用鼠标在 K 线图上测量出暴涨的股票会在什么价格遇到超强压力而回打。

4. XT-H 测量——用鼠标在 K 线图上对各种形态涨跌目标价进行测量，这种测量要与计算相结合才有意义。

5. 缺口测量——用鼠标在 K 线图上对形成的缺口进行测量以得到上涨或下跌的目标价。

｛筹码测量｝、｛三阳测量｝ 和 ｛缺口测量｝ 在早期出版的书中已有详述，在这里我们只对 ｛黄金测量｝ 和 ｛XT-H 测量｝ 进行研究。

第三节 算法所依据的理论及相关原理

问084：量化计算引用了哪些理论？

答：

傻瓜狼量化交易整合了多种算法，基本上覆盖了各种各样的走势，其目的是使用这些算法将整个K线图表最大程度地衔接起来，能够实现对K线图表的跟踪滚动计算。因为每一种形态或浪型都具有独立的特点，因此运用的原理各有不同。研究这些原理枯燥乏味，需要花费大量的时间和精力，长篇累牍地叙述这些原理没有实战意义，因此，这里我们只简单描述一下各种计算所涉及到的原理，最终以数学计算式表达出来与大家分享。

1. {空间计算}引用了裴波那契数列

裴波那契是中世纪意大利著名数学家，在他所处的时代还没有股市。裴波那契数列广泛运用于各个领域，在金融交易领域产生的很多理论都基于裴波那契数列。例如，黄金分割线、江恩角度线等。

{空间计算}还引用了佛家手印中的"无畏印"和"触地印"。佛家手印奥妙无穷地揭示了事物从兴旺到衰竭，从衰竭到兴旺的自然起始点，它与数学上的分形理论异曲同工，有效地处理了非线性时间序列的走势无法使用数学公式表达的问题。

{空间计算}还引用了混沌理论。

2. {时空计算}、{顶底计算}和{天地计算}引用了艾略特的趋势理论和江恩理论以及由裴波那契数列推导出来的黄金分割数列。

3. {形态计算}引用了形态理论和周期理论。

4. {浪型计算}引用了多种数学理论，例如，{蝴蝶低点}计算引用了蝴蝶定理，它是古典欧氏平面几何的内容之一。蝴蝶定理是W. G. 霍纳在1815年首次提出的，它揭示了平面几何中一个普遍的规律，即在形似蝴蝶形状的图形中某两条线段的长度始终相等，其数学表达式为 $XM = MY$。图形可以在特定的框架内无限演绎，而这个规律始终能够得到印证。我们将这个规律套用在某种特定的 K 线走势图上，由此计算出我们想要的结果。

5. {黄金时间} 计算引用了美学中对称的原理。

6. {模型计算} 种类很多，例如"三外有三""仙人指路""芙蓉出水"等，这些 K 线组合模型是机构常用的，是被广大技术派认可的 K 线组合图形。每一种形成了有效定式的 K 线组合模型都可以进行量化，模型不同原理自然也不同。傻瓜狼量化交易根据这些图形所代表的含义对交易的点位进行了量化，计算结果来自于技术派公认的交易点位。

7. {令单计算} 是对于某只个股在集合竞价时，即在 09:25 时成交的超级大单进行的量化，其实战意义是帮助我们发掘当日异动的股票，这种在集合竞价时出现的异动，按照向量方向可以大概率揭示当日个股涨停或跌停。

问 085：什么是斐波那契数列？

答：

斐波那契数列又称黄金分割数列，指的是这样一个数列：

0、1、1、2、3、5、8、13、21、34、55……

它的数学公式表达为：

$F(0) = 0，F(1) = 1，F(n) = F(n-1) + F(n-2)(n \geq 2，n \in N^*)$

我们可以简单理解为：前两位数字的和等于下一个数字。如果我们用前面的数字除以后面的数字，其结果会越来越接近于 0.618。

裴波拉契数列的 0 和 1 没有意义。斐波拉契数列是大盘密码。0.618 是个股密码，这个数字就是黄金分割点。

问 086：什么是佛教手印？

答：

佛教手印又称印契，是指密教在修法时行者的双手或手指的各种姿势。不同的手型姿势有不同的寓意。

在这里我们只介绍与 K 线计算有关的"无畏印"和"触地印"。在实战中我们称"无畏印"为"上分型"，"触地印"为"下分型"。

"无畏印"提示我们不要畏惧，股价正在进行二次探底，买入的机会已经出现。"触地印"提示我们现在是展开下跌的最后一涨，马上就要下跌了。

分型的基本概念是指任何复杂的事物都是由最简单的结构不断叠加而形成的，庞大的体系可以细化为小分型，小分型可以累加出大体系。小分型与大体系极为相似，选择不同的时间周期可以放大或缩小分型。由此我们还可以得知，涉及到分型的计算可以运用于各个周期的K线图表。

问087：什么是趋势理论？

答：

趋势理论是查尔斯·道发明的，他的理论是许多著名投资大师成功的基础。

"穷人眼里处处是陷阱，富人眼里处处是商机"，这是对趋势理论的鲜明写照。鸡叫了天会亮，鸡不叫天也会亮，天亮不亮鸡说了不算，关键是天亮了，谁醒了。

｛空间计算｝要解决的问题是如何看懂个股的趋势及涨跌的空间，故而又称为选股计算。看懂了趋势，抓住了商机，跟上了政策，注定要成为富人，这个年代"撑死用脑的、饿死用力的"，机会总是留给那些懂得把握趋势的人。

问088：什么是混沌理论？

答：

混沌理论是说，宇宙本身处于混沌状态，在宇宙中某个地方发生的事件，会在宇宙的另一个地方造成不可预测的后果。系统有无限放大的作用，一个微小的运动经过了系统放大，最终的影响会远远超过那个微小运动本身。

有人说"因为英国的一只蝴蝶煽动了一下翅膀，中国可能遭受一场台风"，这句话就包含了混沌理论的思想。

在实战中我们发现，在底部的最低点与它最近的"上分型"之间涨幅小得可怜，而计算的结果涨幅巨大，实际上后期就涨到了这个巨大的高点上，海量的案例不断验证着混沌理论的神奇。

第四节　量化算法的可靠性分析

问 089：傻瓜狼量化交易能不能做到百战百胜？

答：

量化交易能够实现稳定盈利是毋庸置疑的，但这并不代表在任何情况下都能实现盈利，我们展示的所有计算技术都是大概率胜算的算法。遇到天灾人祸、大盘千股跌停、公司资金链断裂等突发事件，任何技术都将失效，即使是有效的计算技术也无力回天。量化计算只能应对正常的上涨横盘或下跌，不能应对疯牛走势或疯熊走势。

在正常的情况下，无论是对大盘指数的计算还是对个股股价的计算，其计算结果都非常具有参考价值，有的时候分毫不差，有的时候会出现一定的误差，有的时候计算出来的走势会出现夭折。我们知道证券市场属于风险投资市场，我们的量化交易没有实现自动交易。因此我们依然有止损，有分仓管理，有盘中做 T。

在资本市场，任何大师、任何高手都不可能百战百胜，包括一些能够控盘的私募做手都有失败的可能。

尽管没有实现自动的量化投资技术依然存在风险，但一定会比靠拍脑门、撞大运、追涨杀跌等等更加稳健、更加可靠。能够在计算出来的低价格上分批买入，能够在计算出来的止损价格上止损，能够在计算出来的高点价格上止盈，就能够最大限度地避免大亏，极小胜为大胜，最终获得丰厚的利润。

问 090：如何解释量化算法的可靠性？

答：

1. 裴波那契数列揭示的是一种自然、完美的比例关系，一条 K 线的运行也需要流畅、对称、协调。我们拿人体的比例关系为例打个比方：符合了裴波那契数列比例关系的人，看起来落落大方，高矮胖瘦、形态五官的比例都很完美，相反，长相不协调也就"不顺眼"。K 线的运行形态也是一样，绝大多数 K 线无论是上涨还是下跌走的都很完美，我们就可以把 K 线的各个点位计算出来。

只要股价到了极限值，我们的《狼王交易系统》一定会发出买卖信号，我们要进行相应的操作。在股价没有达到极限值的时候《狼王交易系统》发出的信号不代表未来真实的低点，只表示当前的价格处于临时的高点或低点。我们要把计算、测量、信号有机地结合起来，相互配合、相互印证，就能把那些"不顺眼"的高低点确定下来。

2. 佛家手印中的"触地印"揭示的是旺盛期发展的终结，尽管看似有继续旺盛发展的可能，其实这仅仅是最后一涨，"触地印"一出必然衰败。在 K 线的高位上出现了"下分型"是向下的拐点，不要心存侥幸，该卖就卖。到了低点出现了"上分型"再买回来，买的时候不要因为股价正在下跌而害怕，"无畏印"寓意着旺盛的开始。

3. 混沌理论告诉我们底部的"上分型"、顶部的"下分型"正是"蝴蝶煽动了翅膀"，未来必将发生巨变。

4. 趋势理论告诉我们股价不会直线上涨，也不会直线下跌，涨中有跌、跌中有涨，跌跌涨涨大方向不变。

总之，计算不是"打滑的石头"，尽管做手不会按照计算运作，但 K 线的运行规律符合自然法则。

第五节　计算方法

问 091：如何进行量化计算？

答：

在后续的章节中我们列举了大量案例，笔者尽量使用一只股票作为案例，而没有刻意地寻找那些计算结果分毫不差的其他个股做案例，这样做有三种考量：

第一，首先是为了解释跟踪、滚动计算的方法，说明遇到什么情况选用什么样的图形公式。在很多情况下 K 线的走势同时符合多种可以计算的图形，最好用不同的公式都算一下，取它们计算结果中的保守值做为交易的价格。

第二，是为了帮助大家找对图形中的取值点。针对某一条K线，只要选用的公式确定了，在K线上相应的取值点也就确定了，取值点和计算结果都具有唯一性。

第三，在书中的附录里我们提供了｛天地计算｝、｛黄金时间｝、｛令单计算｝、｛模型计算｝等自主研发的数学模型，其算式非常简单。而｛空间计算｝、｛形态计算｝和｛浪型计算｝的公式则相当复杂，学过高等数学、线性代数等课程的读者可以直接进行计算，但手工计算速度远远跟不上行情的变化，因此需要对这些算法进行计算机编程，非计算机高手恐怕难以实现。再者，虽然我们对这些计算进行了优化，但其中的原理并没有改变，将这些算法公之于众对大家起不到应有的帮助，弄不好还会侵害他人的知识产权。遵纪守法是我们每个人的责任和义务，我们带着感恩的心情将先进的技术弘扬于世，为的是让这些知识造福更多的人，然而，任何堂而皇之的理由都不是伤害他人的借口，这一点希望大家理解。

另外，在实战中我们大量使用各种计算做高抛低吸，留给我们的计算时间很短暂，因此建议大家使用我们已经做好的计算器，找到点位上的价格直接输入计算器便可以瞬间得到结果。

空间计算	形态计算	浪型计算	模型计算
下跌空间	上升旗形	下降旗形	出击回踩	时空共振	黑马出世
上涨空间	上升箱体	下降箱体	逃反弹顶	地量大狼	红日喷薄
单边下跌	双底W底	双顶M头	双低高点	狼眼双红	仙人指路
单边上涨	单底高点	单顶低点	双高低点	双响涨停	攻击追线
蝴蝶低点	圆弧底	圆弧顶	最后一冲	阳关三叠	登高望远
蝙蝠高点	上升三角	下降三角	最后一跌	三外有三	空中接龙
下跌时空	上升N字	下降N字	跟进止盈	冲击卧浪	猛龙回首
上涨时空	空间比对	黄金时间	令单计算	天地计算	顶底计算

图5.1　傻瓜狼计算器导航面板截图

问 092：量化计算有哪些注意事项？

答：

1. 傻瓜狼量化计算一共有九类，其中的 {天地计算} 和 {顶底计算} 只适用于大盘的日线计算。其他的七类计算既适用于大盘也适用于个股，并且适用于各个周期的 K 线图。

2. 在使用 {形态计算}、{浪型计算} 和 {时空计算} 对 K 线图表进行跟踪、滚动计算的时候，一定要以上一个计算方式所计算出来的结果为主，也就是说，如果后期又符合了某种走势，而新出现的走势还在上一个较大的走势覆盖之下，这时就要以上一个方式计算出来的结果为主。

例如，股价经过了一轮暴跌之后开始反弹，反弹的高点价格我们已经计算出来了是 10 元，这个 10 元就是我们所要高抛的价格，如果在接近 10 元的时候，走出来一个小浪型，用这个小浪型一算股价要涨到 15 元，这时我们还要以 10 元为主。

总之，滚动计算一定要以上一个计算形式所计算出来的结果为准。很多学员都知道我们找到的形态或浪型越标准计算结果越精确，可是有的时候形态或浪型很标准但计算出来的结果却误差很多，就是因为眼下的这个形态或浪型还被控制在上一个形态或浪型之中，是由上一个形态或浪型造成的。在实战中大家一定要跟踪、滚动计算以免出现失误。

问 093：找上下分型有哪些要领？

答：

能够准确地找到上、下分型是 {空间计算} 准确的前提，在实战中一定要仔细认真地查找，有些人算不准主要是找点没找对。

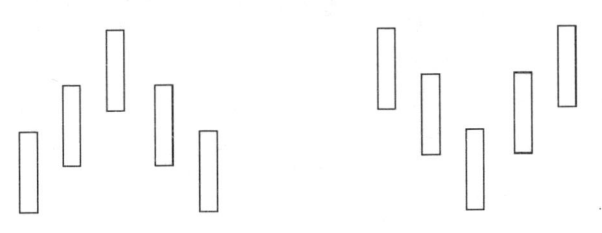

图 5.2 上下分型示意图

1. 上分型是指在五根 K 线的排列中，中间 K 线的最高点比左右两根 K 线的最高点高。允许有一根 K 线的最高点与中间 K 线的最高点持平，不允许两边各有一根 K 线的最高点与中间 K 线的最高点持平，如果出现了高点连续持平的情况要向后寻找上分型。

2. 下分型是指在五根 K 线的排列中，中间 K 线的最低点比左右两根 K 线的最低点低。允许有一根 K 线的最低点与中间 K 线的最低点持平，不允许两边各有一根 K 线的最低点与中间 K 线的最低点持平，如果出现了低点连续持平要向后寻找下分型。

3. 在比对高、低点的时候包括上、下影线。

4. 看准中间 K 线与两边 K 线的高低，只比对价格，差一分钱都不行。

5. 分型中的五根 K 线与阴阳无关。

6. 取点的时候取上分型的最高点或下分型的最低点，有影线的包括影线。

提示：在寻找分型的时候一定要认真仔细，不要放过任何蛛丝马迹，找错了计算的价格就错了。所取点位的价格具有唯一性，计算结果也具有唯一性。

第六章 大盘计算

"看大做小"是量化交易重要的原则之一，对于大盘的计算至关重要，因此必须熟练掌握。大盘计算包括 {顶底计算} 和 {天地计算}，这两种算法是对大盘大趋势拐点的区间计算，表明股指会在哪个范围内见顶，在哪个范围内见底。

{顶底计算} 是有效判断顶与底的重要工具，它是趋势理论的产物，属于单纯的技术分析，这种算法的优势在于它的计算结果有助于把握未来几年股指的走势，发现未来的支撑位或压力位。

{天地计算} 不属于单纯的技术分析，我们知道中国股市具有中国特色，大盘往往在交易最活跃的时候见顶，在交易最清淡的时候见底。打开大盘 K 线我们就可以清清楚楚地看到，极度放大的成交额与极度萎缩的成交额都对应着大盘大趋势的转折点，尤其是极度萎缩的成交额每次都准确地指明了底部拐点的位置。天地量理论是我们早期判断大盘大趋势拐点的一种简单方法，这种方法为我们立下过汗马功劳，直到现在我们依然使用这种计算把握大局。

{天地计算} 的起始开算点要么是顶，要么是底，当我们计算出未来大趋势转折点区间的时候，我们就可以放心大胆地跟踪涨升段回避下跌段，这是天地量理论的核心思想。当股指进入到拐点区间的时候我们要使用短周期 {空间计算} 进行精确计算，找到真正的顶与底。

第一节　顶底计算

问 094：怎样理解顶底计算？

答：

1. {顶底计算} 的理论依据是趋势理论，趋势理论是机构玩家研究大盘的杀手锏。趋势理论可以提前判明大盘上涨的空间和下跌的空间，判明达到这些空间需要用多少个交易日，完整地表达出大盘的时空关系。

2. 趋势理论可以提前预判股指将会在哪一个时间点出现重大转折，在这些重大的转折点上一定要出这样或那样的消息配合大盘动作。最为重要的是趋势理论可以明明白白地展示出来每一天大盘 K 线应该怎样走、会怎样走、必须怎样走，这绝不是信口开河。真正掌握了趋势理论的人可谓凤毛麟角，甚至一些小私募的做手也未必能够准确掌握趋势理论。

3. 趋势计算的目的不仅仅是为了找到当前股指运行的高点和低点，它的主要功能是根据历史上的走势、历史上的计算数值确定未来行情的压力点和支撑点，指导后期的操作。

提示：趋势理论内容丰富实战意义很大，但不是本书研究的重点，在这里我们只围绕趋势理论相关的计算进行表述。

问 095：如何进行顶底计算？

答：

{顶底计算} 的目的之一是为了找到大盘大行情的高点和低点，计算的方法很简单，只要把上涨趋势或下跌趋势中"价值 K 线"的收盘价输入计算器就会得出结果。

{顶底计算} 的最大用途是找到大盘关键的转折点，这些关键的转折点对股指未来的走势起着重要的作用。

第六章　大盘计算

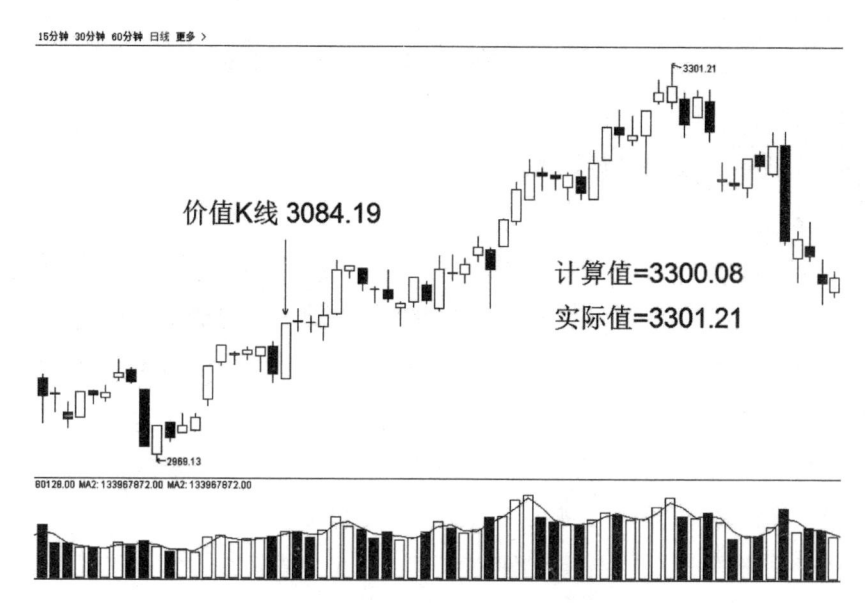

案例一： 上证指数 2016 年 12 月 7 日日线截图——顶底计算取点

图 6.1　上证指数日线顶底计算取点

图解：

1. 经过技术确认 2016 年 10 月 18 日这一天走出来的阳线是价值 K 线，把它的收盘价输入计算器就得出了顶部数值 3300.08，它与实际值 3301.21 几乎没有误差。

2. 在进行｛顶底计算｝的时候允许有误差，当股指到达了计算值的时候真正的高低点会随时出现。

3. 当大盘接近了｛顶底计算｝高点的时候，对于个股来说我们要：逢高出，冲高减，只卖不买。

4. 最为重要的是这条价值 K 线也是未来走势的重要压力位或支撑位。我们把近 5 年历史上曾经走出来的价值 K 线以及"有效的高低点"全部标画在大盘日 K 线图上，就能把握今天大盘的 K 线会冲高到哪里，跳水或下探跌到哪里，收盘应收在哪里。

5. 趋势理论可以展示时间概念，也就是说，股指会在哪个阶段上涨多少天或下跌多少天、在这些天内涨跌的幅度是多少等一目了然。

89

第二节　傻瓜狼天地计算

问 096：什么是天地计算？

答：

1. ｛天地计算｝包括｛天量算底｝和｛地量算顶｝，天量是顶，地量是底。｛天地计算｝可以帮助我们捕捉到较大的上升行情的启动点，找到了启动点也就找到了做票的机会。｛天地计算｝也可以帮助我们规避较大的下跌行情。

2. 天地量理论是傻瓜狼五大理论之一，是我们早期判断大盘顶与底的主要工具，因为它简单直观，并且具有很高的参考价值。

3. ｛天地计算｝用在大盘的日线上，见了高点算低点，见了低点算高点，可以不断地执行滚动计算，我们把找到的"点"输入计算器就可算出较大波段的顶与底。

4. 我们把算出来的 2 个结果标注在日线图上，真正的低点或高点会在标线的区间产生。

5. 通过这种方法算出来的是成交额，计算出来的"地量值"对应着底部，计算出来的"天量值"对应着顶部。

问 097：如何用天量算底？

答：

1. 首先要找到大盘日线中最近的大波段高点，找到与这个高点对应的最高的成交量柱，最高的成交量柱有可能是前一根 K 线的量柱，哪个成交量大取哪个，找到以后，查看它对应的成交额，将这个成交额输入计算器就可以计算出一个"地量值"。

2. 当股指下跌、成交量萎缩到这个"地量值"的时候，距离大盘的底也就不远了，后续的行情就属于筑底行情。

3. 见到这个"地量值"之后不要急于参战，如果大盘继续缩量说明后期还有低点，我们要沉住气，耐心等待不再缩量的那一天进场。

第六章　大盘计算

4. 如果出现了放量，这里就是大盘即将企稳的低点，至少大盘下跌的空间已经十分有限，在这个时候我们可以通过黄金堆看到大部分个股已经开始建仓，少数个股已经蠢蠢欲动，只要哪只个股敢在月点上"有效突破"形态我们就可以放心大胆的跟上它。

案例一： 上证指数 2017 年 1 月 11 日日线截图——天地计算

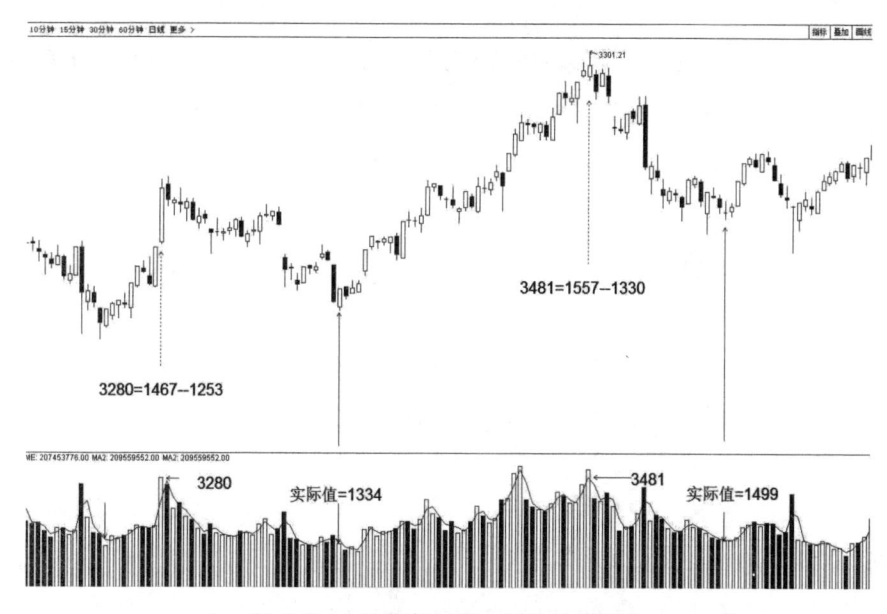

图 6.2　上证指数日线　天地计算取点

图 6.3　上证指数日线计算截图

图解：

1. 从上图中我们可以看出在最高点的 K 线上有可能对应的成交量最大，但常常是最高点 K 线前面的那根 K 线对应的成交量最大，哪个成交量最大我们就取哪个数的成交额输入计算器，这样就产生"地量值"，股指缩到了地量马上就会见底。

2. 通过这种计算可以规避提前抄底的风险，躲过大幅下跌。

3. 某根 K 线的成交额跌破了计算出来的"地量值"，后期继续缩量而股指不跌或上涨，都是跟进的最佳时机，跟进的个股必须是率先"有效突破"形态的个股。

附录 1：天地计算的公式

设：A = 低位最小成交额，B = 高位最大成交额

高点放量的目标区间 = A * 2.236OR2.618

低点缩量目标值区间 = B/2.236OR2.618

第七章　空间计算

　　很多人都知道 K 线涨涨跌跌的高低点是可以计算出来的，但很多人因为看不懂形态，找不对关键的节点，或者因为计算的公式太复杂、学不会而放弃了计算，更多的人则没有体验过计算的神奇而不相信计算，甚至根本就没有听说过股市里还有计算这回事儿。

　　相传 K 线计算最早是外国人发明的，至于是谁发明的对笔者来说一直是一个未解之谜，不过领笔者入门的师傅是著名的私募操盘手未来老师，他是一位数学博士，他自己也在不断地研发计算。俗话说：师傅领进门修行靠个人，这几年我们对学来的计算技术进行了大量的复盘验证，对某些细节进行了优化，与此同时对我们的傻瓜狼技术也进行了量化，开发了多种新的计算。师出同门的学友有的早已经把计算抛到了九霄云外，究其原因是他们对计算没有深层次理解，不得要领、乱套公式、找不对点位，算错几次赔了钱自然也就不相信计算了。

　　说实话，不论是哪个周期的 K 线，不论是哪一个投资品种的 K 线，只要它是 K 线，那么这条 K 线运行的高点和低点都是可以计算出来的。令人惊叹的是我们的计算结果往往十分精准，常常是分毫不差。计算技术不仅能够快速计算出来股票的涨跌空间，能够预判出哪只股票即将发生爆发式上涨，甚至能够计算出在哪一天涨到我们计算出来的高点。但是计算不是万能的，被覆盖在一个大级次形态或浪型中的小级次形态或浪型再符合要求也不能计算，搞清楚计算的层次，才能计算出准确的结果，另外，计算的方向必须与趋势的方向一致，否则就是无效的计算。

　　只要按照书中介绍的方法学会取"点"，把找到的"具有唯一性的取值点"输入｛空间计算｝器瞬间就会出结果，其方法之简单、计算之神速、结果之精确会使证券投资这项"技术活"变成为"熟练工种"。

　　本章讲解的｛空间计算｝独成体系，仅仅靠｛空间计算｝就能稳定盈利，掌握了计算绝技就能进退自如踏踏实实做交易。

希望大家认真学习、参与体验、快人一步、用于实战。

"计算交易穿越时空，无异于把利润提前放入口袋，打开了时空之门，就打开了一个人走向辉煌的捷径。"

—— 高级私募做手五大券商投顾·未来

第一节 空间计算的特点

问 098：空间计算有哪些特点？

答：

1. {空间计算}包括 AB 计算和 ABC 计算，因为 ABC 计算每次只能算出来 1 个数，股价达到这个数的概率在 95% 以上，但是这个数常常被突破，因此需要第二次、第三次计算。而 AB 计算能够直接计算出来 3 个数，相对来说 AB 计算比较简单，因此我们常用 AB 计算。

2. 有了高点就可以计算出未来的低点，有了低点就可以计算出未来的高点，整条 K 线图一直可以滚动计算。

3. {空间计算}适用于各个周期的 K 线图，包括 1 分钟 K 线即分时线。简单地说，只要是 K 线图都可以计算，但是周期不同揭示的"时、空"关系不同。在盘中我们可以结合黄金堆和《傻瓜狼交易系统》做 T。

4. 一般而言周期越短计算出来的结果越精确。因此，长周期是粗算，短周期是细算。

问 099：空间计算与量价有什么关系？

答：

技术分析的抓手是"量、价、时、空"，量代表动能，价代表方向，时代表时间，空代表幅度。

量和价已经产生或者正在在产生，看得见摸得着，各个周期的 K 线以

第七章 空间计算

及正在走动的分时线不停地出现新的量和新的价,通过"量价口诀"我们只能知道股价选择的方向和动力的大小。

时和空是未来,看不见摸不着,但这恰恰是最重要的,这就需要我们通过计算或测量对未来进行破解。

表 7.1 空间计算控制的时空关系表

K 线的周期	控制的时间范围	空 间
1 分钟 K 线	当天	最高价和最低价
5 分钟 K 线	2~3 天	最高价和最低价
15 分钟 K 线	3~7 天	最高价和最低价
30 分钟 K 线	7~14 天	最高价和最低价
60 分钟 K 线	14 天~1 个月	最高价和最低价
日 K 线	1~3 个月	最高价和最低价

问 100:怎样看粗算和细算?

答:

在实战中我们主要对日线、5 分钟和 1 分钟 K 线进行{空间计算}。偶尔也计算其他周期的 K 线。

1. 使用日{空间计算}目的是选出未来涨幅较大的个股,在此空间范围内做票没有被套的忧虑。

2. 使用 5 分钟{空间计算}是为躲避 2~3 日之内的回调,抄到 2~3 日之内的底。

3. 使用 1 分钟{空间计算}是为了盘中做 T。在做 T 的时候我们既要使用 AB 计算,也要使用 ABC 计算,让两种计算结果相互印证,取它们吻合度较高的数值做为计算结果,同时我们要结合 MACD 三买三卖和对大盘分时的{空间计算}把握当天的高低点。

95

第二节 空间 AB 计算

问 101：上涨空间 AB 计算有哪些要领？

答：

1. 首先我们要看前期已经走出来的 K 线图，找到这个 K 线图中最近的最低点，然后用｛空间计算｝确认这个最低点是"极限低点"，找到这根 K 线的最低价填写在计算器的 A 处。

2. 找到距离 A 点最近的上分型，把这个上分型的最高价填写在计算器的 B 处，这样就会产生 3 个计算高点。

3. 在绝大多数情况下股价运行到了某一个计算高点都会出现回打，因此在未来的上涨空间范围内要配合使用｛浪型计算｝、｛形态计算｝等精确地找到上涨途中高抛低吸的价格。

4. 把计算出来的 3 个数画在相应的 K 线图标上，画线的时候用带有数字的线来画，并且标明这三个价格的名称："目标价""理想价""止盈价"，止盈价即为"极限高点"。

5. ｛空间计算｝可以运用到各个周期。

6. 在进行分时计算时尽量使用 1 分钟 K 线精确选点，选 A 点的时候要注意 A 点前面要有两根 K 线，意思是说要有一个稳定下来的"支点"。另外，当日的计算结果在绝大多数情况下能够达到"目标值"，不一定达到 1 分钟 K 线上的"理想值"或"极限值"，但是在 3~5 天之内达到这些计算值的概率极高。

7. 在实战中最常用的周期是 5 分钟线，使用 5 分钟线可以把握最近几天的行情，买了就涨，卖了就跌，利于防守。

案例一： 中国宝安 2017 年 8 月 18 日日线截图——上涨 AB 计算取点

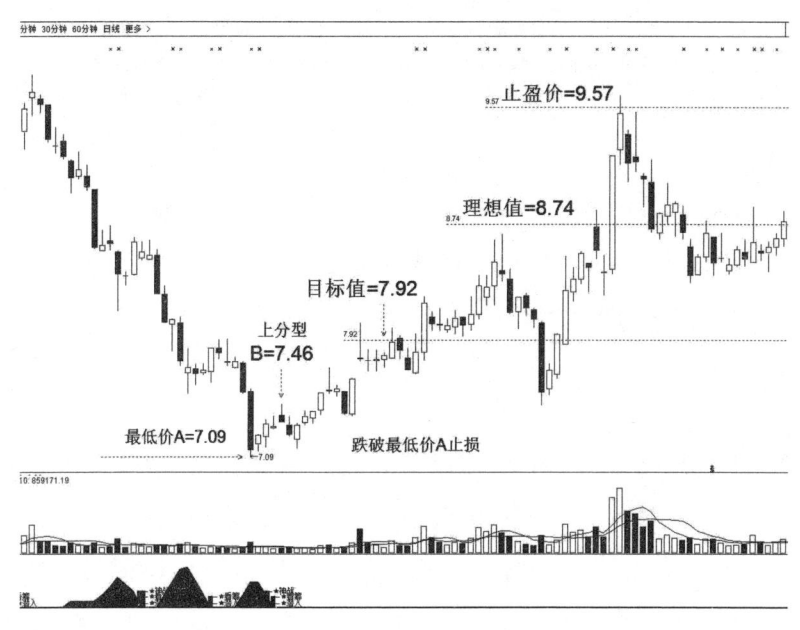

图 7.1　中国宝安日线取点截图

空间计算——高点计算

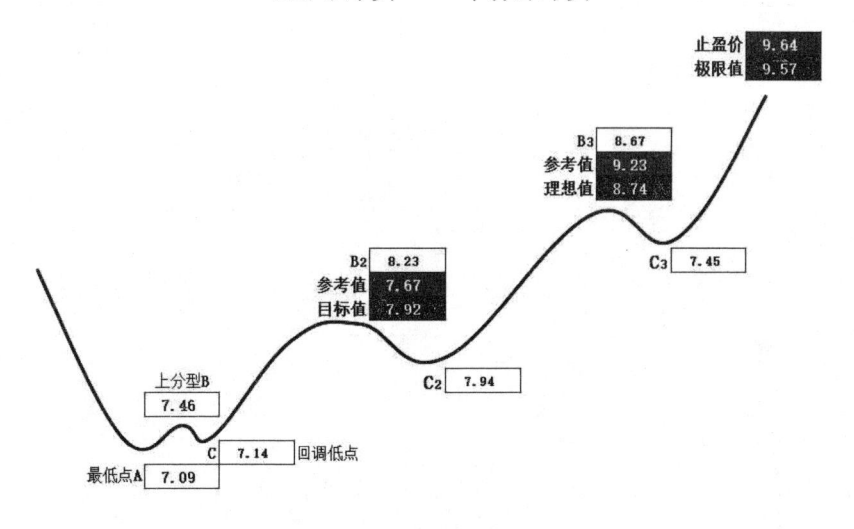

图 7.2　中国宝安日线计算截图

说明：

1. 买股票之前首先用 {空间计算} 算出极限低点，然后用 {空间计算} 进行确

97

认，前期不跌到极限低点不买。

2. C 点不能跌破 A 点。在分时图上进行计算，A 点必须有支点。

3. 当最高点影线很长、实体极小时，取影线的 1/2 做为最高点，避免误差。

4. 在实战中应用最多的是 AB 计算，ABC 计算辅助确认 AB 计算的结果。

5. 配合使用大盘 AB 计算和个股 MACD 三买三卖原则确认最近要到达的目标值。

图解：

1. 图中从 7.09 元和 7.64 元就可以计算出未来要涨到 9.57~9.64 元，图中 AB 计算的结果和 ABC 计算的结果比较吻合，所以我们把比较保守的价格 9.57 元做为"极限高点"，9.57 元就是止盈价。

2. 因为用的是日线，所以我们知道股价会在 1~3 个月之内走到止盈价。

3. 如果股价跌破了我们找到的最低价 7.09 元，说明之前计算低点的时候没算对，7.09 元不是"极限低点"，跌破前低要止损。

4. 从图中我们可以看到，在没有达到止盈点之前有回调，要想躲避回调我们可以要用 5 分钟 {空间计算} 或 {浪型计算} 找到高抛低吸的价格。

案例二： 中国宝安 2017 年 7 月 31 日 5 分钟截图——上涨 AB 计算取点

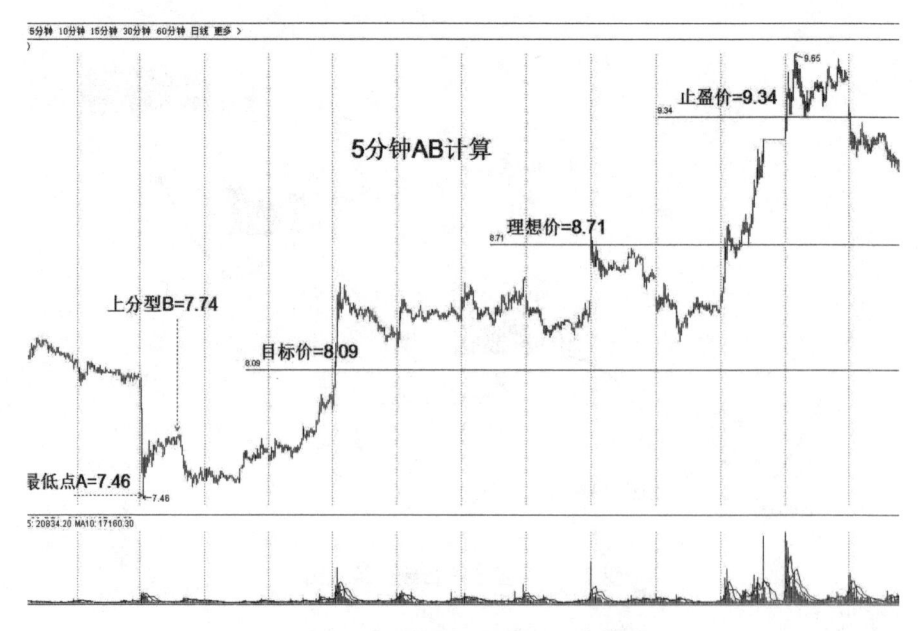

图 7.3 中国宝安 5 分钟线取点截图

98

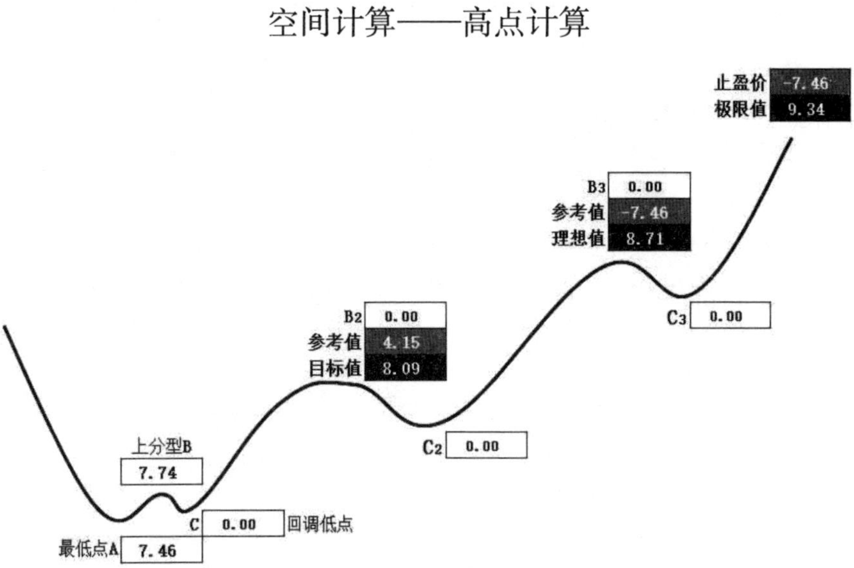

空间计算——高点计算

图7.4 中国宝安5分钟K线计算截图

说明：
1. 买股票之前首先用｛空间计算｝算出极限低点，然后用｛空间计算｝进行确认，前期不跌到极限低点不买。
2. C点不能跌破A点。在分时图上进行计算，A点必须有支点。
3. 当最高点影线很长、实体极小时，取影线的1/2做为最高点，避免误差。
4. 在实战中应用最多的是AB计算，ABC计算辅助确认AB计算的结果。
5. 配合使用大盘AB计算和个股MACD三买三卖原则确认最近要到达的目标值。

图解：

1. 这是中国宝安5分钟｛空间计算｝，在2017年7月11日到了回调的低点，这个低点我们可以用前面的5分钟的高点向下算出来。由于它还没有走到日线上的止盈点，因此我们要用这个低点继续往上算，结果是9.34元，这个值与实际高点9.66元之间有误差，但是我们从7.46元和7.74元就算出来了要涨2元。这点误差可以接受吗？别忘了，我们还有1分钟计算，这点误差我们可以不接受。

2. 我们用5分钟｛空间计算｝做日线涨幅空间之内较大的波段，但是到了日线止盈价附近，我们要是用1分钟线｛空间计算｝，可以卖在7月31日最高的价格上，如以下案例。

案例三：中国宝安 2017 年 7 月 31 日 1 分钟截图——上涨 AB 计算取点

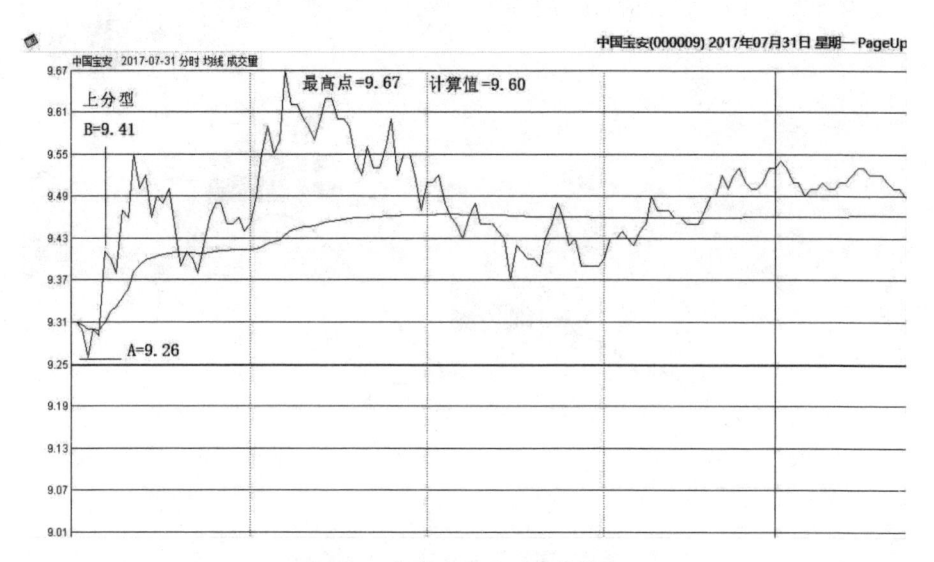

图 7.5　中国宝安分时取点截图

空间计算——高点计算

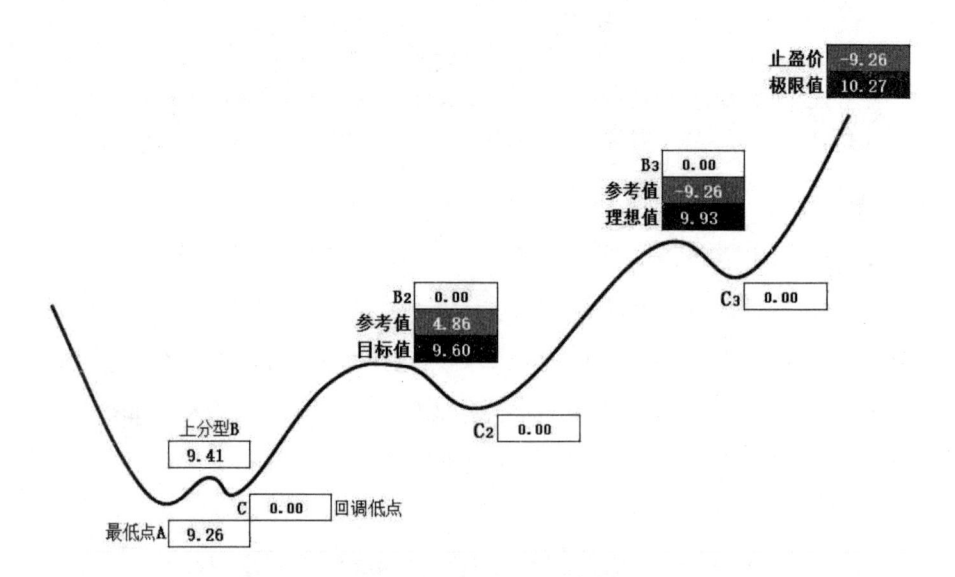

图 7.6　中国宝安分时计算截图

说明：

1. 买股票之前首先用｛空间计算｝算出极限低点，然后用｛空间计算｝进行确认，前期不跌到极限低点不买。
2. C 点不能跌破 A 点。在分时图上进行计算，A 点必须有支点。
3. 当最高点影线很长、实体极小时，取影线的 1/2 做为最高点，避免误差。
4. 在实战中应用最多的是 AB 计算，ABC 计算辅助确认 AB 计算的结果。
5. 配合使用大盘 AB 计算和个股 MACD 三买三卖原则确认最近要到达的目标值。

图解：

1. 这是中国宝安 2017 年 7 月 31 日的分时｛空间计算｝，我们的止盈价是 9.60 元。那么为什么不是 9.93 元或 10.21 元呢？因为它们远远超出了日线止盈价。

2. 按照要求我们应该在当天的 1 分钟 K 线上找点，我们在分时上找点是为了说明使用分时图照样可以进行计算，只是在找上分型的时候一定要注意，鼠标要能向后移动两下，移动一下是一根 K 线的间距，否则不能确定它是不是上分型，使用 1 分钟 K 线就能一目了然，直接找到上分型。

由此我们可以得出结论：

1. ｛空间计算｝适用于各个周期，长周期是粗算，短周期是精算。我们可以根据自己有没有看盘时间确定使用哪个周期，算长周期做长线，算短周期做短线。

2. ｛空间计算｝是大方向计算，股价在上涨或下跌的途中不会是一马平川直奔目标，我们要使用｛浪型计算｝或｛形态计算｝抓住每一次交易机会。

问 102：下跌空间 AB 计算有哪些要领？

答：

1. 使用｛空间计算｝计算低点与计算高点的方法基本一致。只不过 A 点是 K 线图中的最高点，B 点是距离 A 点最近的下分型。

2. 计算完成之后我们要将计算的结果标在 K 线图上，可以标"目标

1"、"目标2"和"目标3",目标3是"极限低点"。

3. 股价下跌到了"极限低点"不要急于动手,我们要看形态、看"有效突破"、看黄金堆,把未来的涨幅计算出来才可以动手操作。

4. 在日线上如果股价涨到"极限高点"之后,从最高点到下分型之间出现的是小幅度的下跌,我们可以放心大胆地掌控计算出来的"极限低点"。如果出现的是几根较大幅度、快速下跌的K线,就要使用短周期K线进行计算,因为这时的最高点与下分型之间跌幅太大,用日线{空间计算}的结果会算出负值,当股价跌到"目标1"的时候就可以看作最近几个月的"极限低点"。

案例一: 中国宝安 2015 年 10 月 22 日日线截图——下跌 AB 计算取点

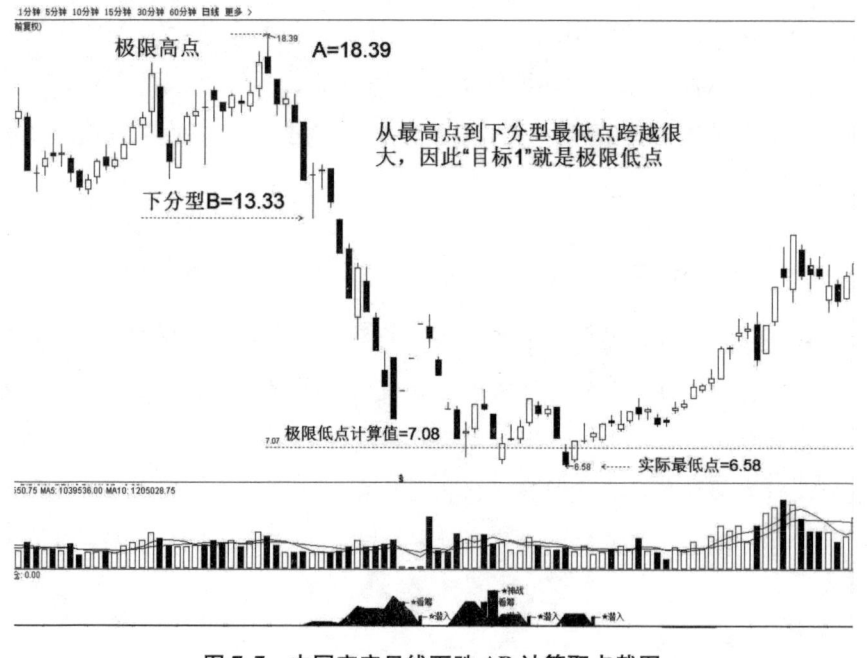

图 7.7 中国宝安日线下跌 AB 计算取点截图

空间——低点计算

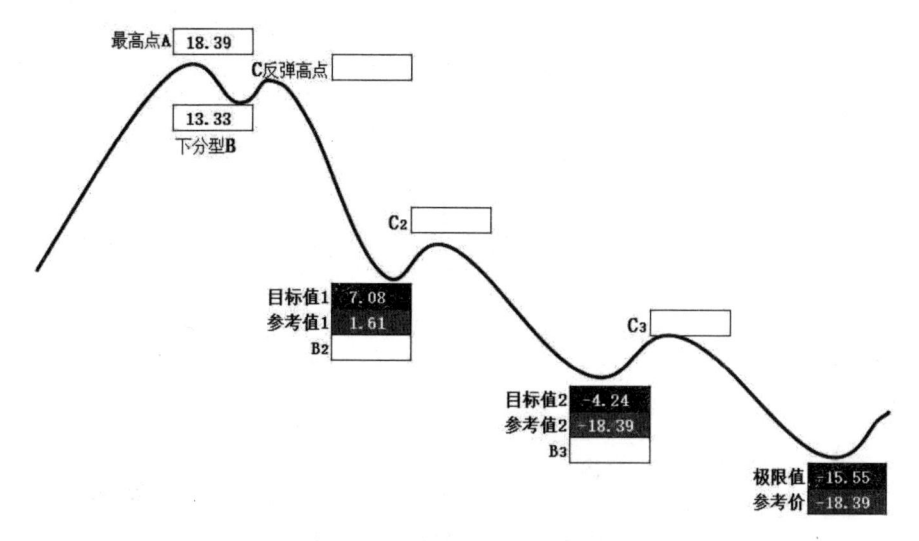

图 7.8　中国宝安日线计算截图

说明：

1. 买股票之前首先用｛空间计算｝算出极限低点，然后用｛空间计算｝进行确认，前期不跌到极限低点不买。
2. C 点不能跌破 A 点。在分时图上进行计算，A 点必须有支点。
3. 当最高点影线很长、实体极小时，取影线的 1/2 做为最高点，避免误差。
4. 该计算可以运用到各个周期的 K 线图。
5. 配合使用大盘 AB 计算和个股 MACD 三买三卖原则确认最近要到达的目标值。

图解：

1. 这是中国宝安的日线，图中向下的计算误差只有 0.27%。

2. 从图中我们可以看到"目标 2"和"目标 3"为负值，这是计算器自动排除的计算结果，这时我们要加入 ABC 计算。

3. 读懂了下跌｛空间计算｝的结果我们就应该悟出，股价在没有到达"极限低点"之前不能抢下跌途中的阳线。

案例二：中国宝安 2017 年 6 月 2 日日线截图——下跌 AB 计算取点

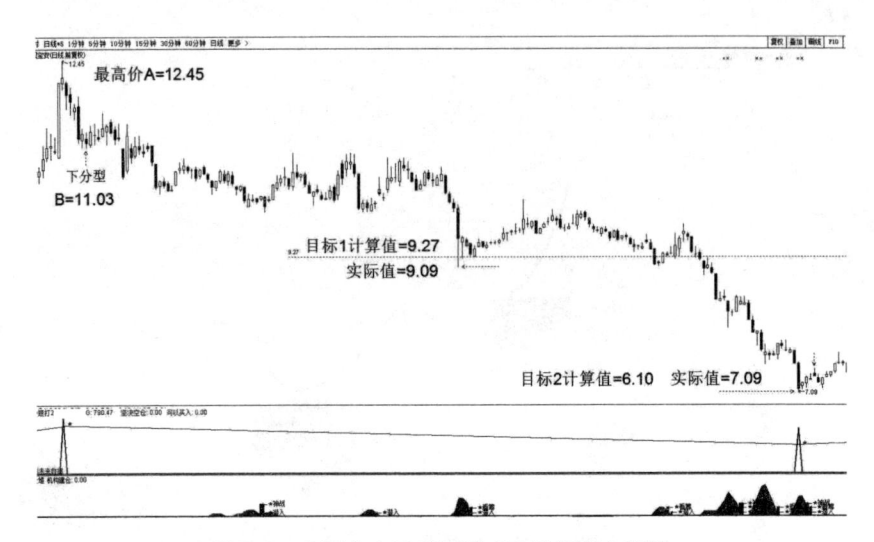

图 7.9　中国宝安日线下跌 AB 计算取点截图

空间——低点计算

图 7.10　中国宝安日线计算截图

说明：

　　1. 买股票之前首先用｛空间计算｝算出极限低点，然后用｛空间计算｝进行确认，前期不跌到极限低点不买。

　　2. C 点不能跌破 A 点。在分时图上进行计算，A 点必须有支点。

第七章　空间计算

3. 当最高点影线很长、实体极小时，取影线的 1/2 做为最高点，避免误差。
4. 该计算可以运用到各个周期的 K 线图。
5. 配合使用大盘 AB 计算和个股 MACD 三买三卖原则确认最近要到达的目标值。

图解：

1. 这是中国宝安日线的下跌｛空间计算｝，从图中我们可以看出第二个下跌目标值是 6.10 元，那么后期会不会跌到 6.10 元呢？这时我们要看看黄金堆，主力在这个价位大量加仓了，他一定会拉高出货，把股价拉高到他开始建仓的点位，否则主力就要赔钱。所以股价跌到 7.09 元止跌反弹了。后期会不会跌到 6.10 元我们不用管，主力加仓了，又出现了买入信号，我们就可以跟着主力做一把。

2. 从图中我们还可以看到，计算出来的"极限低点"是 2.92 元，如果股价跌到这个数值公司早就倒闭了，6.10 元将是"极限低点"。

3. 好股票有很多，最好的办法是不碰那些没有跌到"极限低点"的股票，耐心等待最好的买入机会。

4. 日线计算算的是大方向，我们要选择已经走过了"极限低点"的正在上涨的股票。

案例三：中国宝安 2017 年 11 月 8 日 5 分钟截图——空间 AB 计算取点

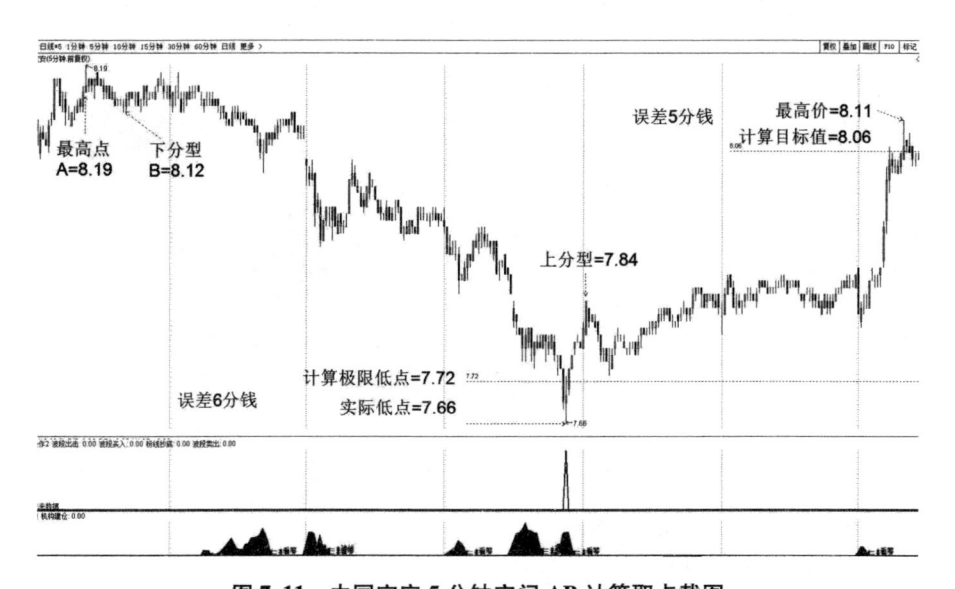

图 7.11　中国宝安 5 分钟空间 AB 计算取点截图

空间——低点计算

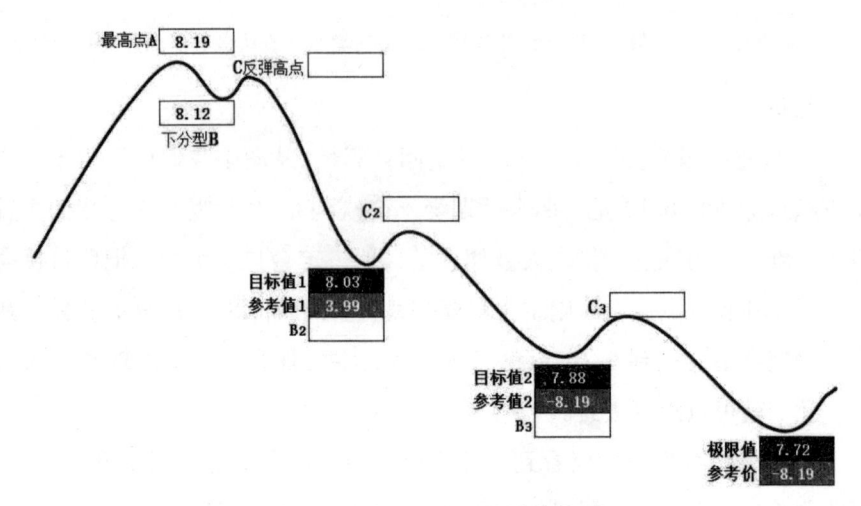

图 7.12　中国宝安日线计算截图

说明：

1. 买股票之前首先用｛空间计算｝算出极限低点，然后用｛空间计算｝进行确认，前期不跌到极限低点不买。
2. C 点不能跌破 A 点。在分时图上进行计算，A 点必须有支点。
3. 当最高点影线很长、实体极小时，取影线的 1/2 做为最高点，避免误差。
4. 该计算可以运用到各个周期的 K 线图。
5. 配合使用大盘 AB 计算和个股 MACD 三买三卖原则确认最近要到达的目标值。

空间——高点计算

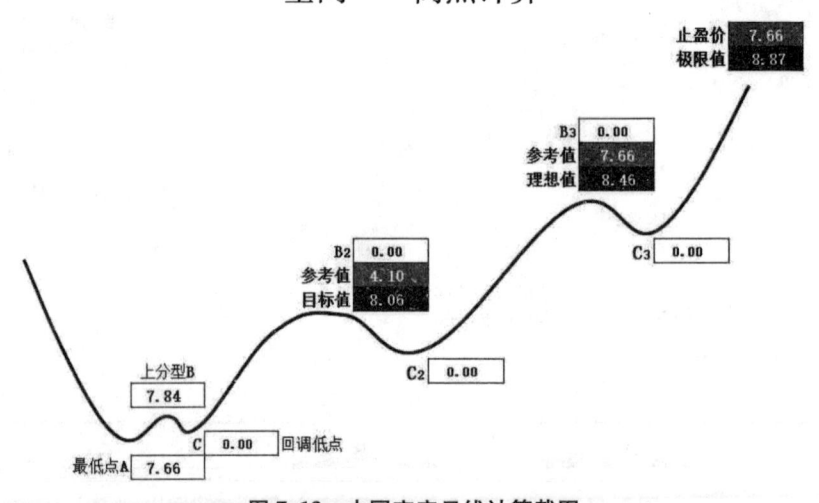

图 7.13　中国宝安日线计算截图

说明：

1. 买股票之前首先用｛空间计算｝算出极限低点，然后用｛空间计算｝进行确认，前期不跌到极限低点不买。
2. C 点不能跌破 A 点。在分时图上进行计算，A 点必须有支点。
3. 当最高点影线很长、实体极小时，取影线的 1/2 做为最高点，避免误差。
4. 在实战中应用最多的是 AB 计算，ABC 计算辅助确认 AB 计算的结果。
5. 配合使用大盘 AB 计算和个股 MACD 三买三卖原则确认最近要到达的目标值。

图解：

1. 这是中国宝安 11 月 8 日的 5 分钟 K 线｛空间计算｝，通过这个案例我想告诉大家，无论是上涨趋势还是下跌趋势中的股票，我们使用短周期｛空间计算｝都能挣钱。

2. 如果使用 1 分钟 K 线进行｛空间计算｝，能够做好盘中 T+0，就可以应对各种行情。

第三节　空间 ABC 计算

问 103：使用空间 ABC 计算高点的要领有哪些？

答：

1. 找到 K 线图中的最低点，这个最低点必须是下分型，这就是空间 ABC 计算的 A 点，在后期的计算中 A 点不变。
2. 找到 A 点后面、最近的、上分型的最高价做为 B。
3. 找到 B 点后面、最近的、反弹的最低点的最低价做为 C。
4. 把 A、B、C 输入计算器就得到了第一个"参考值"。
5. 如果第一个"参考值"被向上突破了，我们就要找 B 后面的第二个上分型高点，或者说要跨越一个上分型，我们把这个高点做为 B2 输入计算器。
6. 找到 B2 后面的、反弹的、最低点做为 C2 输入计算器，就得到了第二个高点"参考值"。
7. 以此类推计算出第三个"参考值"，第三个参考值就是"极限高

107

点"。

案例一： 中国宝安 2017 年 8 月 15 日日线截图——上升 ABC 计算取点

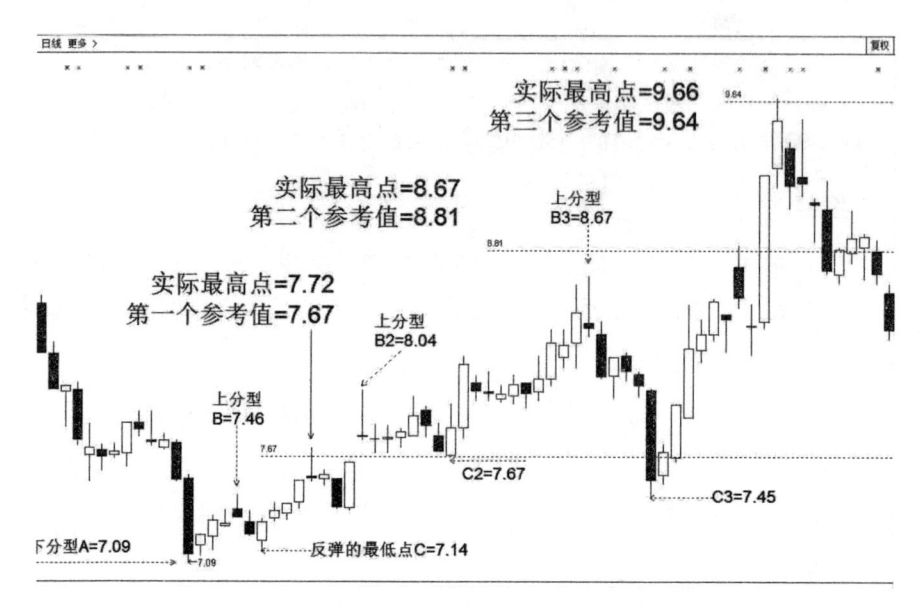

图 7.14　中国宝安日线上升 ABC 计算取点截图

空间——高点计算

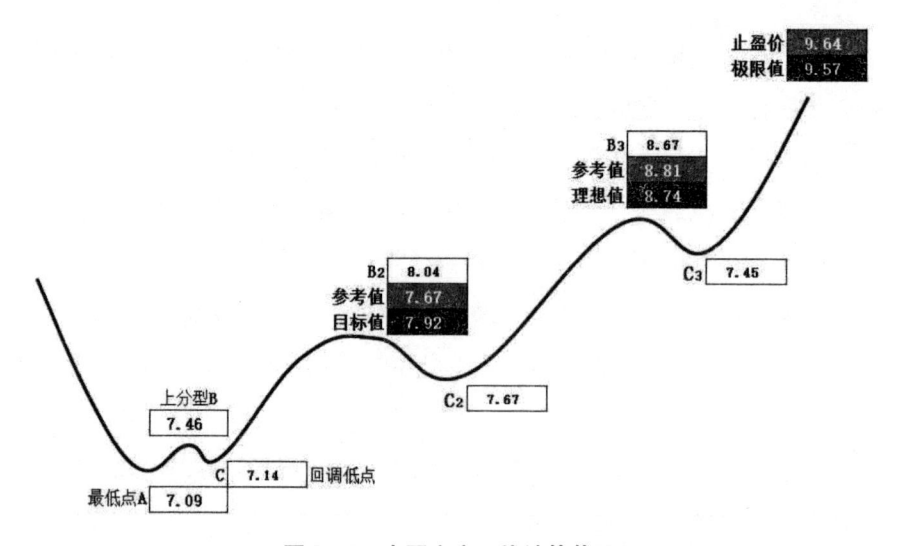

图 7.15　中国宝安日线计算截图

第七章　空间计算

说明：

1. 买股票之前首先用｛空间计算｝算出极限低点，然后用｛空间计算｝进行确认，前期不跌到极限低点不买。
2. C 点不能跌破 A 点。在分时图上进行计算，A 点必须有支点。
3. 当最高点影线很长、实体极小时，取影线的 1/2 做为最高点，避免误差。
4. 在实战中应用最多的是 AB 计算，ABC 计算辅助确认 AB 计算的结果。
5. 配合使用大盘 AB 计算和个股 MACD 三买三卖原则确认最近要到达的目标值。

图解：

1. 日线空间 ABC 计算要理解跨越一个上分型的概念。
2. 股价每到一个"参考值"或多或少都要回调，回调的幅度可以用短周期｛空间计算｝来确定，也可以使用｛浪型计算｝或｛形态计算｝来确定。

案例二：中国宝安 2017 年 10 月 23 日 5 分钟截图——上升 ABC 计算取点

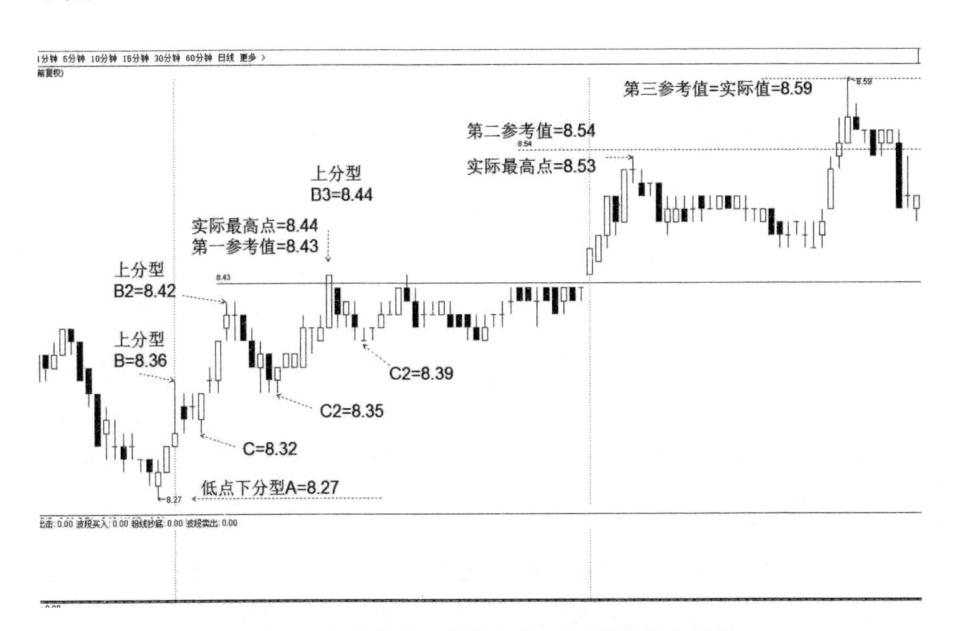

图 7.16　中国宝安 5 分钟上升 ABC 计算取点截图

空间——高点计算

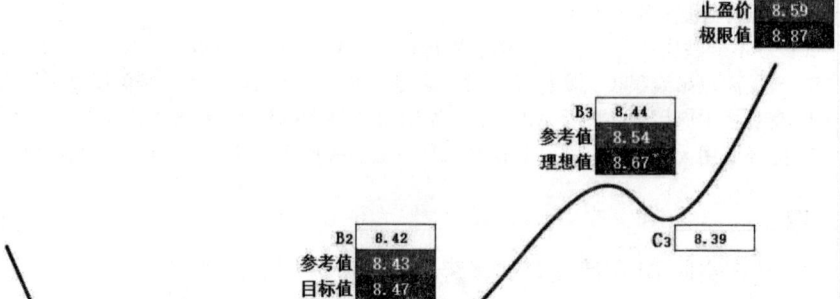

图 7.17　中国宝安 5 分钟 K 线计算截图

说明：
1. 买股票之前首先用｛空间计算｝算出极限低点，然后用｛空间计算｝进行确认，前期不跌到极限低点不买。
2. C 点不能跌破 A 点。在分时图上进行计算，A 点必须有支点。
3. 当最高点影线很长、实体极小时，取影线的 1/2 做为最高点，避免误差。
4. 在实战中应用最多的是 AB 计算，ABC 计算辅助确认 AB 计算的结果。
5. 配合使用大盘 AB 计算和个股 MACD 三买三卖原则确认最近要到达的目标值。

图解：

1. 除了日线｛空间 ABC 计算｝要跨越一个上分型以外，1~60 分钟 K 线不能跨越上分型。

2. 实战中我们要使用 MACD 三买三卖帮助确认最高点，切记：MACD 不一定是金叉买死叉卖，有的时候正好相反。单纯使用 MACD 金叉买死叉卖胜算的概率只有 24%，也就是说赔钱的概率是 76%。另外在没有达到任何计算值的时候即使符合了 MACD 三买三卖条件之一也不是买卖点。计算值一定要与买卖点吻合了才是真正的买卖点。

第七章　空间计算

案例三：中国宝安 2017 年 11 月 8 日 1 分钟截图——上升 ABC 计算取点

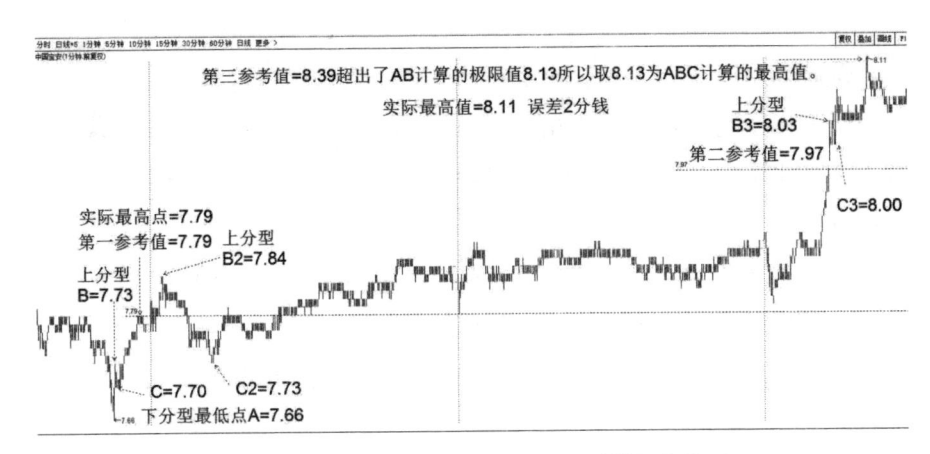

图 7.18　中国宝安 1 分钟上升 ABC 计算取点截图

空间——高点计算

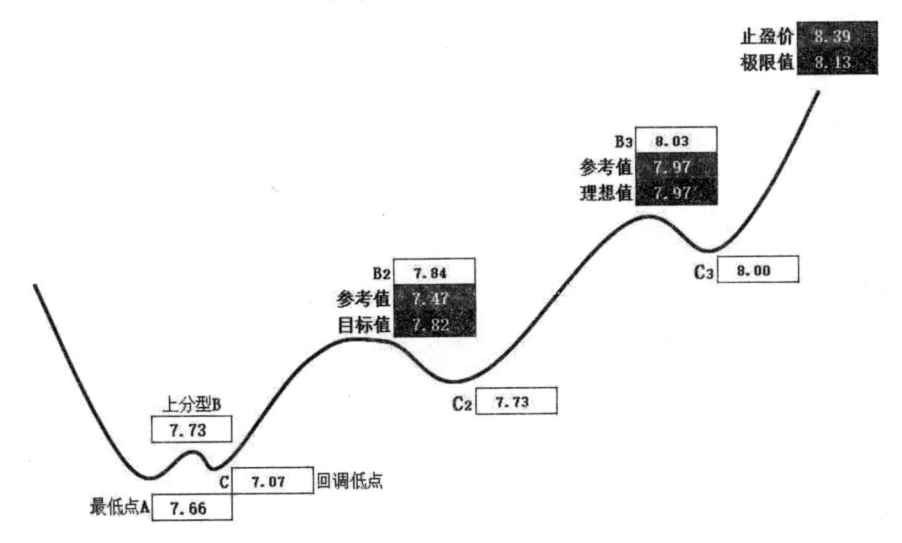

图 7.19　中国宝安 1 分钟计算截图

说明：
1. 买股票之前首先用｛空间计算｝算出极限低点，然后用｛空间计算｝进行确认，前期不跌到极限低点不买。
2. C 点不能跌破 A 点。在分时图上进行计算，A 点必须有支点。

111

3. 当最高点影线很长、实体极小时，取影线的 1/2 做为最高点，避免误差。
4. 在实战中应用最多的是 AB 计算，ABC 计算辅助确认 AB 计算的结果。
5. 配合使用大盘 AB 计算和个股 MACD 三买三卖原则确认最近要到达的目标值。

图解：

1. 看懂了这个案例我们就会明白，K 线是连续的，在 1 分钟 K 线上进行 {空间计算} A 点不一定出现在当天，计算出来的三个结果也不一定出现在当天。

2. 使用 ABC 计算出来的极限值不能超越 AB 计算的极限值。

3. 短周期 {空间计算} 的结果不能超越长周期计算的结果。

4. 在进行 1 分钟 K 线 {空间计算} 的时候，一定要配合 MACD 三买三卖对计算结果进行确认。

5. 80%的个股会跟随大盘涨跌，因此，在进行 1 分钟 {空间计算} 的时候首先要计算好大盘，当股指运行到了最高点的时候，个股往往也运行到了高点。

问 104：使用空间 ABC 计算低点的要领？

答：

1. 找到 K 线图中上分型的最高点，这个最高点的最高价就是 A。

2. 找到距离 A 最近的、下分型的、最低点做为 B。

3. 找到距离 B 最近的、回调的、最高点做为 C。

4. 把 ABC 输入计算器就可得到第一个计算低点"参考值 1"。

5. 以此类推向后分别计算出"参考值 2"、"参考值 3"。

6. 在日线上向下进行 {空间计算} 的时候，找 B2 和 B3 要跨越一个创出新低的阴线后面的第一个下分型，而在 1~60 分钟 K 线上不需要跨越。

第七章 空间计算

案例一： 中国宝安 2017 年 5 月 31 日日线截图——下跌 ABC 计算取点

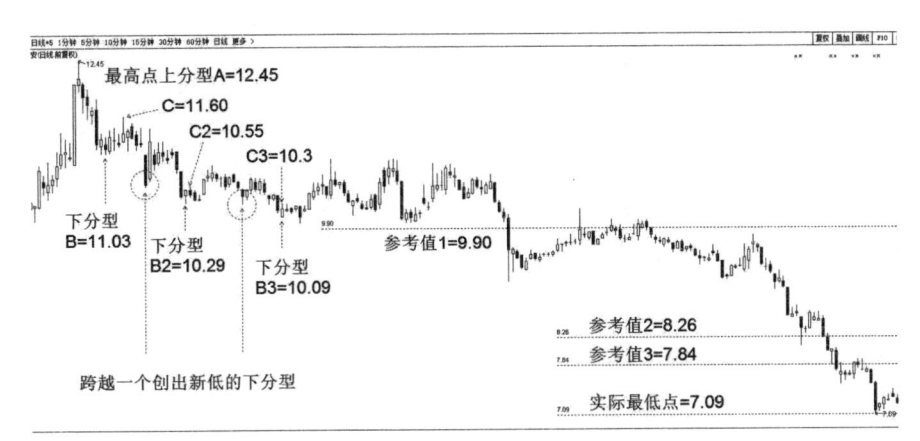

图 7.20　中国宝安日线下跌 ABC 计算取点截图

空间——低点计算

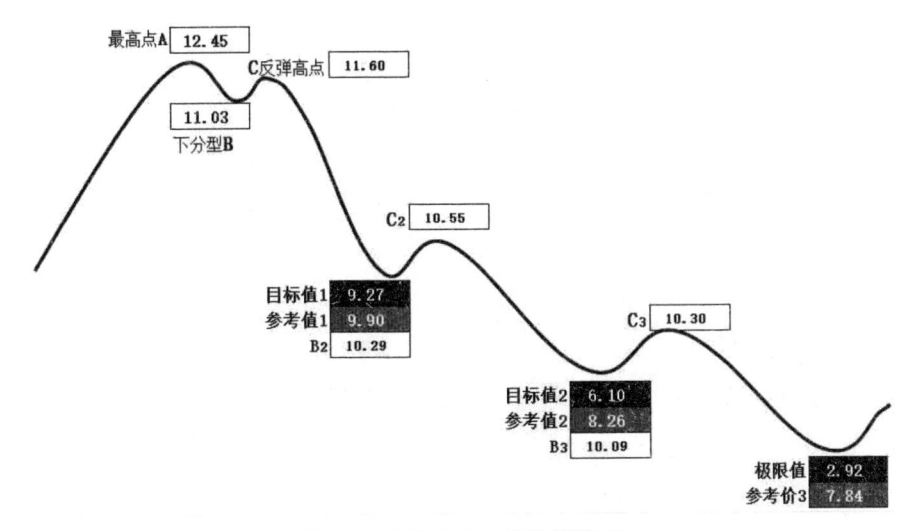

图 7.21 中国宝安日线计算截图

说明：

1. 买股票之前首先用｛空间计算｝算出极限低点，然后用｛ABC 计算｝进行确认，股价不跌到极限低点不买。

2. C 点不能涨过 A 点。

3. 当最高点影线很长、实体极小时，取影线的 1/2 做为最高点，避免误差。

4. 该计算可以运用到各个周期的 K 线图。

5. 配合使用大盘 AB 计算和个股 MACD 三买三卖原则确认最近要到达的目标值。

113

图解：

1. 以上是中国宝安日线取点计算的案例，在实战中一定要认真仔细找对点位，要严格按照要领找点，找错了就算错了。

2. 以上这个案例"参考值3"是7.84元，实际最低点是7.09元，误差较大。因为这是日线计算，算出来的是大方向，误差大可以容忍，具体到实盘中我们要使用短周期进行分段计算，以保证计算的精度。

问105：空间AB计算与ABC计算有哪些不同？

答：

1. 空间AB计算只需要找到2个点就能算出3个数，方法简单。而空间ABC计算需要根据行情再找数据，一次只能算出1个数。

2. 空间AB计算与ABC计算的公式不同，即使结果有偏差，在实战中它们算出来的结果可以相互印证，一般取它们中保守的数值。

3. 空间AB计算中的A点不是分型，只有B是分型。

4. 空间ABC计算中的A和B都是分型，而C不是分型。

5. 空间ABC计算中的难点在于找B2和B3，在1~60分钟线上进行计算依次去找就可以。而在日线上计算要找后面创出新高或新低的B点，是第二个上分型。有的时候正好就是那根K线本身。

6. 在进行空间ABC计算的时候要找C点，只要找对了B点，很容易就能找到C点，C点是B点后面最近的反弹的低点或回调的高点，有的时候就在B点这根K线上。

7. 在使用AB或ABC进行1分钟｛空间计算｝时，A点可能不在当天，计算的结果也可能不在当天。

8. 使用AB进行1分钟｛空间计算｝时，如果A点在当天，这个A点要有支点，这个所谓的支点要么是一个小勾，要么是一小段水平线，而不能是向上或向下的大角度线。

9. 在分型上取点要取最高点或最低点。

10. 在任何一条K线上寻找A点、B点或C点都具有唯一性，计算出来的结果也具有唯一性。找错了点就算错了，算错了就赔钱了，因此我们一定要按照要领取点，一根K线一根K线地向后找，万万马虎不得。

有位同学掌握了计算方法，感慨地说："原来炒股就是熟练工啊，靠技术挣钱心里真踏实。"还有位同学直接否定了计算，说："计算一点用也没有。"拿出一只股票让老先生找点，乱找一气，你说找不对点计算的结果能对吗？说实话，做股票是一项严谨的工作必须认真对待。

在本章，我讲解的所有案例都是"中国宝安"，不是懒得去找那些严丝合缝的例子，而是为了在这一只股票上让大家见识多种情况。希望大家细心揣摩，万万不可因为算错了几次就打退堂鼓，{空间计算}是我们学习、改造、反复验证过的计算方法。

问 106：如何应对击穿极限值的个股？

答：

1. 在疯熊市有些个股会跟随大盘一路暴跌，直至跌破我们计算出来的"极限低点"，在一般的市场行情下也会有问题股跌破"极限低点"。由于我们只做上升趋势的个股、只做走强的个股、只做向上突破的个股，这样一来我们就能有效地避开盲目抄底带来的风险，不会买到向下击穿"极限低点"的个股。

2. 在疯牛市多数个股会跟随大盘毫无原则地暴涨，这种暴涨远远脱离了股价与公司业绩的关系被疯狂的人气不断推高，成为妖股或过天股，有的时候某只个股爆出重大利好也会暴涨，成为过天股。遇到股价突破了"极限高点"的情况，我们要使用趋势三攻、选点线、安全线等跟进止盈。

问 107：空间计算有哪些误区？

答：

1. 在底部最低点 A 与上分型 B 之间涨幅超过 25% 以上时并不意味着后期的涨幅要比 A、B 之间上涨幅度小的个股涨得高。在实战中遇到 A、B 之间涨幅较大的个股我们要使用 60 分钟线计算以减小误差。

2. 在顶部最高点 A 与下分型 B 之间仅仅用了几根 K 线就将股价打压下来的时候，我们也要换成 60 分钟线计算以减小误差。

总之，在遇到幅度较大的尖顶或尖底的时候要使用 60 分钟线计算，这样可以排除计算误差。

第八章　浪型·时空·令单计算

　　做手布局操盘绝不会按照某一种计算方法去运作，他要审时度势顺势而为，根据他能掌控的资金实力选择他能控盘的个股量力而行。大盘K线的潮起潮落代表国家的意图，个股K线的跌宕起伏代表机构的意愿，知道了这个道理应该是大彻大悟了。大彻大悟之后就应该明白任何计算都应该是"打滑的石头"。

　　那么，为什么计算会出现"十分精准"的奇迹呢？你不信、他不信、我也不信，然而这的确是真实存在的，或许可以这样理解：这是一种神秘的自然规律，计算的理论基石包扩裴波那契数列，拿出裴波那契数列中的任何一个数除以它前面的数永远等于0.618，这个数字奇迹赋予了计算以神奇。再如，计算中通过矩阵嵌入的佛家手印也是未解之谜，无畏印一出必有上涨，触地印一出必有下跌，虽然令人不解却是事实。浪型计算中还引用了其他较为冷门的数学定理，不能不说这些定理都是奇迹。奇迹的叠加使得K线计算成了不得不信的奇迹。

　　计算是量化交易的灵魂，如果说｛空间计算｝、｛大盘计算｝是战役性大布局，那么｛形态计算｝、｛浪型计算｝、｛模型计算｝、｛令单计算｝和｛时空计算｝就是战术性的攻防策略。

　　在实战中，只要我们能够熟练掌握这些计算就一定能够打胜仗，不断地获得利润。经过多年的学习和探索我们拥有了一套完整的计算体系，｛浪型计算｝是这个体系中重要的一环。如果我们能够把这里所讲的全部计算完全吃透了、用精了，必能游刃有余地应对各种行情的变化。

第一节 浪型计算概述

问 108：什么是 {浪型计算}？

答：

1. {浪型计算} 是小私募紧跟大机构投机操作的"步调口令"。

2. {浪型计算} 包括：{出击回踩}、{逃反弹顶}、{跟进止盈}、{双低高点}、{双高低点}、{最后一跌}、{最后一冲}、{单边上涨}、{单边下跌}、{蝴蝶高点}、{螃蟹低点}，这些计算基本上覆盖了所有浪型的走势。

3. K 线图始终进行着"破形起浪，浪终入形"的循环，一般来说浪型是股价介于顶与底形态之间的运动过程。{浪型计算} 的关键要领是找对浪型，找对了浪型就找到了相应的计算公式，就找到了取值点，同时找到的浪型越规范计算的结果越精确。

4. {浪型计算} 主要用在日线上，一般在短周期的 K 线上也有效，计算的结果可以参考。

5. {浪型计算} 的精度不如 {空间计算}，在我们使用 {浪型计算} 算出来高低点价格之后，可以使用 515 {空间计算} 的结果进行确认以减小误差。

6. {浪型计算} 是 {空间计算} 范围内的计算，例如股价已经接近了"极限高点"，在此高位出现了某种浪型，而 {浪型计算} 的结果超过了"极限高点"，那么这个 {浪型计算} 的高点计算值就要大打折扣，其后面的走势随时会出现夭折。

7. 如果遇到了疯牛市或疯熊市，股价没有原则地暴涨或暴跌，任何计算都会出现较大的偏差，任何技术都显得苍白无力。因此，看大做小的交易原则始终不能忘。

问 109：浪型计算与空间计算有怎样的关系？

答：

在正常的行情中，{浪型计算}是{空间计算}框架内的计算，计算出来的结果是最近的高点或低点。

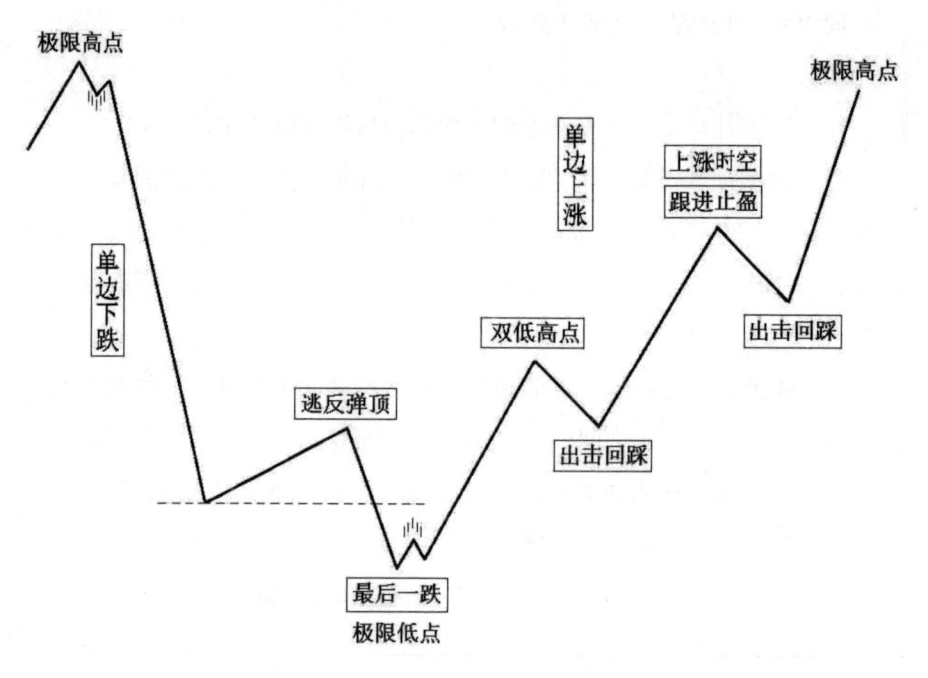

图 8.1 {浪型计算}示意图

提示：

1. 在"极限高点"出现之后的趋势都是下跌趋势，应牢记：永远不做正在下跌的股票，严格地说永远不做下跌趋势中的股票。

2. 在"极限低点"出现之后的趋势都是上升趋势，我们只在上涨趋势中做浪型，在上涨的趋势中{浪型计算}的低点是买点，高点是卖点。

第二节　出击回踩

问110：什么是｛出击回踩｝计算？

答：

｛出击回踩｝计算的主要目的是为了算出"牛回头"的低点。由于这种计算还有抢反弹的功能，因此称之为｛出击回踩｝。在实战中我们要区分好"牛回头"和抢反弹的不同之处。

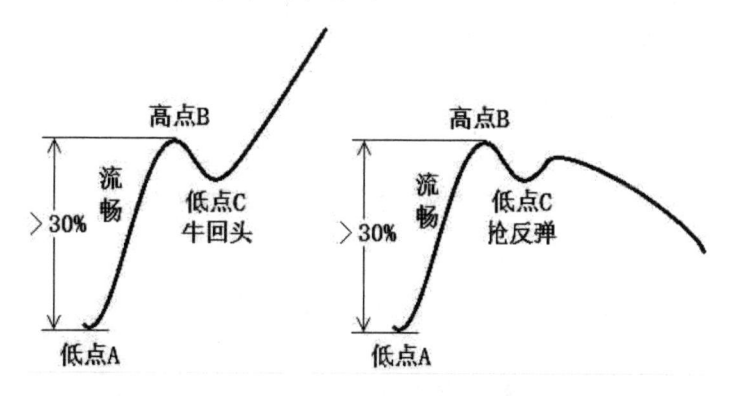

图8.2　｛出击回踩｝计算示意图

1. 在我们选好股票之后首先要进行｛空间计算｝，股价在上涨的途中一般不会直线拉升到我们计算出来的"目标价""理想价"或"止盈价"，在没有到达这些数值的时候常常出现回调，有的时候回调的幅度很深，那么，它要回调多深呢？这就需要我们通过｛出击回踩｝计算出来。

2. 如果股价还远离"极限高点"股价就开始下跌了，这时候算出来的结果就是"牛回头"的最低价。

3. 如果股价到达了"目标价""理想价"或"止盈价"之后就不再上涨了，我们算出来的都属于抢反弹的价格。

4. 在选股的时候我们要进行日线级别的｛空间计算｝，在没有见顶之前，如果我们再把｛双低高点｝、｛出击回踩｝、｛跟进止盈｝结合起来，就能够完整地躲避回调，安安心心做到最高点。

案例一： ST 墨龙 2016 年 3 月 29 日日线截图——{出击回踩} 取点

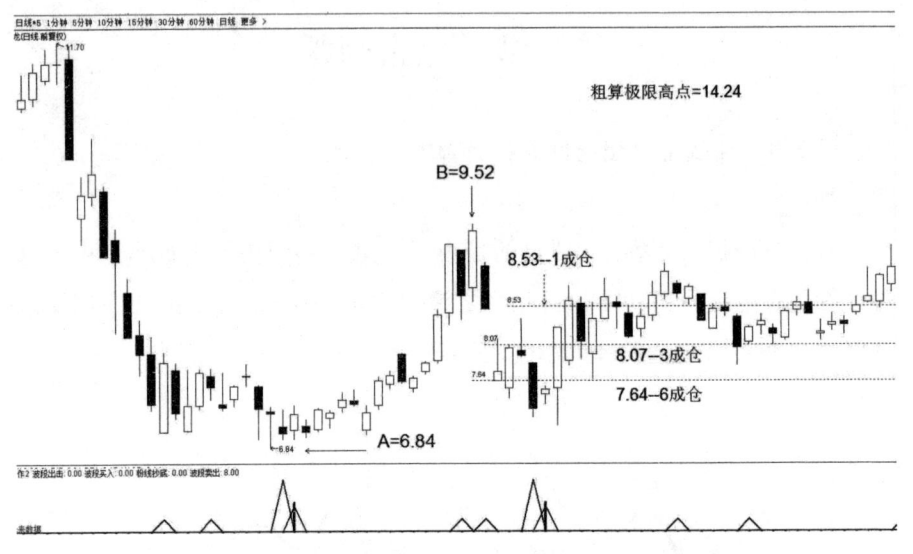

图 8.3　ST 墨龙日线 {出击回踩} 取点截图

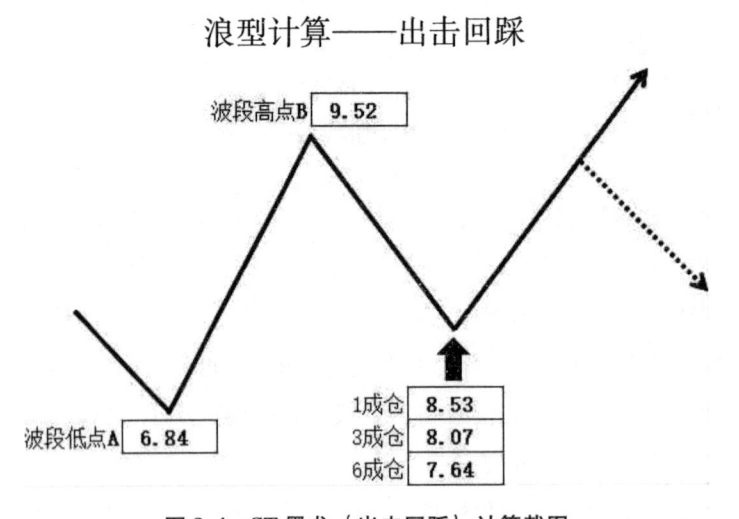

浪型计算——出击回踩

图 8.4　ST 墨龙 {出击回踩} 计算截图

说明：
1. 该计算适用于各个周期，主要用于日线。必须用于上升趋势，捉牛回头或高位反弹。
2. 这种浪型远离极限高点时为牛回头的买点，接近极限高点的时候为高位抢反弹。
3. 在日线上从 A 点涨到 B 点一气呵成，并要有 30%的涨幅。不破前低不止损。
4. A 点是这个波段的最低点，B 点是这个波段的最高点。

5. 在计算出来的 3 个数值上分别买入 1、3、6 成仓。一般会跌到第二个买点，越跌越买，没有跌够不买。

图解：

1. 从图中我们可以看到 ｛空间计算｝ 的结果远离 "极限高点"，可以大胆买入。

2. 在第一个点位买入后下跌了 15% 左右，在第二个点位买入后有 8% 左右的跌幅，在第三个点位买入后也有 3% 左右的跌幅。那么是不是就不买了呢？我们要掌握一个原则：当股价跌到第一个点位的时候一般不买，跌到第二个点位的时候一定要买，跌到第三个点位的时候要重仓。

3. 只要股价没有跌破前低就不止损，只要跌破前低则必须立即止损，这个时候是考验大家心态的重要关口。

案例二： ST 墨龙 2016 年 11 月 2 日日线截图——｛出击回踩｝ 取点

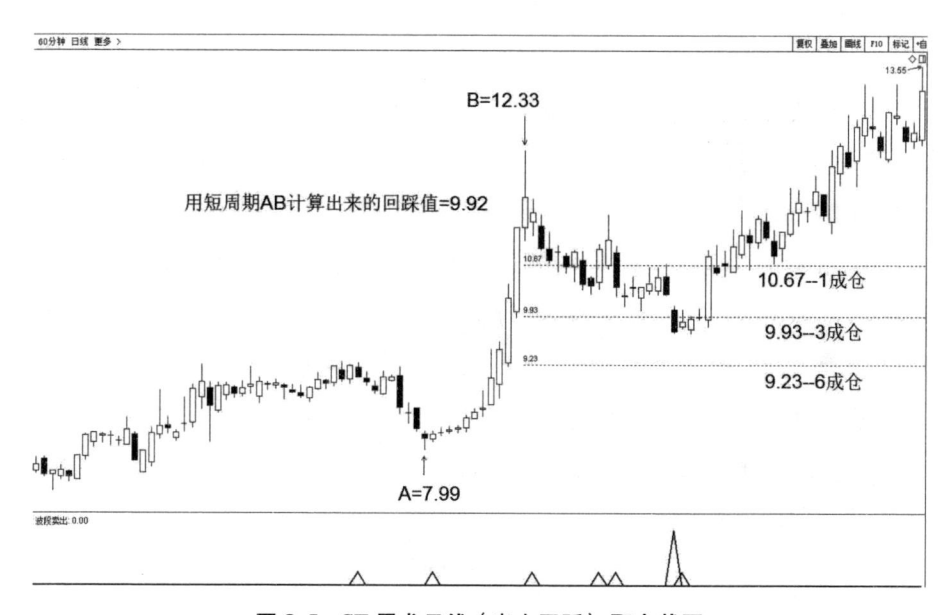

图 8.5　ST 墨龙日线 ｛出击回踩｝ 取点截图

浪型计算——出击回踩

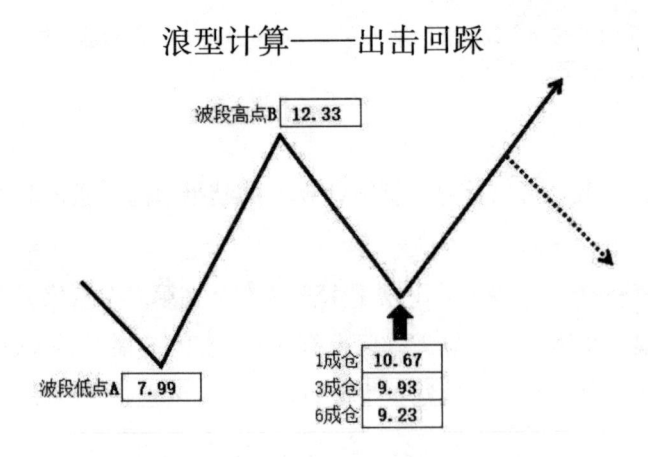

图8.6 ST墨龙〔出击回踩〕计算截图

说明：

1. 该计算适用于各个周期，主要用于日线。必须用于上升趋势，捉牛回头或高位反弹。

2. 这种浪型远离极限高点时为牛回头的买点，接近极限高点的时候为高位抢反弹。

3. 在日线上从A点涨到B点一气呵成，并要有30%的涨幅。不破前低不止损。

4. A点是这个波段的最低点，B点是这个波段的最高点。

5. 在计算出来的3个数值上分别买入1、3、6成仓。一般会跌到第二个买点，越跌越买，没有跌够不买。

图解：

1. 在第一个点位上买入之后股价下跌了9%左右，在第二个点位买入后股价随即上涨，并没有跌到第三个点位。我们按照1、3、6买入原则执行并没有给我们第三次买入的机会，遇到这种情况坚决不买，防止重仓之后再有下跌。

2. 从图中我们还可以看到，在达到"止盈价"之前股价上下大幅震荡，躲避回调意义重大。

问111：〔出击回踩〕计算有哪些要领？

答：

1. A是一轮完美上冲波段的起涨点，B是这个波段的最高点。

2. 在日线上从A点到B点上冲的幅度要大于30%，上冲的过程越流畅越好，如果在上冲过程中有震荡或横盘，计算出来的数据则会误差较大。

3. 在短周期上看不需要上涨30%，但是又有多根K线流畅地上冲。

4. 每次计算出来的结果都是 3 个数，第一个数很容易被突破，所以我们不在第一个数上买，直接在第二个数上买入 4 成仓，跌到第三个数的概率极小，跌到了加重仓，没跌到不加仓。

5. 如果第三个数在回调中被跌破了，有可能我们找到的 A 点不对，切记 A 点是本轮上冲前面的起点，我们要重新计算。

6. 实战中我们要按照计算结果批量、加倍加仓，切不可一次性全仓。批量加倍加仓可以不断大幅度降低成本，只要股价上涨就可以盈利，如果再来个"扣鹌鹑"就可以快速脱离成本区，为后续的操作打下坚实的基础。

7. 在实战中我们要结合 {空间计算} 和 {形态计算} 佐证 {浪型计算} 的准确性。{出击回踩} 浪型出现的时候往往是上升旗形，这也是"牛回头"最常见的形态。

第三节　逃反弹顶

问 112：什么是 {逃反弹顶} 计算？
答：
我们常说："反弹不是底，是底不反弹"，{逃反弹顶} 顾名思义就是要把股票卖在反弹的最高点上。

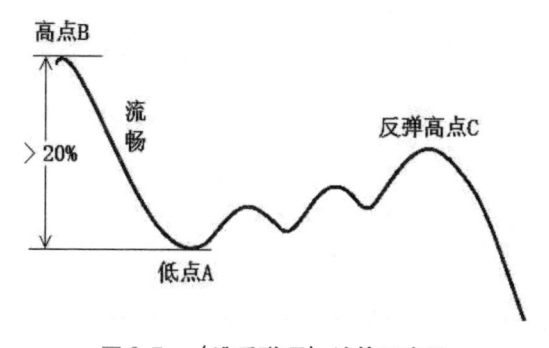

图 8.7　{逃反弹顶} 计算示意图

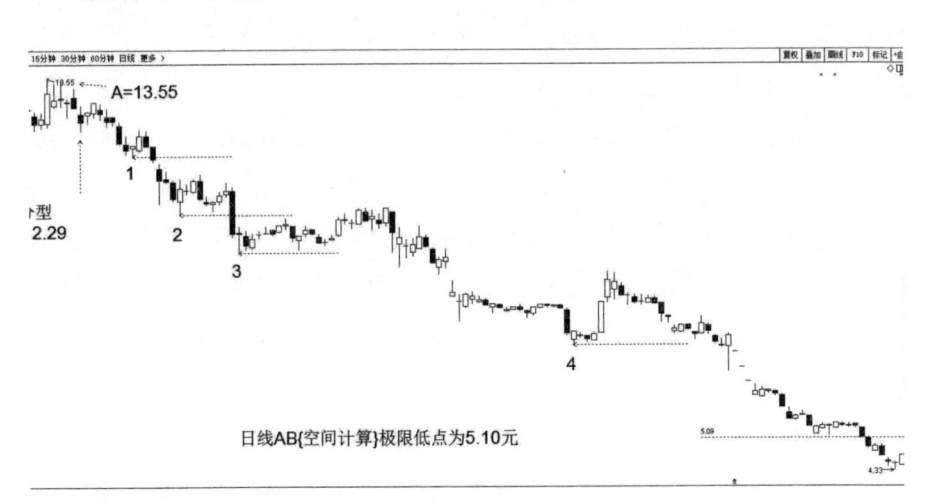

案例一： ST 墨龙 2017 年 5 月 15 日日线截图——反弹

图 8.8　ST 墨龙日线反弹案例

图解：

1. 这是 ST 墨龙的日线，从图中我们可以从最高点进行 AB｛空间计算｝，算出来的"极限低点"是 5.10 元，也就是说股价至少要跌到 5.10 元。那么在没有跌到这个价格之前所有的上涨都是反弹，图中 1、2、3、4 点都是反弹的点。

2. 我们可以使用｛逃反弹顶｝计算出来每一次反弹的高度，有高度可以做一把，没高度就不做。

问 113：｛逃反弹顶｝计算有哪些要领？

答：

1. 我们把一轮下跌起跌点的最高点作为 B，把本轮下跌的最低点作为 A，把这两个点输入计算器就得到了后期反弹的计算高点，在计算高点跑掉就好。

2. 要求从 B 点到 A 点下跌的幅度要≥20%，否则计算出来的数据误差较大。

3. 从 B 点到 A 点下跌的过程越流畅越好，如果在下跌过程中有震荡或横盘，计算结果会有误差。

第八章 浪型·时空·令单计算

4. 每次计算的结果都是 3 个数，这 3 个数都很接近，第 1 个数很容易被突破不用看它，第 2 个数最准确，涨到第 3 数的概率很小仅供参考。

5. 如果第 3 个数被向上突破了，说明我们找到的 B 点不对，要找前面更高的高点做为 B 点重新计算。

案例一： 中国宝安日线 2017 年 8 月 3 日截图——｛逃反弹顶｝取点

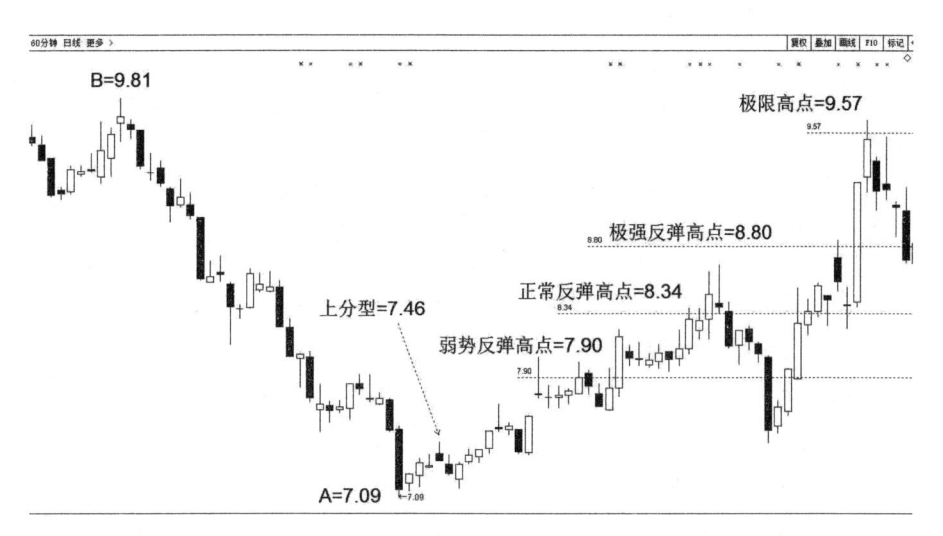

图 8.9 中国宝安日线｛逃反弹顶｝取点截图

浪型计算——逃反弹顶

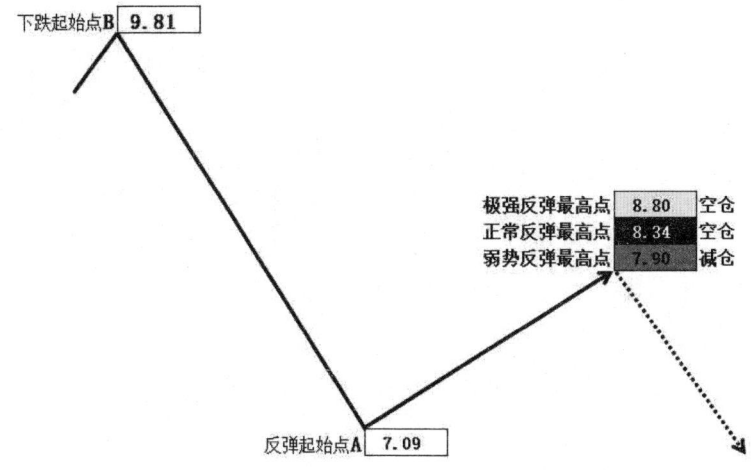

图 8.10 中国宝安日线｛逃反弹顶｝计算截图

125

说明：

1. B 点是本轮下跌的最高点，可以是极限高点，也可以是波段高点。
2. A 点是反弹的起涨点，取最低价。
3. 股价反弹至弱势反弹高点时可以减仓，在正常反弹高点上要空仓，到达极强反弹最高价的概率不大。
4. 从 B 到 A 要有 20% 以上的跌幅，下跌越顺畅越好。
5. 该计算可以运用到各个周期，主要用于日线。

图解：

1. 这是中国宝安日线，股价从 B 点顺畅地跌到了 A 点，期间跌幅 > 20%，在 A 点开始反弹。

2. 在实战中，股价突破弱势反弹高点的概率在 90% 以上，在这个点位要减减仓。股价反弹到正常反弹高点的时候最好空仓，至少要大幅减仓。股价反弹到极强反弹高点的概率在 20% 以下，到此价位必须空仓。

3. 空仓以后我们要使用｛出击回踩｝计算出回调的低点再买回来，因为股价没有涨到"极限高点"9.57 元。请看案例二：

案例二： 中国宝安 2017 年 8 月 24 日日线截图——｛出击回踩｝取点

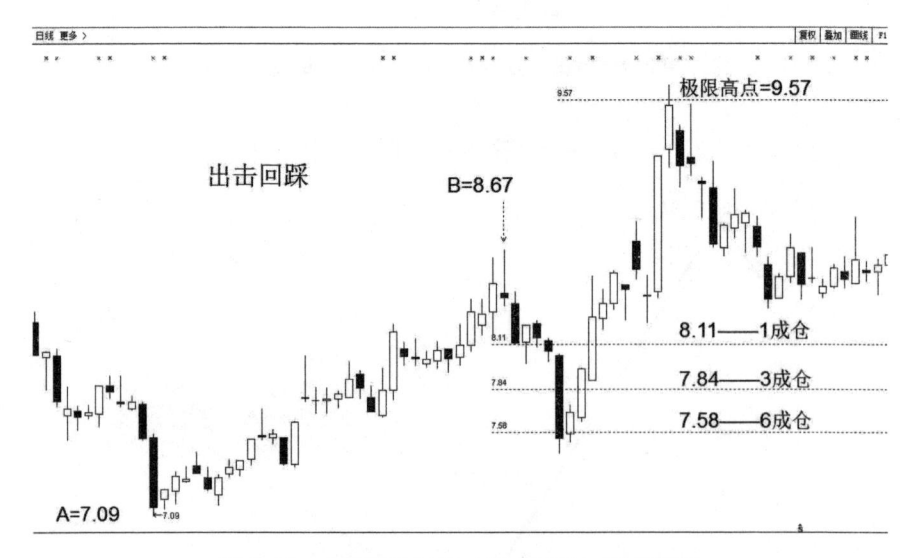

图 8.11　中国宝安日线｛出击回踩｝取点截图

浪型计算——出击回踩

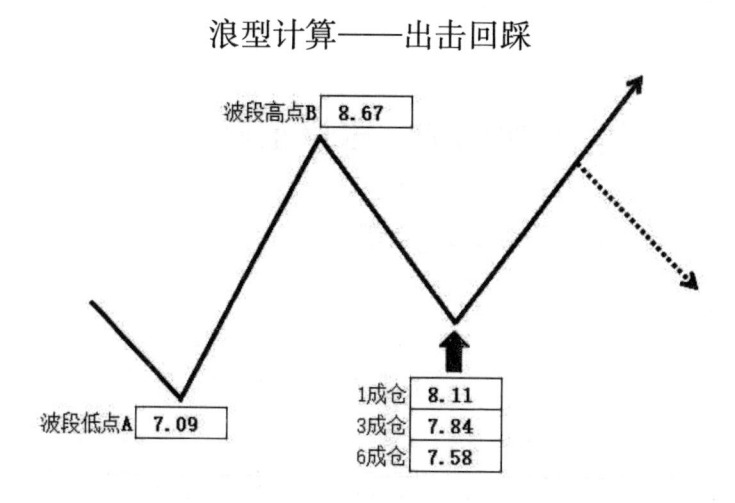

图 8.12　中国宝安日线 {出击回踩} 计算截图

说明：

1. 该计算适用于各个周期，主要用于日线。必须用于上升趋势，捉牛回头或高位反弹。

2. 这种浪型远离极限高点时为牛回头的买点，接近极限高点的时候为高位抢反弹。

3. 在日线上从 A 点涨到 B 点一气呵成，并要有 30% 的涨幅。不破前低不止损。

4. A 点是这个波段的最低点，B 点是这个波段的最高点。

5. 在计算出来的 3 个数值上分别买入 1、3、6 成仓。一般会跌到第二个买点，越跌越买，没有跌够不买。

图解：

1. 首先我们要进行日级别的 {空间计算}，弄清未来的"极限高点"。这样我们才可以进行 {浪型计算}，买错了也不会被套。

2. 后期的走势在没有走出来之前我们不能妄加猜测，我们必须老老实实地按照要领执行计算、执行操作。

3. 在实战中我们找到"极限高点"之后，应注意观察每一次反弹的点位，止跌之后只要出现了 3 根向上走的阳线，我们就可以用 {逃反弹顶} 算一下，看看它反弹的幅度有多大，如果有差价我们就可以做一把，如果差价小干脆放弃，去找更好的个股，这是 {逃反弹顶} 另一种精妙的用法。

第四节　跟进止盈

问114：什么是｛跟进止盈｝计算？

答：

1. ｛跟进止盈｝计算的主要目的是找到股价创新高之后的阻力位。

2. 使用｛跟进止盈｝计算要结合大盘的大趋势，在牛势行情中对个股的上攻走势不断地进行滚动计算，拿住大牛股高抛低吸跑赢上涨全程。

3. ｛跟进止盈｝计算属于｛浪型计算｝，计算出来的数值是最近的高点。它与 N 字形｛形态计算｝和｛单边上涨｝计算公式不同，计算结果也有细微的差异。在实战中我们可以使用多种计算，取最保守的计算结果进行止盈操作。

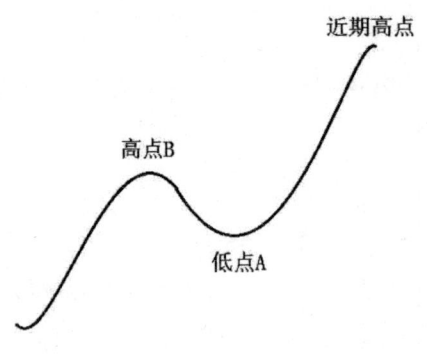

图 8.13　｛跟进止盈｝计算示意图

问115：｛跟进止盈｝计算有哪些要领？

答：

1. 把前期波段的最高点作为 B，把止跌之后开始上涨的最低价作为 A。

2. 将 A、B 输入计算器就会得到 2 个数值，在第一个数值上应大量减仓或空仓，第二个数值是在牛市行情下空仓的点位。

3. ｛跟进止盈｝适用于各个周期，主要用于日线。

第八章 浪型·时空·令单计算

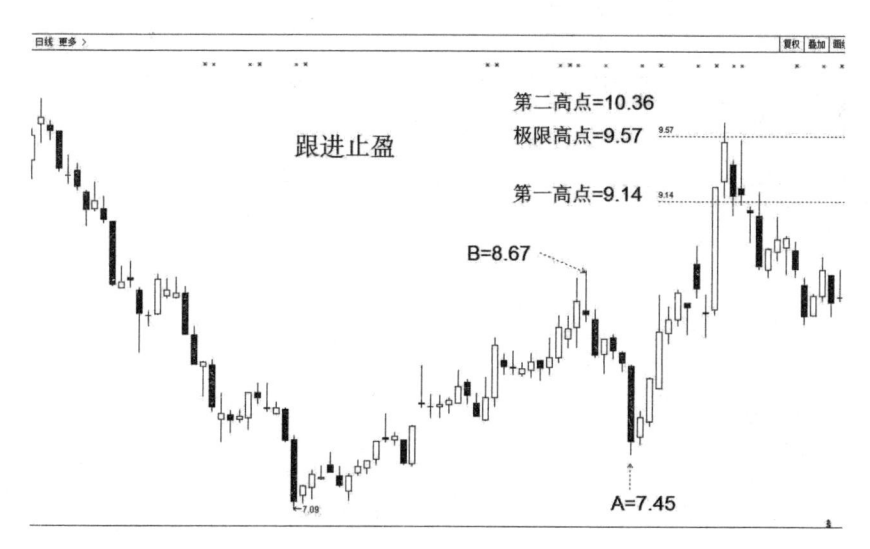

案例一： 中国宝安 2017 年 8 月 11 日日线截图——{跟进止盈} 取点

图 8.14　中国宝安日线 {跟进止盈} 取点截图

浪型计算——跟进止盈

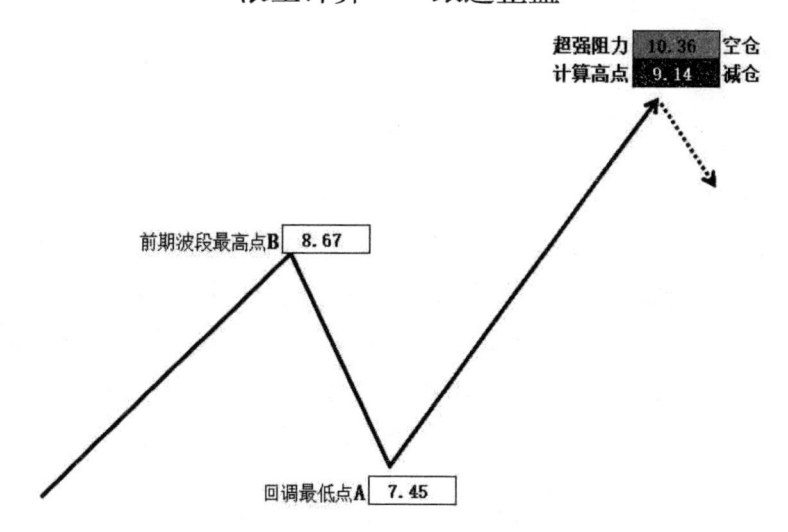

图 8.15　中国宝安日线 {跟进止盈} 计算截图

说明：

1. B 点是前期波段的最高点，A 点是回调的最低点。

2. 跟进止盈的计算结果是最近的高点，属于空间计算之内的浪型计算。超过极限高点的结果无效。

3. 股价冲高到计算高点减仓或空仓，这是跟进止盈的计算高点。只有在大牛市股价能够上冲到超强阻力位的价格。

4. 从 B 点下跌到 A 点要顺畅。

5. 该计算可以运用到各个周期，主要用于日线。注意结合 {形态计算} 和 {单边上涨} 计算，取保守值。

案例二：南风化工 2017 年 3 月 17 日日线截图——{跟进止盈} 滚动计算

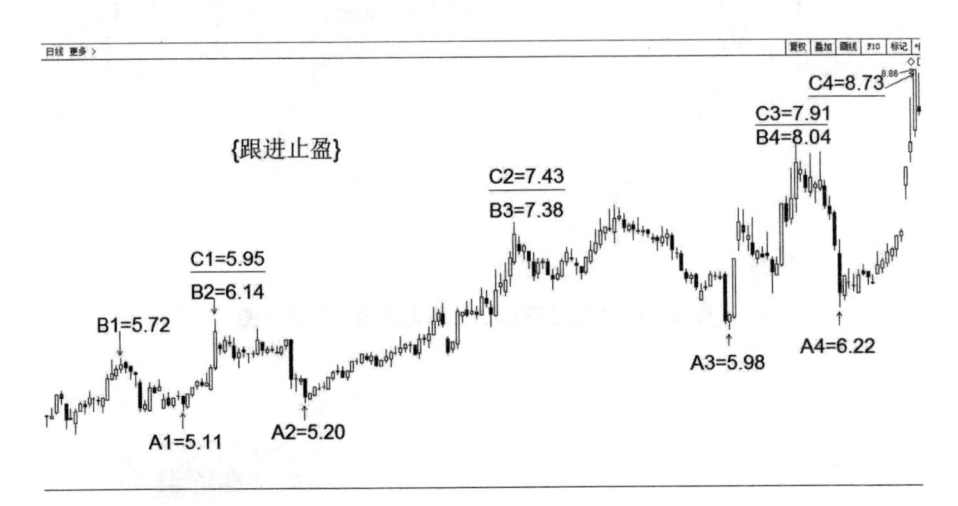

图 8.16 南风化工日线滚动计算

图解：

1. 知道了 B1、A1 我们就能算出来 C1，知道了 B2、A2 我们就能算出来 C2，依此类推滚动计算。

2. 这种方法是用前面的一个高点 B 和后面最近的低点 A 计算出来后面的压力位或者说是后面的高点 C。

3. 在计算时会出现 2 个数，第 1 个数是保守价，我们把它当做 C，第 2 个数有的时猴会差几分达不到。

4. {跟进止盈} 和 {逃反弹顶} 的性质不一样，前者是对付"过天股"跟进止盈的方法，后者是做反弹的，性质、要领都有区别。

第五节 最后一跌·最后一冲

问 116：什么是 {最后一跌}、{最后一冲} 计算？

答：

1. 股价经历了一轮大幅下跌之后开始企稳反弹，达到了反弹的高度之后再次下跌，这次下跌有可能跌破前低，当股价跌破前低之后我们要使用 {最后一跌} 计算抄底的价格。

2. {最后一跌} 属于 {浪型计算}，是在 {空间计算} 范围内的计算，当股价第一次下跌的低点已经是"极限低点"的时候就不存在最后一跌了。只有遇到疯熊市才有可能跌破"极限低点"。

3. {最后一跌} 可以用在各个周期，主要用于日线。

4. {最后一跌} 可以巧妙地用在上升的趋势中找下打洗盘的二次下打的低点，也就是说，找到二次下打打破前低的买点。

5. {最后一冲} 是 {最后一跌} 的相反过程，计算公式及要领一样。只不过在进行计算的时候我们要反转一下 K 线图表。反转的方法是：在 K 线窗口单击右键，找到【主图坐标】，找到并单击【反转坐标】即可。

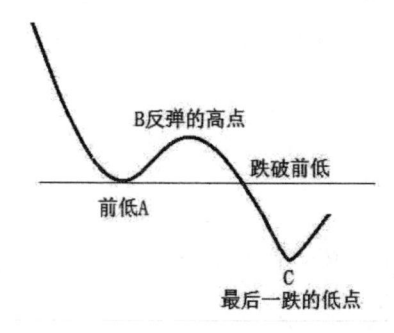

图 8.17　{最后一跌} 计算示意图

问 117：{最后一跌} 计算有哪些要领？

答：

1. 计算 {最后一跌} 首先要找对地方，前期要有下跌，并且要跌破前期反弹的前低。把前期的低点做为 A，把反弹的高点做为 B，输入计算器就得到了最后一跌的低点。

2. 所谓最后一跌是做手故意做出来的空头陷阱，股价在暴跌之后一般要反弹，完成反弹一般在 13 个交易日之内，然后再次跌破反弹的起点，出现最后一跌。这种情况一般出现在熊市的末期，也会出现在中期调整的初期，或者出现在低位、次低位横盘的尾声。

案例一：中国宝安 2016 年 3 月 25 日日线截图——｛最后一跌｝取点

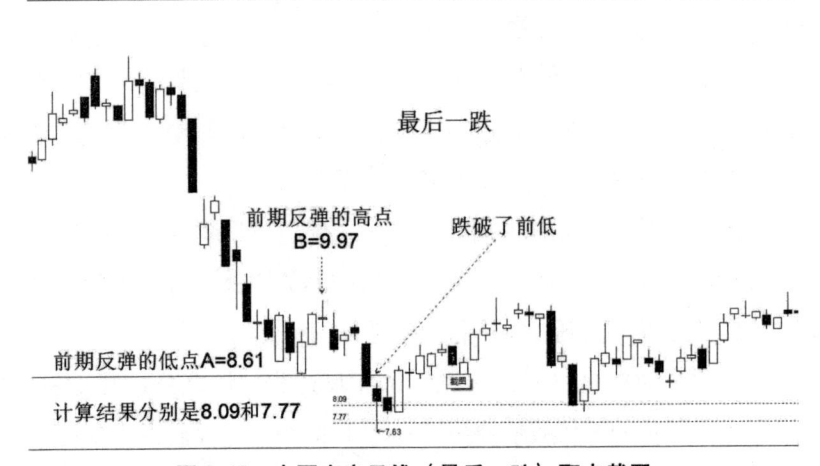

图 8.18　中国宝安日线｛最后一跌｝取点截图

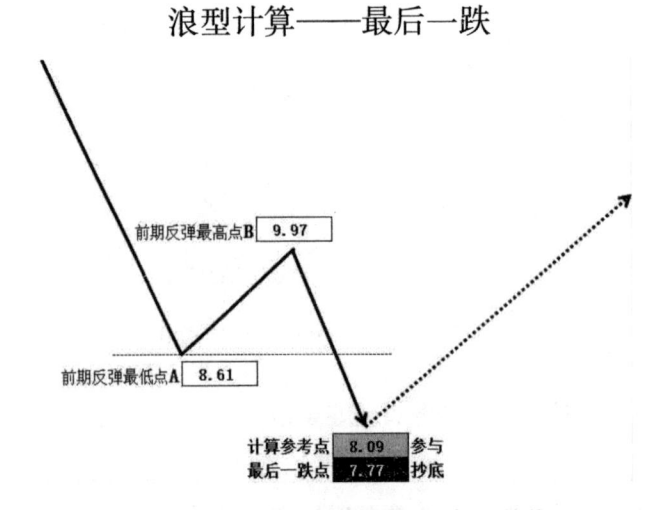

浪型计算——最后一跌

图 8.19　中国宝安日线｛最后一跌｝计算截图

说明

1. A 点是前期反弹的最低点，B 点是前期反弹的最高点。
2. 最后一跌的计算结果是最近的低点，属于空间计算之内的浪型计算。
3. 股价很容易跌破计算参考点，计算值中最低的价格才是最后一跌的计算值。
4. 股价必须跌破前低。
5. 该计算可以运用到各个周期，主要用于日线暴跌之后的行情，也可以用于上涨途中回打时打破前低的行情。

案例二： 中国宝安 2017 年 9 月 19 日日线截图——｛最后一跌｝取点

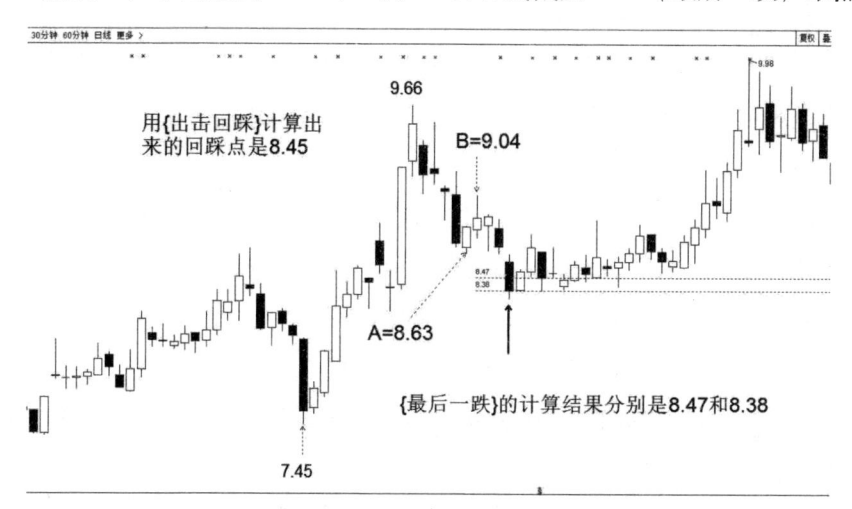

图 8.20 中国宝安日线｛最后一跌｝取点截图

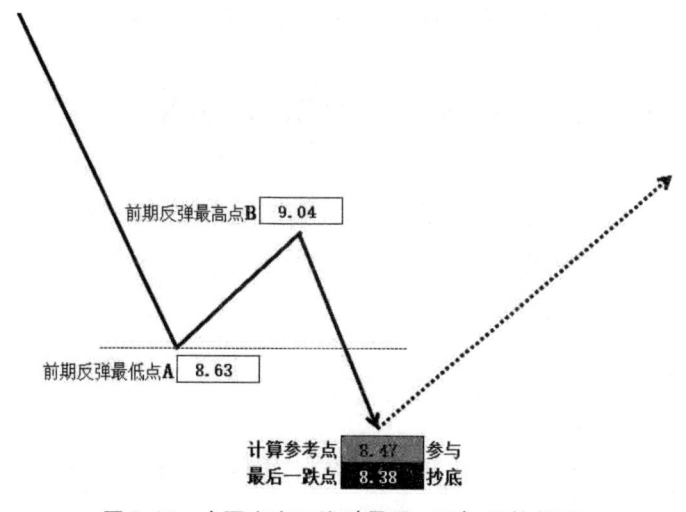

浪型计算——最后一跌

图 8.21 中国宝安日线｛最后一跌｝计算截图

说明

1. A 点是前期反弹的最低点，B 点是前期反弹的最高点。
2. 最后一跌的计算结果是最近的低点，属于空间计算之内的浪型计算。
3. 股价很容易跌破计算参考点，计算值中最低的价格才是最后一跌的计算值。
4. 股价必须跌破前低。
5. 该计算可以运用到各个周期，主要用于日线暴跌之后的行情，也可以用于上涨途中回打时打破前低的行情。

图解：

1. 这是中国宝安日线，图中我们使用｛出击回踩｝计算出本轮回调的低点是 8.45 元，然后我们又用｛最后一跌｝计算出两个数值，其中 8.38 元是最后一跌的买点。

2. 两种方法计算公式不同，计算结果却相差很小。在实战中我们要多使用几种计算，取最保守的数值买入，买了就涨更加安全。

3. ｛最后一跌｝和｛出击回踩｝是两个不同的概念我们要区分清楚，｛最后一跌｝属于抄底，｛出击回踩｝属于捉"牛回头"或抢反弹，它们的要领和计算目的不同，但是只要符合了形态要求，灵活使用大有异曲同工之妙。

第六节　双低高点·双高低点

问 118：什么是｛双低高点｝、｛双高低点｝计算？

答：

1. ｛双低高点｝计算是最常用的计算工具之一，｛双低高点｝计算的目的是算出从出现双低之后到上方的压力位价格，在正常情况下股价达到了计算值就要下跌或回调。

2. 这种浪型可以出现在 K 线图表的任何位置，因此我们称之为"双低"而不是"双底"。

3. ｛双低高点｝属于｛浪型计算｝，计算出来的价格是最近的高点，是｛空间计算｝之内的计算，也就是说，如果它计算出来的价格超出了

"极限高点"则无效。

4.｛双低高点｝可以用于各个周期，主要用于日线。

5.｛双高低点｝是｛双低高点｝的相反过程，计算公式及要领一样，但需要反转一下 K 线图表。

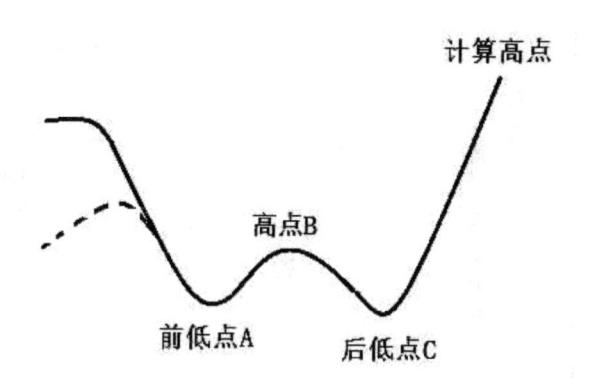

图 8.22　｛双低高点｝计算示意图

问 119：｛双低高点｝计算有哪些要领？

答：

1. 前低点为 A，中间的高点为 B，后面的低点为 C。

2. 在股价暴跌之后企稳的位置出现了双底即"W 底"，这是一种最常见的底部形态，我们可以使用｛双低高点｝或｛形态计算｝计算出这个"W 底"未来的高点。

3. 在上涨趋势中调整的位置上也会出现这种双低形态，但它不是"W 底"。我们也可以使用｛双低高点｝计算出来它未来的高点。

4. 只要见到了这种形态我们就可以进行计算。前提是它的计算高点不超过"极限高点"。

5. 使用｛双低高点｝计算会同时计算出 3 个数，当股价振幅较大，出现大幅快速拉升的时候，第 1 个数是大幅减仓或空仓的位置。如果是振幅不大的缓慢上涨，第 2 个数比较精确。在慢牛行情下，第 3 个数才管用。

6. 如果股价向上突破了第 3 个数，这只股票就成了"过天股"，后期的走势我们要改用｛单边上涨｝进行计算。

案例一：中国宝安 2017 年 6 月 15 日日线截图——｛双低高点｝取点

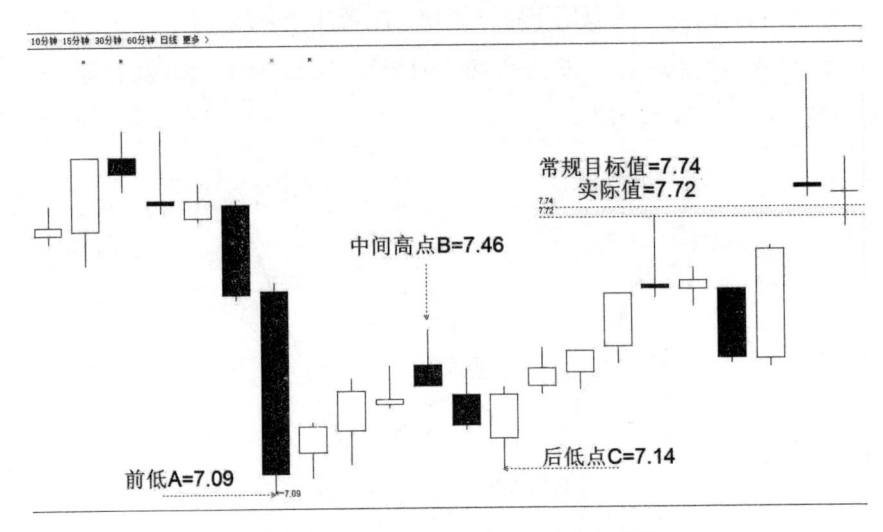

图 8.23　中国宝安日线｛双低高点｝截图

浪型计算——双低高点

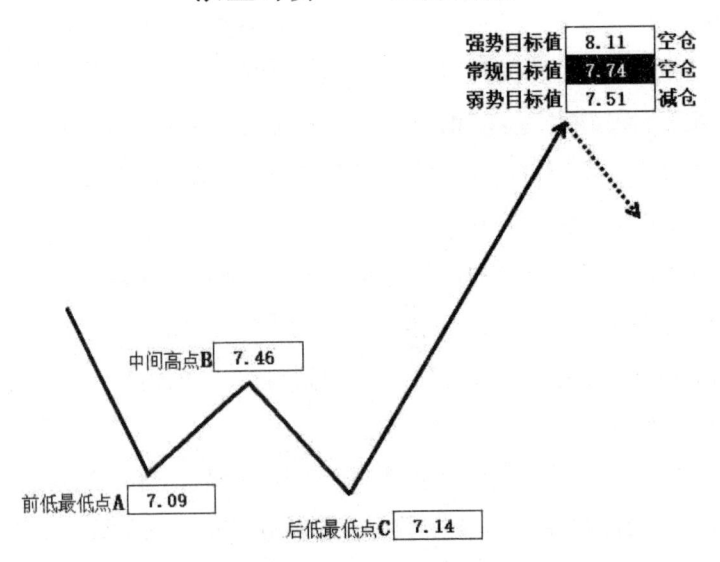

图 8.24　中国宝安日线｛双低高点｝计算截图

第八章　浪型·时空·令单计算

说明
1. A 点是前期波段的最低点，B 点是前期反弹的最高点，C 点是最近回调的最低点。
2. 双低高点的计算结果是最近的高点，属于空间计算之内的浪型计算。
3. 股价上冲到弱势目标值减仓，上冲到常规目标值空仓，只有在牛市行情中才会上冲到强势目标值。
4. A 点和 C 点不用分位置高点。它与 {形态计算} 要领不同，计算公式也不同。
5. 该计算可以运用到各个周期，主要用于日线，可以用在各个位置。

案例二：中国宝安 2017 年 7 月 18 日日线截图——{双低高点} 取点

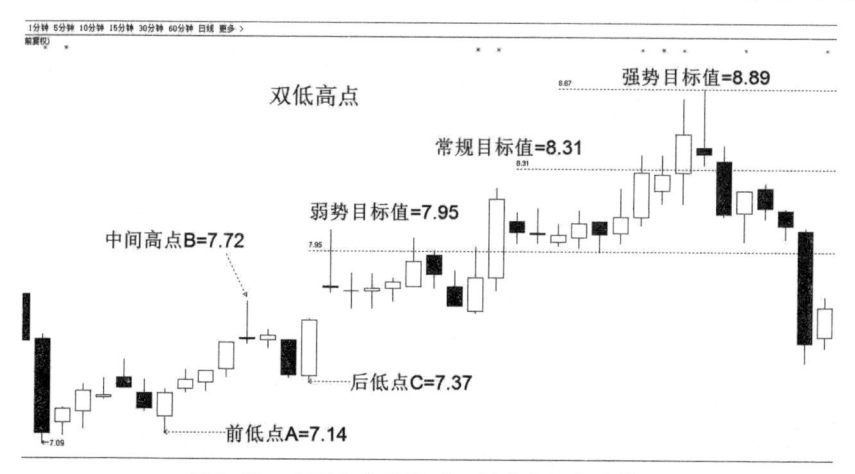

图 8.25　中国宝安日线 {双低高点} 取点截图

浪型计算——双低高点

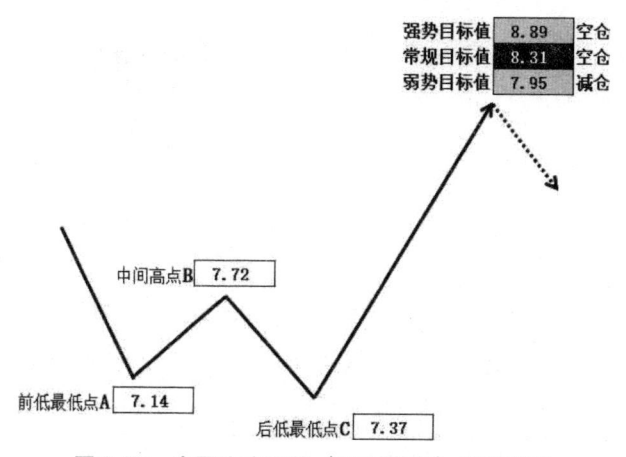

图 8.26　中国宝安日线 {双低高点} 计算截图

137

说明

1. A 点是前期波段的最低点，B 点是前期反弹的最高点，C 点是最近回调的最低点。

2. 双低高点的计算结果是最近的高点，属于空间计算之内的浪型计算。

3. 股价上冲到弱势目标值减仓，上冲到常规目标值空仓，只有在牛市行情中才会上冲到强势目标值。

4. A 点和 C 点不用分位置高点。它与｛形态计算｝要领不同，计算公式也不同。

5. 该计算可以运用到各个周期，主要用于日线，可以用在各个位置。

案例三：中国宝安 2017 年 8 月 10 日日线截图——｛双低高点｝取点

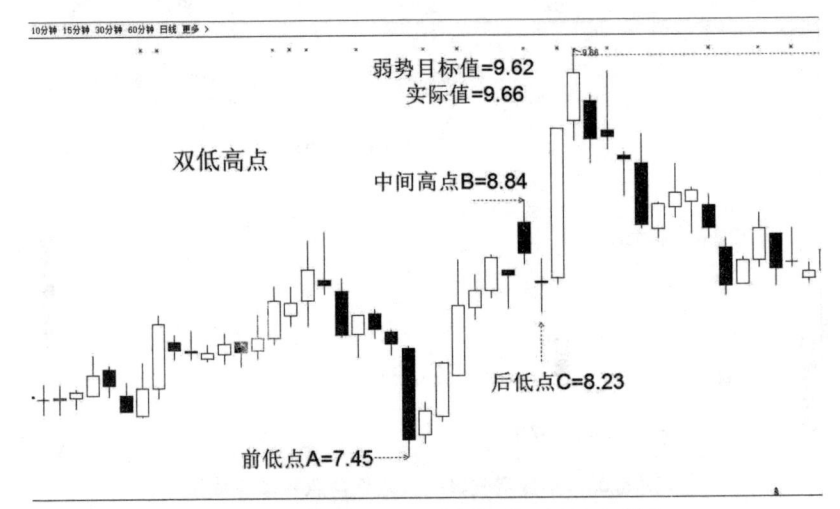

图 8.27 中国宝安日线｛双低高点｝取点截图

浪型计算——双低高点

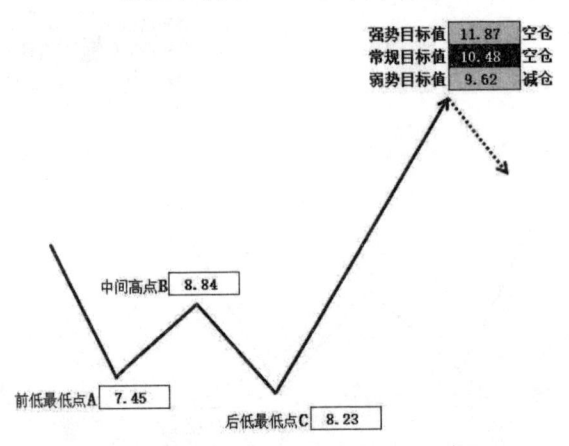

图 8.28 中国宝安日线｛双低高点｝计算截图

138

第八章　浪型・时空・令单计算

说明

1. A 点是前期波段的最低点，B 点是前期反弹的最高点，C 点是最近回调的最低点。

2. 双低高点的计算结果是最近的高点，属于空间计算之内的浪型计算。

3. 股价上冲到弱势目标值减仓，上冲到常规目标值空仓，只有在牛市行情中才会上冲到强势目标值。

4. A 点和 C 点不用分位置高点。它与 {形态计算} 要领不同，计算公式也不同。

5. 该计算可以运用到各个周期，主要用于日线，可以用在各个位置。

提示：

1. 浪型越小计算出来的幅度越小，浪型越大计算出来的幅度也越大。换句话说就是小浪看短线，大浪看长线，只要符合浪型要求就可以计算。

2. 浪型起伏较缓，上涨趋势也比较缓慢。在比较缓慢的趋势中，每逢计算高点分批减仓，一般能够达到强势目标值。

3. 浪型震荡较大，后期上涨的震荡幅度也较大，在这种暴涨的情况下股价涨到了弱势目标值就应该空仓，正所谓急拉快出。

4. 在正常的行情中浪型计算的最高点不会超过"极限高点"，超过了就是无效的计算结果。

案例四：石化机械 2017 年 6 月 25 日日线截图——{双低高点} 取点

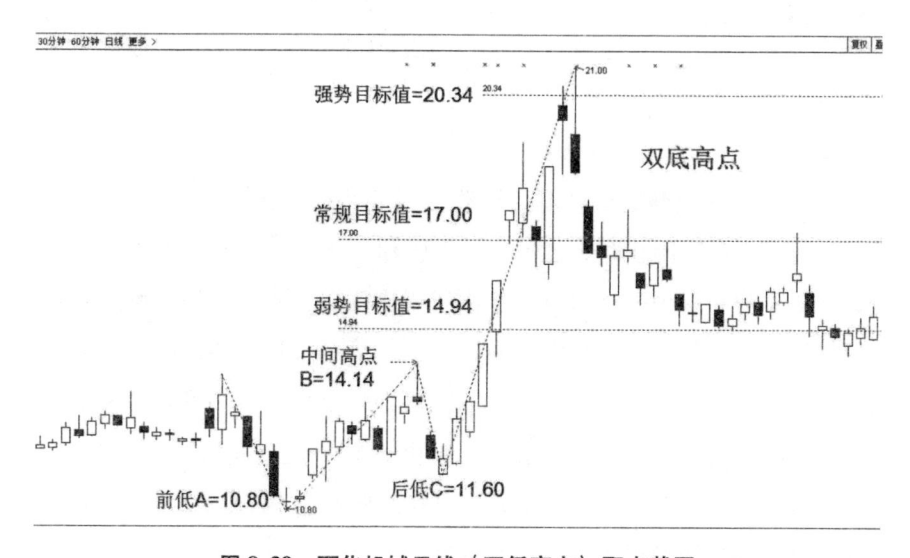

图 8.29　石化机械日线 {双低高点} 取点截图

139

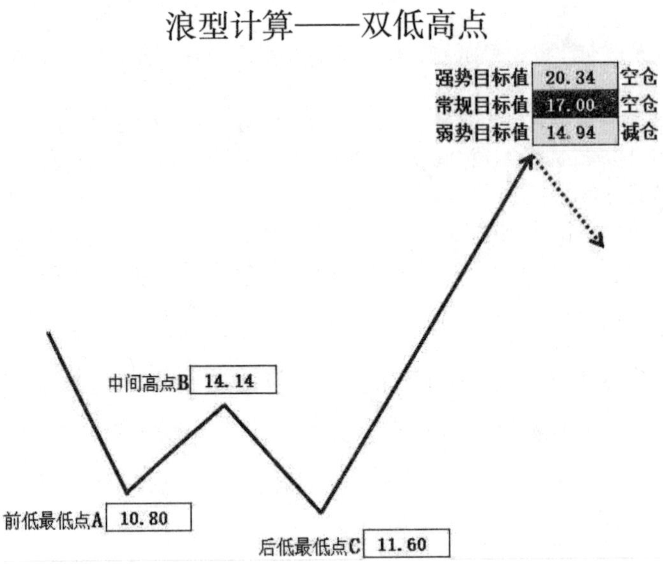

浪型计算——双低高点

强势目标值 20.34 空仓
常规目标值 17.00 空仓
弱势目标值 14.94 减仓

中间高点B 14.14

前低最低点A 10.80

后低最低点C 11.60

图 8.30　石化机械日线 {双低高点} 计算截图

说明

1. A 点是前期波段的最低点，B 点是前期反弹的最高点，C 点是最近回调的最低点。

2. 双低高点的计算结果是最近的高点，属于空间计算之内的浪型计算。

3. 股价上冲到弱势目标值减仓，上冲到常规目标值空仓，只有在牛市行情中才会上冲到强势目标值。

4. A 点和 C 点不用分位置高点。它与 {形态计算} 要领不同，计算公式也不同。

5. 该计算可以运用到各个周期，主要用于日线，可以用在各个位置。

图解：

1. 这是石化机械日线计算，该股涨到最高点的日期是 2017 年 5 月 26 日，当时的大盘刚刚止跌企稳不久，该股却一飞冲天，股价涨到了 {浪型计算} 的强势目标值。通过这个案例我们应明白，我们所说的强势指的是个股的表现，例如该股，每当上冲到第一、第二个目标值的时候都是跳空高开的强势上攻形态，在这种情况下，每到一个高点我们都可以减仓，上冲得越猛减仓的分量越大。当股价上冲到强势目标值的时候必须空仓。

2. 这个案例又是 W 底，在实战中我们要使用 W 底 {形态计算}，确认其最高涨幅，稳稳当当卖在最高点。

第七节　单边下跌

问 120：什么是｛单边下跌｝计算？

答：

1. ｛单边下跌｝计算是下跌途中的｛浪型计算｝，这种计算需要不断地把每次反弹的最高点输入计算器，算出再次反弹的最低点。这种计算的目的是帮助我们确认买点。

2. ｛单边下跌｝计算能够应对跌破"极限低点"的走势。

3. ｛单边下跌｝可以用于各个周期，主要用于日线。

4. 每次计算的结果都是最近的低点。

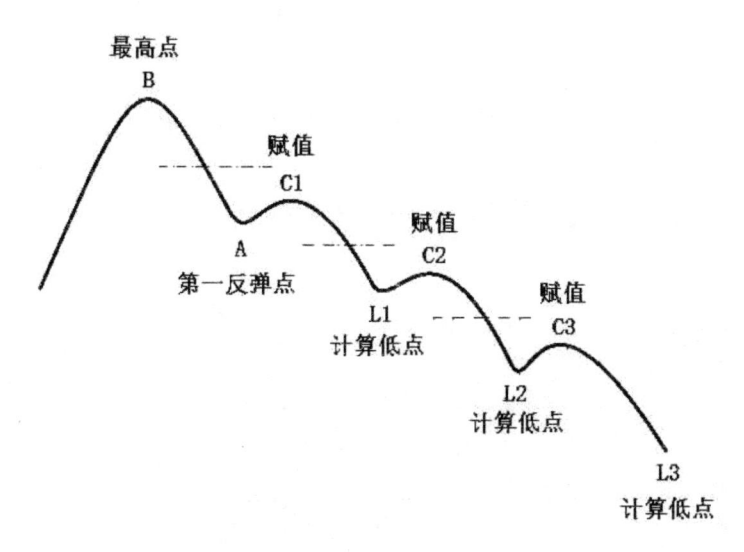

图 8.31　｛单边下跌｝计算示意图

问 121：｛单边下跌｝计算有哪些要领？

答：

1. 前期开始下跌的最高点为 B，第一次反弹的低点为 A，通过 B 点和 A 点计算出下跌因子。在后续的计算中只需要输入 C，C 是每次反弹的最高点。

2. 每次反弹的最高点不能涨过前期最近的下跌波段的 1/2，否则不构成单边下跌行情。

案例一： 中国宝安 2017 年 11 月 17 日日线截图——﹛单边下跌﹜取点

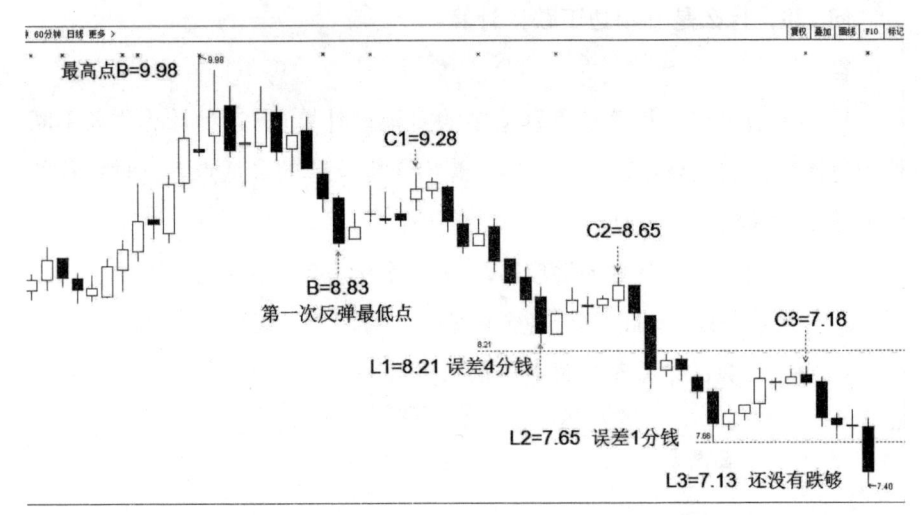

图 8.32　中国宝安日线﹛单边下跌﹜取点截图

单边下跌——低点计算

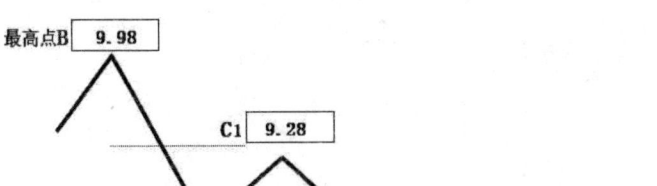

图 8.33　中国宝安日线﹛单边下跌﹜计算截图

说明
1. B 点是开始下跌的最高点，A 是第一次反弹的最低点。A、B 点输入后不再改变。
2. C 点是每次反弹的最高点，依次输入计算出下一个最近的最低点。
3. 该计算是在 {空间计算} 框架内的计算，如果股价超过了极限低点，就是疯熊股或者是问题股。
4. 每次反弹的高点不能涨过前面下跌小波段的 1/2，超过了 1/2 换公式计算。
5. 该计算可以用于各个周期，主要用于日线。

图解：

1. 这是中国宝安单边下跌的行情，每一次下跌的低点都能计算出来，计算出来这些结果并不是就要在这些点位上买入，而是为了确认最终低点的价格，或者说是为了确认 {空间计算} "极限低点"的计算结果。

2. 选股票一定要选择正在上涨的股票。如果对这只股票产生了感情，也可以在每个低点买入，然后使用 {逃反弹顶} 算出高点卖出。

3. 如果我们在"极限低点"出现之后买入了单边下跌的股票，而股价出现了疯熊走势，我们要计算一下后期下跌的空间，如果空间还大我们就要及时止损防止被套。

第八节　单边上涨

问 122：什么是 {单边上涨} 计算？

答：

1. {单边上涨} 计算是上涨途中的 {浪型计算}，这种计算需要不断地把每次反弹的最低点输入计算器，算出再次回调的最高点。这种计算的目的是帮助我们确认躲避回调的卖点。

2. {单边上涨} 计算能够应对突破"极限高点"的走势。

3. {单边上涨} 可以用于各个周期，主要用于日线。

4. 每次计算的结果都是最近的高点。

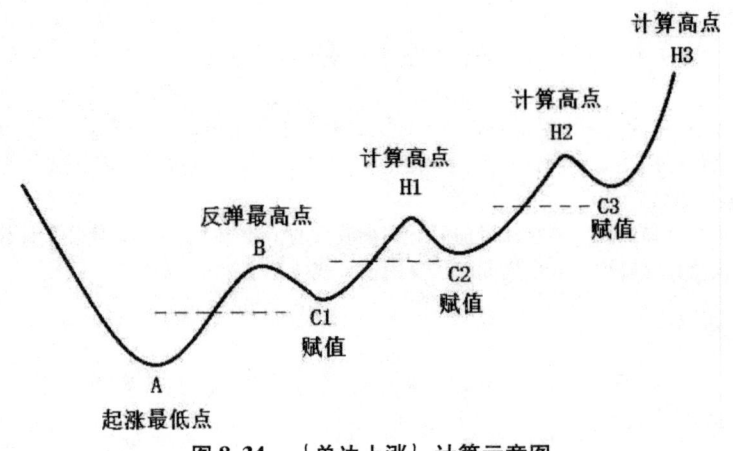

图 8.34　{单边上涨}计算示意图

问 123：{单边下跌}计算有哪些要领？

答：

1. 前期开始上涨的最低点为 A，第一次反弹的高点为 B，通过 A 点和 B 点计算出上涨因子。在后续的计算中只需要输入 C，C 是每次回调的最低点。

2. 每次回调的最低点不能跌破前期最近的上涨波段的 1/2，否则不构成单边上涨行情。

案例一：中国宝安 2015 年 11 月 19 日日线截图——{单边上涨}取点

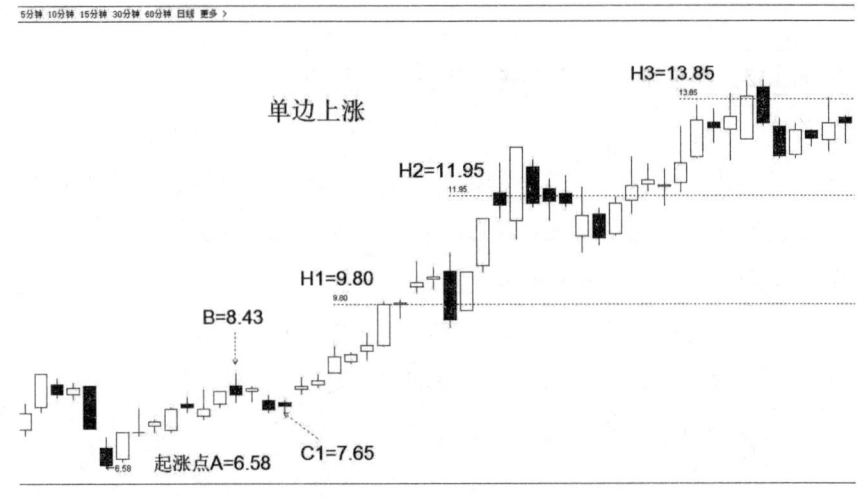

图 8.35　中国宝安日线 {单边上涨} 取点截图

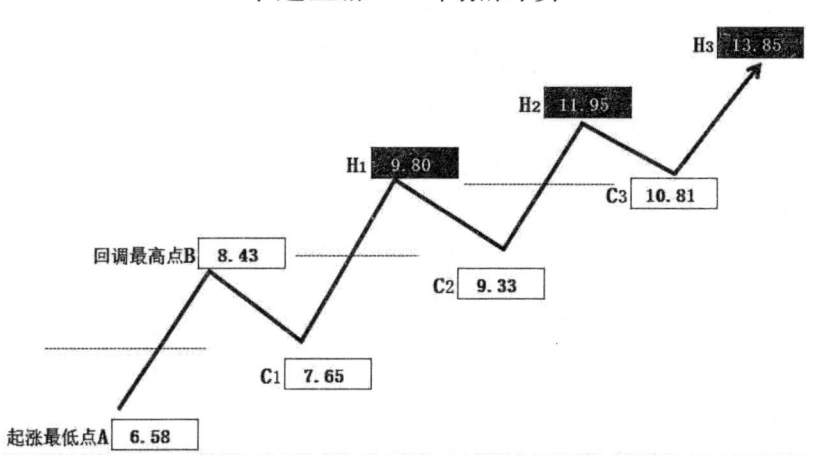

单边上涨——高点计算

图 8.36　中国宝安日线 {单边上涨} 计算截图

说明

1. A 点是开始上涨的最低点，B 点是第一次回调的最高点，A、B 点输入后不再改变。

2. C 点是每次反弹的最低点，依次输入计算出下一个最近的最高点。

3. 这是在 {空间计算} 框架内的计算，如果股价涨过了极限值，要结合三阳测量、趋势三攻跟进止盈。

4. 每次回调的低点不能跌破前面上涨小波段的 1/2，跌破了 1/2 换公式计算。

5. 该计算可以用于各个周期，主要用于日线。

图解：

1. 这是中国宝安单边上涨行情，计算出单边上涨的各个高点为我们在牛市行情高抛低吸创造了有利条件。

2. 这同时为我们找到大牛股的切入点创造了有利条件。有些大牛股启动之后一涨再涨，股价已经涨得很高了，股价涨得很高了我们就不敢买了，结果股价不断创出新高，每天眼睁睁看着股价天天涨这也是一件很郁闷的事情。怎么办呢？

我们可以使用 {出击回踩} 算出"牛回头"的低点分批介入，介入之前我们要用 {单边上涨} 计算出下一个高点的位置，有差价我们就动手买入，到了计算高点我们就出来，反复这样操作就能捉到正在飞奔的黑马。

第九节　时空计算

问 124：什么是｛时空计算｝？

答：

｛时空计算｝包括｛上涨时空｝和｛下跌时空｝，顾名思义这种计算能够同时计算出未来股价的时间和空间，简单地说，｛时空计算｝能够同时计算出未来在哪一天涨到最高价，最高价是多少；在哪一天跌到最低价，最低价是多少。

这套计算的理论基础是江恩角度线理论，找到的形态越标准计算的结果越精确。

问 125：上涨空间计算选点有哪些要领？

答：

1. 找到一波上涨行情起点的最低价做为 A，这一波的上涨要流畅，起点选在这一波流畅上涨的起点，这个点可能是 K 线图的最低点，也可能是高于前低点的点位，只要是这波流畅上涨的起点就好。

2. 找到这一波流畅上涨的最高点做为 B。

3. 找到 B 点后面回调结束之后的起涨点做为 C，这个 C 点可以用｛出击回踩｝或短周期｛空间计算｝提前算出来，也可以等 K 线图走出来之后直接找，只要从这个点开始上涨了，它就是 C 点。

4. 把 A、B、C 输入计算器就可以得到未来上涨的、最近的、高点的价格 D，算出来的价格只有 1 个数，这个数有可能丝毫不差，也可能有微小的误差，在挂单的时候保守一些很容易成交。

5. 我们还可以使用｛跟进止盈｝计算确认 D 点的价格。

6. 这种计算可以使用普通的计算器进行计算。

第八章 浪型·时空·令单计算

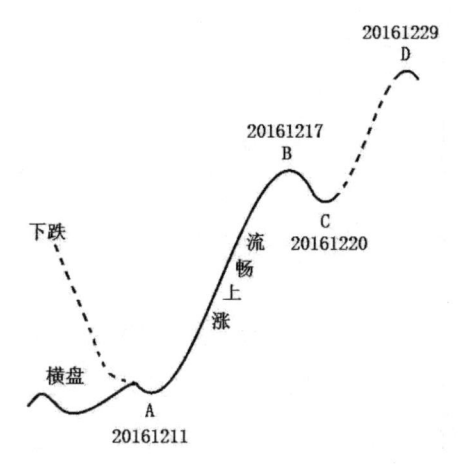

图 8.37 〔上涨时空〕计算示意图

问 126：下跌空间计算选点有哪些要领？

答：

1. 找到一波下跌行情起点的最低价做为 A，这一波的下跌要流畅，起点选在这一波流畅下跌的起点，这个点可能是 K 线图的最高点，也可能是低于前高点的点位，只要是这波流畅下跌的起点就好。

2. 找到这一波流畅下跌的最低点作为 B。

3. 找到 B 点后面反弹结束之后的起跌点作为 C。

4. 把 A、B、C 输入计算器就可以得到未来下跌的、最近的、低点的价格 D。

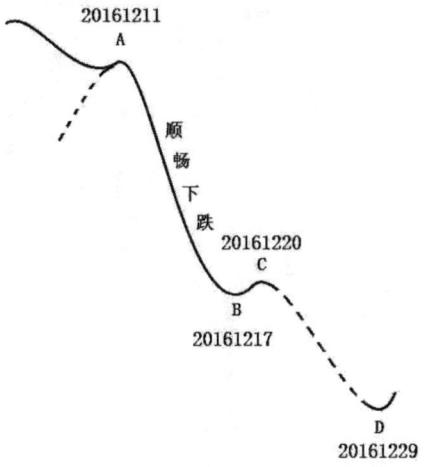

图 8.38 〔下跌时空〕计算示意图

问 127：选择时间有哪些要领？

答：

1. 找到与 A、B、C 对应的日期，分别输入计算器即可得到 D 点所对应的日期。

2. 输入时间的时候要输入完整，如果月日遇到个位数要用"0"补齐，例如：1 月要输入"01"。

3. 输入年月日时要输入连续的数字中间不能带分隔号。

4. 如果计算出来的日期超过了当月的天数，例如计算结果是"20170645"就要换公式计算，不能将"20170645"顺延至"20170715"。

5. 如果我们算到的日期被节假日占用了要向后顺延日期。例如，我们算出来的日期是"20170917"，而 17 号是星期日，我们就要顺延至 18 号星期一。

问 128：上涨时空计算有哪些特点？

答：

1. ｛上涨时空｝计算的结果是最近的高点，是｛空间计算｝之内的计算。

2. 计算日期注意排除周六、周日的影响。如果日期超过了本月应有的日期要使用超时计算器重新计算，但计算出来的价格不变。

案例一：中国宝安 2017 年 8 月 11 日日线截图——｛上涨时空｝取点

图 8.39　中国宝安日线｛上涨时空｝取点截图

上涨时空——高点计算

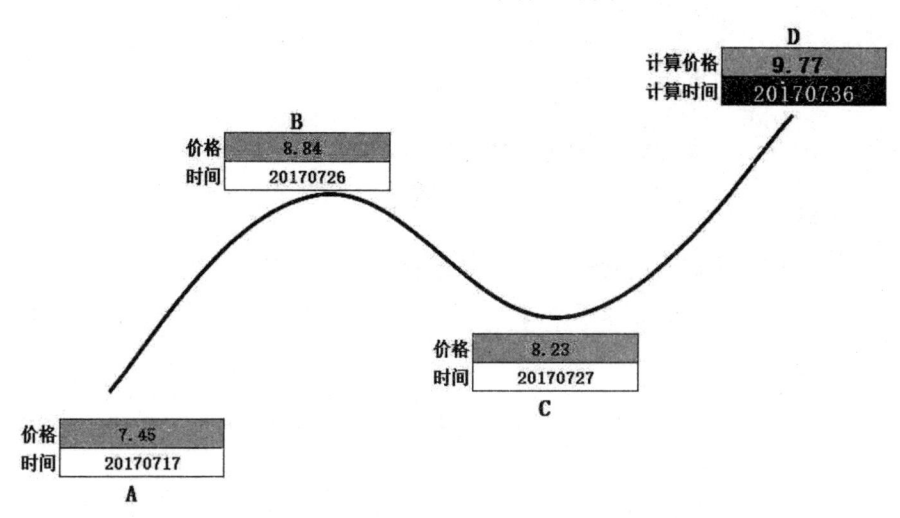

图 8.40 中国宝安日线 {上涨时空} 计算截图

说明

1. 找对形态至关重要。
2. 按照图例填写 8 位数日期。
3. 计算日期超过了本月天数，使用超时公式计算。
4. 时空计算只适用于日线。
5. 这是在 {空间计算} 框架内的计算。

上涨时空——高点计算

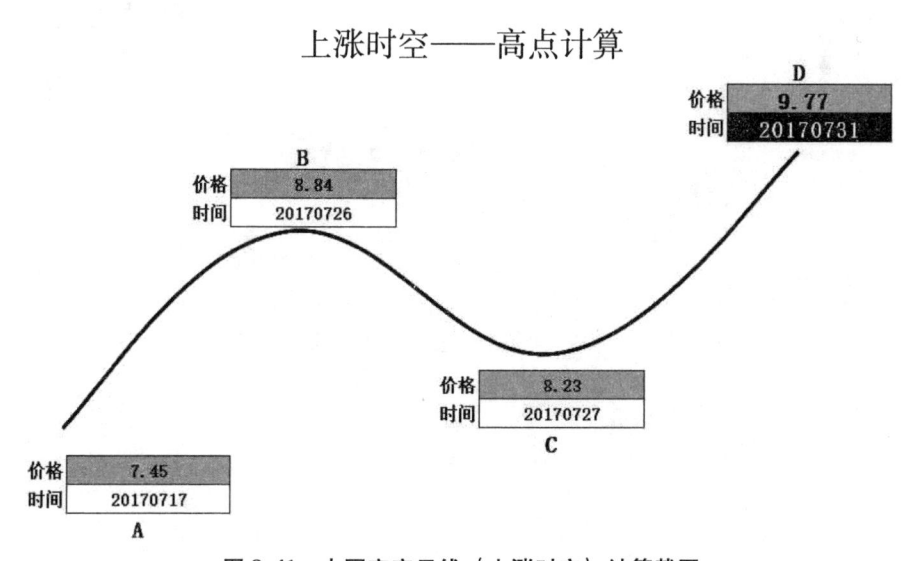

图 8.41 中国宝安日线 {上涨时空} 计算截图

149

说明

1. 找对形态至关重要。
2. 按照图例填写 8 位数日期。
3. 计算日期超过了本月天数，使用超时公式计算。
4. 时空计算只适用于日线。
5. 这是在 {空间计算} 框架内的计算。

图解：

1. 从图中我们可以看到第一次计算的日期是"36"，超过了本月应该有的"31"天，因此要使用超时公式计算，超时计算的结果不改变计算出来的价格。

2. 这套计算方法使用了江恩角度线，角度大致一样才行。"小角度算小角度，大角度算大角度"。

案例二：英飞特 2017 年 9 月 28 日日线截图——{上涨时空} 取点

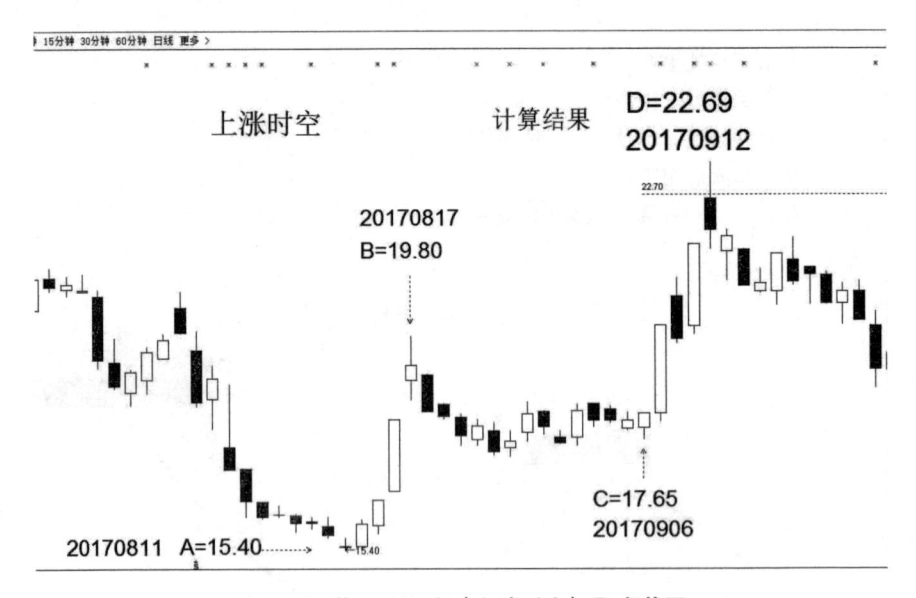

图 8.42　英飞特日线 {上涨时空} 取点截图

上涨时空——高点计算

图 8.43　英飞特日线{上涨时空}计算截图

说明
1. 找对形态至关重要。
2. 按照图例填写 8 位数日期。
3. 计算日期超过了本月天数，使用超时公式计算。
4. 时空计算只适用于日线。
5. 这是在{空间计算}框架内的计算。

案例三：万科 A 2017 年 8 月 17 日日线截图——{上涨时空}取点

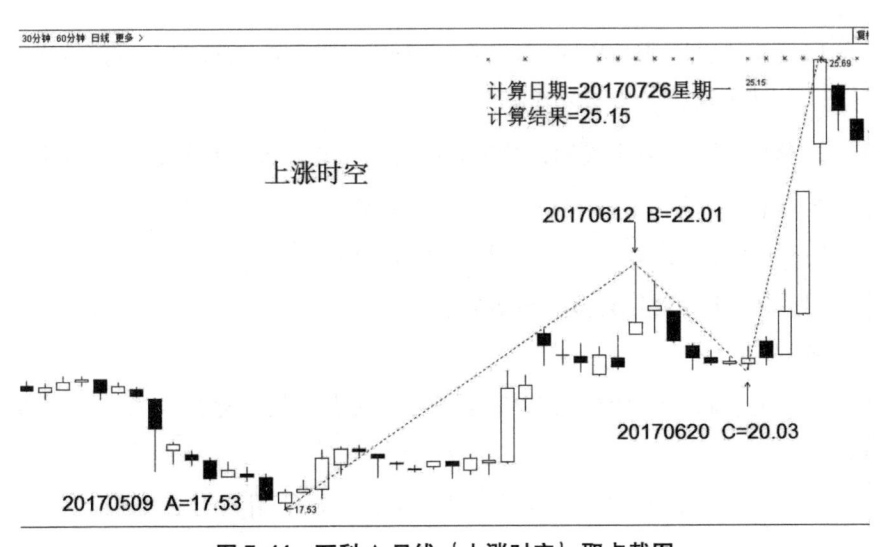

图 7.44　万科 A 日线{上涨时空}取点截图

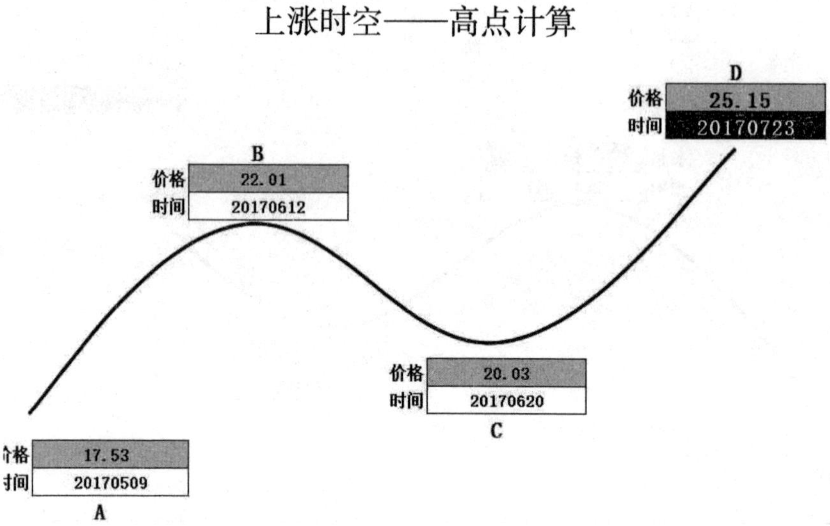

上涨时空——高点计算

D
价格 25.15
时间 20170723

B
价格 22.01
时间 20170612

价格 20.03
时间 20170620
C

价格 17.53
时间 20170509
A

图 8.45 万科 A 日线 {上涨时空} 计算截图

说明：
1. 找对形态至关重要。
2. 按照图例填写 8 位数日期。
3. 计算日期超过了本月天数，使用超时公式计算。
4. 时空计算只适用于日线。
5. 这是在 {空间计算} 框架内的计算。

图解：

1. 从以上两个案例中我们可以看出计算的价格略有误差，不如 {空间计算} 的计算精确，但误差都很小，有的时候非常准。

2. 从图中可以看出我们计算出来的时间一点不差。计算出来的日期是 "20170723"，实际上最高点出在 "20170726" 这一天，这是因为 24、25 日是周六、周日，因此要顺延 2 天，26 号是周一，计算并没有算错。

问 129：下跌时空计算有哪些特点？

答：

1. {下跌时空} 计算的结果是最近的低点，是 {空间计算} 之内的计算。

2. 使用 {下跌时空} 计算的主要目的是确认使用其他方法计算出来的结果。

3. ｛下跌时空｝加上｛单边下跌｝可以找到下跌趋势中每一个反弹的低点，买入。然后用｛逃反弹顶｝计算出反弹的高点，卖出。几种计算完美结合就可以做下跌途中的反弹，不过我们只做正在上涨的股票，不做下跌趋势中的股票。

案例一： 中国宝安 2017 年 10 月 26 日线截图——｛下跌时空｝取点

图 8.46　中国宝安日线｛下跌时空｝取点截图

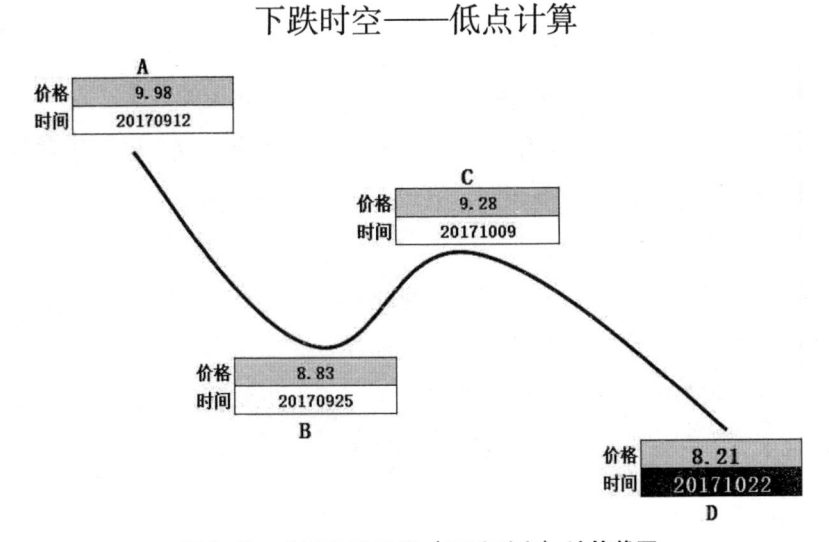

下跌时空——低点计算

图 8.47　中国宝安日线｛下跌时空｝计算截图

153

说明

1. 找对形态至关重要。
2. 按照图例填写 8 位数日期。
3. 计算日期超过了本月天数，使用超时公式计算。
4. 时空计算只适用于日线。
5. 这是在 ｛空间计算｝ 框架内的计算。

图解：

1. 从此案例中我们看出计算的价格误差只有 4 分钱，但时间上出现了 2 天的误差，这是因为在此期间遇到了十一长假，跨越一个整周，而多算了 10 月 7 号、8 号 2 个交易日造成的。

2. 在实战中无论是 ｛上涨时空｝ 计算还是 ｛下跌时空｝ 计算，遇到了除去周六、周日以外的节假日更要注意排除时间上的误差。

第十节　模型计算

问 130：什么是 ｛模型计算｝？

答：

1. ｛模型计算｝ 又称 ｛模计算｝，它是对业内认可的各种选股模型以及我们自己开发的选股模型进行的量化，这里所说的选股模型是一种 K 线组合形态。我们将关键的数字输入"模"就会产生相应的数字。

例如：第一次买入价、第二次买入价、第三次买入价，以及止损价和止盈价等，这些"模"各不相同，有的只有一次重仓买入价，有的没有止盈价。

2. 我们一共有 12 种长线"模"，都是捕捉大牛股的"模"。大牛股启动往往不会上来就暴涨，上来就搞几个涨停板，而是慢慢地走强，股价节节攀升越长越高，等到了突然暴涨的时候基本上也就到顶了。某只个股只有出现了重大利好才有可能快速启动、快速拉升。

第八章　浪型·时空·令单计算

问 131：{模型计算} 有哪些要领？

答：

{模型计算} 是针对选股定式指导具体操作的计算，傻瓜狼有 9 个"自动选股器"，12 个量化选股模型，{模型计算} 能够给出买点、卖点、止损点和止盈点，有的可以告诉我们在什么价位控制多少仓位。用好了就可以踏踏实实交易，坦坦荡荡挣钱。

按照要领找对符合要求的个股是成功的第一步，取对点是计算的关键。下面我们以"时空共振"和"黑马出世"为例说明一下 {模型计算}。

第一，时空共振

我们借花献佛把私募操盘手未来老师传授的"时空共振"介绍给大家，说实话这是最复杂、最不好找、最挣钱的"模"，大家发现了这样的股票一定要在第一时间分享给大家，正可谓授人玫瑰手有余香。

案例一：平安银行 2017 年 11 月 6 日日线截图——{时空共振} 取点

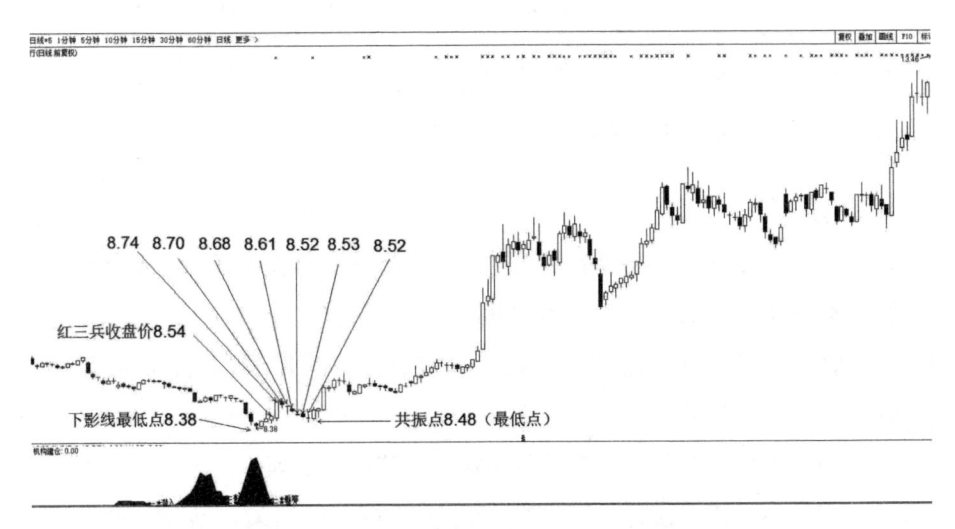

图 8.48　平安银行日线 {时空共振} 取点截图

K4收盘价	K1最低价	共振低点	K4收盘价	K1最低价	共振低点
证券名称	证券代码	日期	证券名称	证券代码	日期
			中国平安	000001	21170525
		0.00	8.54	8.380	8.383
	0.000	0.00	8.74	8.383	8.397
	0.000	0.00	8.70	8.397	8.416
	0.000	0.00	8.68	8.416	8.437
	0.000	0.00	8.61	8.437	8.454
	0.000	0.00	8.52	8.454	8.462
	0.000	0.00	8.53	8.462	8.472
	0.000	0.00	8.52	8.472	8.479
	0.000	0.00		8.479	6.953
	0.000	0.00		6.953	5.562

图 8.49 平安银行日线｛时空共振｝计算截图

图解：

1. 找到最低点的一根带下影线的 K 线，下影线越长越好，把下影线的最低价 8.38 元填入计算器第 1 行中间的空白处。

2. 找到这根 K 线后面"红三兵"中的最后一根 K 线，把它的收盘价 8.54 元填入第 1 列第 1 行。

3. 随后将后面 K 线的收盘价依次输入计算器第 1 列。

4. 当某一天开盘以后股价下跌的最低点与第 3 列计算的数值一样的时候就发生了"时空共振"，当天不收涨停板也要收出大阳线，当天就可以重仓杀入，如果发现晚了第二天也可以买，因为这样的股票至少要上涨 35%，在以往的案例中涨幅常常在 60%~70%。

5. 这样的计算不能超过 10 天，超过了就不是"时空共振"了。

6. 寻找这样的股票可以机选"红三兵",然后再找"红三兵"前面的长下影线。

7. 找到底部带有下影线的 K 线,同时紧跟"红三兵"的股票,每天都要把收盘价填入计算器,每天都要观察股价下跌的最低点,看看它们的价格与我们的计算价格是不是一样,图中共振的最低点是 8.48 元,计算的结果是 8.477 元,只相差 3 厘钱,说明做手控盘能力很强,有的时候分毫不差。

8. 判断某一天股价开盘不久的最低点很有意义,我们可以根据:集合竞价口诀、515 信号、黄金堆、"开盘三线""5 分钟高走模式"等方法进行判断,最笨的方法是等到临收盘,确认了即可买入。

9. 图中案例还不是最完美的,第一下影线不够长,第二共振的当天没有收出涨停板。

第二,黑马出世

黑马出世是机构玩家常用的定式,得益于曙光老师的传授,我们将黑马出世进行了量化,操作起来更加得心应手。

黑马出世与其他的 11 种"模"都是做长持短打的股票。

案例一:华侨城 A 2017 年 6 月 6 日日线截图——{黑马出世} 取点

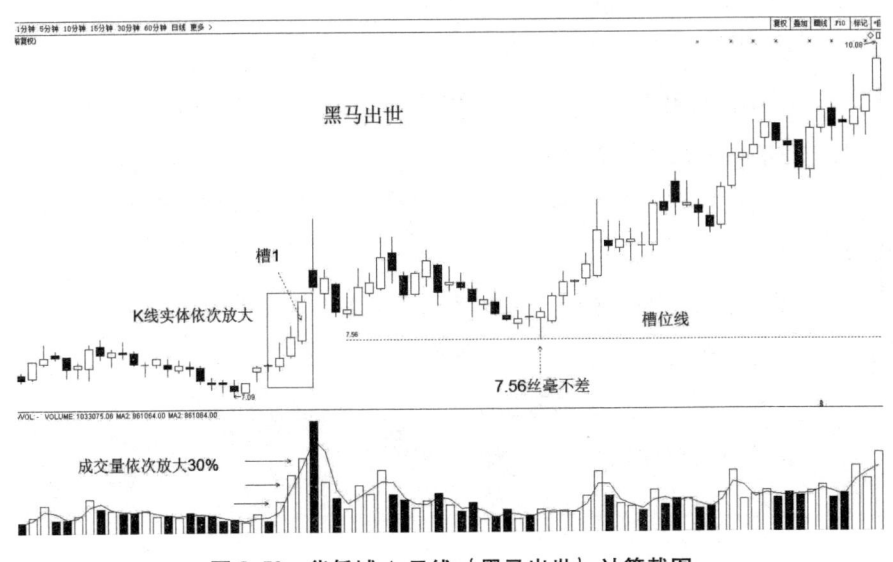

图 8.50 华侨城 A 日线 {黑马出世} 计算截图

黑马出世								2017年 04月 11日		
个 股 交 易 决 策						黑马出世槽计算				
证券名称	证券代码	头狼出击	快狼出击	狼王出击	止损价	槽开盘	槽收盘	比例%	槽半分位	槽开盘价	槽最低价
华侨城A	000069	7.73	7.56	7.53	7.45	7.56	7.89	4.37	7.73	7.56	7.53
		1	1	1	0.99	1	1	0.00	1	1	1
		1	1	1	0.99	1	1	0.00	1	1	1
		1	1	1	0.99	1	1	0.00	1	1	1
		1	1	1	0.99	1	1	0.00	1	1	1
		1	1	1	0.99	1	1	0.00	1	1	1
		1	1	1	0.99	1	1	0.00	1	1	1
		1	1	1	0.99	1	1	0.00	1	1	1
		1	1	1	0.99	1	1	0.00	1	1	1
	填写	自动产生				填写	自动产生			填写	
说明	比例≥3%时为槽1，比例＜3%时为槽2！看大做小是永恒的前题：头狼1成仓、快狼2成仓、狼王6成仓！使用{空间计算}确定止盈价！										

图 8.51 华侨城 A 日线｛黑马出世｝计算截图

图解：

1. 在实战中我们可以使用"傻瓜狼自动选股器"直接选出符合黑马出世要求的个股。

2. 黑马出世要符合以下技术要求：

① 股价上涨的高度在 35% 以下；

② 大盘处于上升或横盘趋势；

③ 底部出现红三兵，红三兵收出的 K 线实体要依次放大，同时三根 K 线所对应的成交量要依次放大 30%；

④ 红三兵的第三根 K 线为槽位，槽位 K 线没有上影线或上影线越短越好；

⑤ 槽的比例≥3%为槽1，＜3%为槽2。输入槽最低价时槽1输入槽的最低价，槽2输入红三兵第一根 K 线最低价。

3. 严格按照"个股决策"进行交易，破槽位坚决止损。

4. 止盈点需要使用｛空间计算｝来确定。

第十一节　令单计算

问 132：什么是傻瓜狼令单计算？

答：

{令单计算}是量化机构超级大单的计算。我们把计算出来的数值与机构在 09:25 时，成交的单子进行比对，如果出现了跳空高开的令单，就说明该股发生了异动，这样的股票有可能当日出现涨停板。如果出现了低开令单，当日就有跌停的可能。

{令单计算}是傻瓜狼追击涨停板涉及到的计算，它的计算含义是这个超级大单所占流通盘的比例。

附录 2：令单计算公式

当个股的流通盘以亿为单位时设令单的手数为 A，

当个股的流通盘以亿为单位时设令单的手数为 B，

A=LOOKUPC19，{1，2100；2，2620；4，3230；6，3840；8，6000；10，8150；12，12000；

14，15600；18，18960；20，22500}

B=LOOKUPC24，{0，800；3000，1000；6000，1200；10000，1800}

第九章　形态的量化

形态理论是通过判研 K 线集群的价格波动曲线所走过的轨迹分析，挖掘市场多空双方力量的对比状态，发现价格正在运行的方向，进而指导我们投资行为的一种理论体系。

形态理论以 K 线理论、黄金分割和切线理论为基石，同时又将 K 线理论和切线理论向纵深演绎推进，是技术分析的重要组成部分，也是技术分析领域中比较简单、实用的分析方法。看懂了形态就看懂了"有效突破"和"回踩"，上升中的"有效突破"和"回踩"是最好的买入机会。

学习形态理论的关键是掌握形态的特征和要领，弄清标准的形态模样，知道怎样画颈线，找到正确的计算取值点。只有弄清了形态的这些关键问题才能准确地计算、测量出股价未来的高点和低点，才能精确出击，找对具体的买卖点。

本章的关键词是：形态、颈线、有效突破、回踩、取点、计算

第一节　K 线形态

问 133：K 线形态是如何形成的？

答：

老子说"万物负阴而抱阳"，"阴阳"存在于万物之中，阴阳一直不停地相互转换，"阳中有阴，阴中有阳，阴极生阳，阳极生阴"，这一自然规律又称为周期循环律，宇宙正是在这种阴阳的循环中不断运动、发展。

股价的移动也是由"阴阳"矛盾交替演绎的自然规律。例如：上涨与下跌、阳线与阴线、多与空、买与卖、供与求、强与弱、机会与风险等等。

政治经济学认为价格由价值决定，价格围绕价值上下波动，而西方经济学则认为价格受供求关系影响。其实，价值是决定价格的内在因素，供求关系是决定价格的外在因素，价值和供求关系对价格共同起着决定作用，这样就形成了即时价格。金融交易市场交易品种的价格移动基本遵循两大规律：

1. 价格移动的方向由多空双方力量的对比所决定，倾向于"价格受供求关系影响"的观点。

2. 价格波动的过程是不断地寻找平衡和打破平衡的过程，倾向于"价格围绕价值上下波动"的观点。

由此我们得出结论：

1. 不要轻易相信专家、股评、消息，不要太注重基本面，F10 显示的是三个月之前的信息，并且真假难辨，任何信息都会反映在价格的变动中。

2. 价格的波动是在自然地寻找价值和供求关系的平衡，平衡被打破之后根据价格变动方向的不同就形成了两种基本类型的形态。

问 134：形态如何分类？

答：

第一，从价格的变动上来看，形态可以分为持续整理形态和反转突破形态。

1. 持续整理形态又称巩固形态，是指价格的波动方向与平衡之前的价格趋势方向相同。

常见的整理形态有：旗形、矩形、三角形、箱体。

2. 反转突破形态又称反转形态，是指形态所在的平衡被打破之后价格的波动方向与平衡之前的价格趋势方向相反。

常见的反转形态有：圆弧顶、圆弧底、顶部岛形反转、底部岛形反转。因为反转形态最具有实战价值，因此反转形态是我们研究的重点。

第二，从形态给出的提示上来看，形态可以分为：

1. 单边形：它能实现测底的目的。

2. 来回形：它能提示出行情的高低位置，实现逢低做多、逢高做空。

3. 高位盘整形：可以提示顶部，告诉我们做多的风险和做空的机会。

4. 中位盘整形：可以提示行情正在寻找方向，让我们等待突破。

5. 低位盘整形：可以提示低部，让我们把握做多的机会和做空的风险。

第三，从位置上来看，形态可分为底部形态和顶部形态。

1. 底部形态包括：单底（V字底）、双底（W底）、头肩底、矩形、箱体、上升三角形、渐缩三角形、正N字形、底部正弧形、底部反弧形、上升旗形、底部岛形等。

2. 顶部形态包括：单顶、双顶（M头）、头肩顶、下降三角形、渐缩三角形、倒N字形、顶部正弧形、顶部反弧形、下降旗形、顶部岛形等。

第四，有的形态不容易区分出它究竟属于哪一类反转形态，所以我们要结合它所处的时间位置、空间位置和成交量加以判断，时间、位置、成交量是判断这个反转形态究竟属于哪一类的关键因素。

问135：看形态有哪些基本要领？

答：

第一，在持续形态形成的过程中，成交量应逐步萎缩，最后在价格对趋势方向"有效突破"时应放量。

第二，反转形态包括顶部结构和底部结构，顶部结构有单顶、双顶、头肩顶等；底部结构有单底、双底、头肩底等。反转形态共有的特点如下：

1. 事先确实有一个趋势存在，这是反转形态存在的前提。

2. 趋势反转的第一个信号是重要的趋势线被突破。

3. 形态的规模越大随之而来的波幅也就越大。

4. 顶部形态经历的时间短于底部形态，但顶部形态的波动性较强。

5. 在底部的形态中其价格的波动幅度一般比较小，但酝酿的时间较长。也就是说，机构在底部建仓的时间较长，价格波动较小。而做手在顶部出货的时间较短，价格的波幅较大。

6. 成交量在验证向上突破信号的可靠性方面具有很高的参考价值。也就是说，在判断是不是向上反转突破形态的时候，我们要看成交量是不是有效放大了。放大了才是"有效突破"。

7. 形态中的趋势线被确认的次数越多越可靠。

由此我们得出结论：

1. 看形态首先要看形态所处的位置，形态内的成交量必须是缩量的，这是看形态的精髓。

2. 在所有的形态中都有一条非常重要的"颈线"，所有的突破都是针对"颈线"而言的。

3. 如果进一步判断这个形态是否被"有效突破"了，要看突破的这根K线是否超过了"颈线"3%以上，是否放了30%以上的量，是否K线自身的实体大于3%了。符合了这三点，无论是向上突破还是向下突破都是"有效突破"。

问136：如何确认形态不再演绎？

答：

随着股价的运行，当初看好的形态有可能发生演绎。例如，原来看似"V字底"形态，结果股价没有继续向上走而是下跌了；眼看就要形成"N字形"形态了，结果股价又上涨了；眼看它要形成"W底"了，结果股价又下跌了，最终形成了箱体，从而完成了从"V"字底向箱体的演绎。

那么，如何确认这个形态不再变形呢？我们要看它在关键的价格上是不是出现了"有效突破"。在没有发生"有效突破"之前不能确认它究竟是哪种形态，只要在关键的位置出现了"有效突破"，这个形态也就成立了。

另外，岛形不用看突破，顶部出现了岛形就是顶，底部出现了岛形就是底，因此岛形被称为"形态之王"。

问137：如何进行形态的时空确认？

答：

可以通过计算和测量判断出形态的空间和时间：

1. 使用｛空间计算｝可以确定它的"极限高点"和"极限低点"，但是在到达这些极限值之前，股价有可能出现较大的波段，这样的话，我们就需要进行｛浪型计算｝，把大大小小波段的临时高低点计算出来。

2. 我们还可以使用｛形态计算｝计算出股价"有效突破"这个形态之后最近的高点。为了做到心中有数，弄清楚哪一天会见到这个高点，我们要使用｛时空计算｝把时间计算出来。

3. 如果我们想做盘中的高抛低吸，我们可以使用｛分时计算｝和短周期｛空间计算｝算出当日的高点和低点，提前挂单。

4. 我们还可以使用"XT-H测量""黄金测量""三阳测量"和"缺口测量"预测出形态的涨跌幅度，用"筹码测量"判断股价会不会涨过前高。

问138：什么是形态的H测量？

答：

所谓"XT-H测量"是推测某个形态未来涨跌幅度的测量方法，这种方法只针对有颈线的形态，是确认计算结果的辅助工具。

首先，我们把某种形态的垂直高度H做为一个单位，后期股价涨跌的幅度一般为这个H的1、2、4、5、8倍，偶尔也见到5倍。

用"XT-H测量"所测量出来的某个倍数上的价格非常准，但是不能指出股价究竟能涨跌到哪个倍数，因此"XT-H测量"需要与计算或其他测量技术配合使用。

问139：如何确认哪个价格是真正的高低点？

答：

我们推出了多种计算和测量的方法，而每种计算或测量的理论依据又不相同，肯定得出的结果不一样，这样的话我们到底应该相信哪个结果呢？针对这个问题，我们自有应对的方法：

1. ｛空间计算｝算出来的价格比较遥远，在没有达到这些计算值的时候有回调、有反弹，回调的深度、反弹的高度有的时候很大，因此就需要使用其他的计算或测量的方法躲回调、抢反弹。

2. 我们可以用｛时空计算｝算出来哪一天涨到哪个价格，在｛时空计算｝中对于"空间"的计算与｛空间计算｝、｛浪型计算｝、｛形态计算｝计算的理论基础都不一样，但它们的计算结果基本吻合。

3. 使用｛浪型计算｝、｛形态计算｝、｛时空计算｝算出来的价格是最近的高低点，它们计算出来的价格非常接近，找高点的时候要取它们算出来的最低价，虽然说我们有可能少卖几分钱、几毛钱，但是保守一些更可靠。

4. 最后我们用测量的结果对计算的结果进行确认。计算和测量的方法都很简单，只要把这些概念和方法一项一项掌握了，就能融汇贯通建立盘感，有套路的盘感一旦建立，计算、测量也就失去了意义，看一眼K线就可预测股价未来的走势。

问140：形态计算有哪些特点？

答：

1. ｛形态计算｝的关键是找准形态，找准"颈线"，把取到的的点输入计算器就可以得到这个形态未来的高点或低点。

2. 在实战中我们要防止形态变形，形态变了计算的结果就错了，防止形态变形的方法是看它有没有出现"有效突破"。

3. 在这里讲到的各种形态计算都属于某个趋势中局部行情的计算，只针对短期快速拔高或快速下跌的一小段行情。

4. 所有的形态都是做手的杰作，因此计算成功的概率很大，计算的结果基本上误差不大。

5. ｛形态计算｝具有局限性，成功的概率极大，但也有失败的可能，股价不达到形态计算值的情况很少见，股价超越形态计算值的情况比较多见。

第二节　矩形与箱体

问141：什么是矩形与箱体？

答：

箱体与矩形是指价格走势在两条水平线之间做上下波动横向延伸的运

动。通常把短期震荡波幅较大的称为箱体，震荡波幅较小的称为矩形。

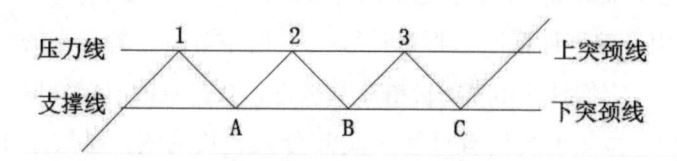

图 9.1　箱体与矩形示意图

问 142：箱体与矩形有什么特点？

答：

箱体与矩形有以下六个特点：

1. 矩形持续的周期较短，一般为 5～20 个交易日，且区间震荡幅度较小，通常在一根大 K 线的高低范围内震荡。

2. 箱体持续的时间较长，一般超过 30 个交易日，时间越长箱体的形态越稳定，箱体区间的震荡幅度一般在 20% 左右。我们可以在箱体的区间内做高抛低吸。

3. 需要 4 个点锁定矩形与箱体：1、2 点是双高点，A、B 点是双低点，高点、低点分别相连形成压力线和支撑线。股价向上突破时压力线是颈线，向下突破时支撑线是颈线。

4. 箱体与矩形一般为中继形态，股价运行的趋势方向一般不会改变。例如，在上升途中的横盘后期还会上升，在下跌途中的横盘后期还会下跌。

5. 在上升的趋势中箱体出现了下空说明做手急于拉升；在下跌的趋势中箱体出现了上空说明做手急于打压。

6. 在矩形内都是小阴、小阳线波动的幅度小，而且对应的成交量都以递减的方式萎缩，"有效突破"时放量。

提示：

1. 有的时候会有一次假突破。

2. 如果箱体的位置较高，而箱体内部的成交量较大，则要提防主力出货而形成顶部。

第九章 形态的量化

案例一： 盐湖股份 2007 年 6 月 12 日日线截图——箱体与矩形

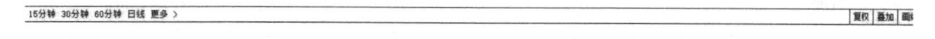

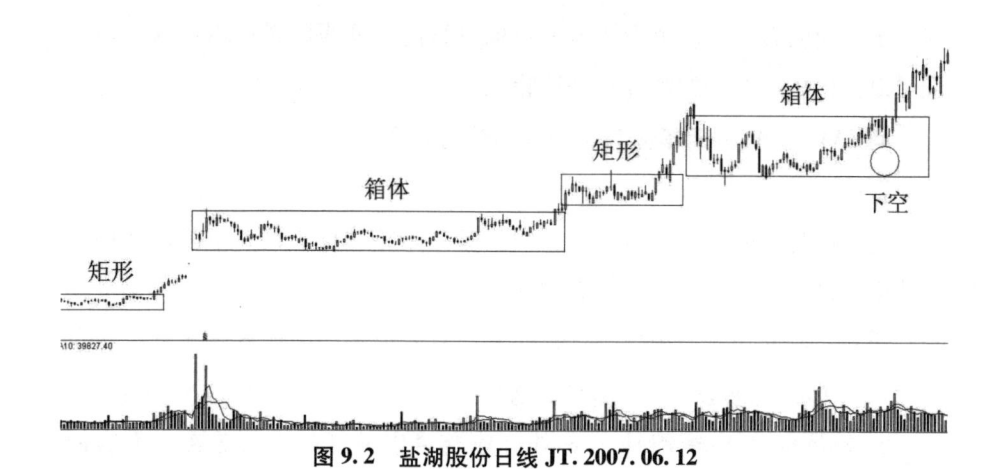

图 9.2 盐湖股份日线 JT. 2007.06.12

图解：

往往波幅较窄的矩形威力更大，做手以小 K 线组合做矩形，小阴、小阳无量、大阳线突破时放量都说明这是做手在进行次高位横盘吸筹，也说明做手的控盘能力极强。

案例二： 英飞特 2017 年 9 月 8 日 15 分钟截图——箱体与矩形

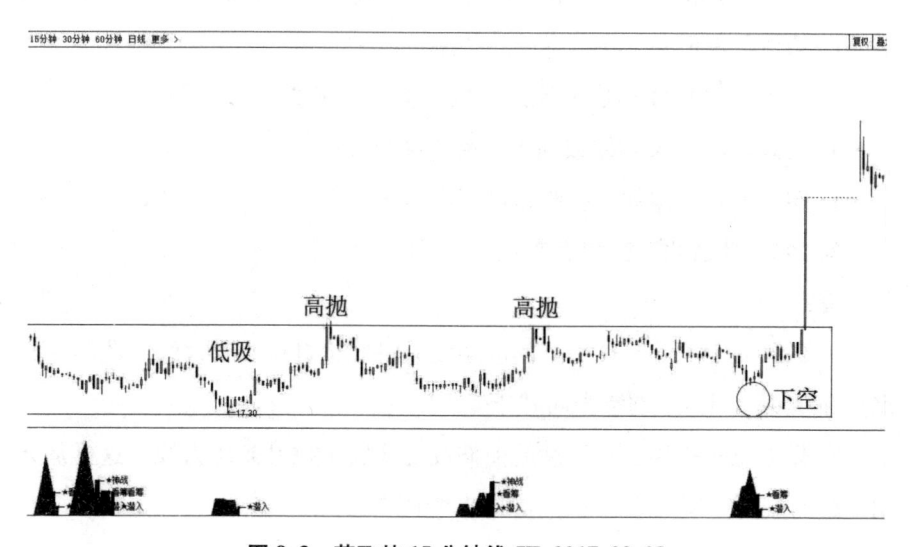

图 9.3 英飞特 15 分钟线 JT. 2017.09.08

167

图解：

在上升的趋势中有超过两个以上的高点和低点，持续的时间在 20 根 K 线以上，说明做手在这个箱体内不断地进行高抛低吸降低成本，这一点我们可以使用短周期上的黄金堆进行验证。

问 143：如何判断箱体与矩形是不是有效突破？

答：

上升趋势中的箱体与矩形，它们的颈线是箱顶压力线。下降趋势中的箱体或矩形，它们的颈线是箱底支撑线。

第一，判断箱体与矩形是不是向上"有效突破"有如下要领：

1. 箱体与矩形必须在上升的趋势中。

2. 箱体内的 K 线都是小 K 线，成交量以递减的方式萎缩，突破时放量。

3. 突破时以大 K 阳线或向上的跳空缺口突破。

4. 向上突破箱体的幅度要超过箱顶的 3%，否则这个突破容易失败。

5. 大阳线的实体要大于 3%，伴随的成交量至少要放大 30%，伴随的换手率大于 3%更好。

第二，判断箱体与矩形是不是向下"有效突破"有如下要领：

1. 箱体与矩形必须在下降的趋势中。

2. 箱体内的 K 线都是小 K 线，成交量不一定萎缩。

3. 突破时以大 K 阴线或向下的跳空缺口突破。

4. 向下突破箱体的幅度要超过箱底的 3%。

问 144：什么叫下空和上空？

答：

1. 做手急于拉升，在拉升的前期没有将股价打压到支撑线，此时在起涨点和箱底之间留下的空当叫"下空"。

2. 做手急于打压，在下跌的前期没有将股价拉升到压力线，这样从开始下跌的点到箱顶之间留下的空当叫"上空"。

第九章　形态的量化

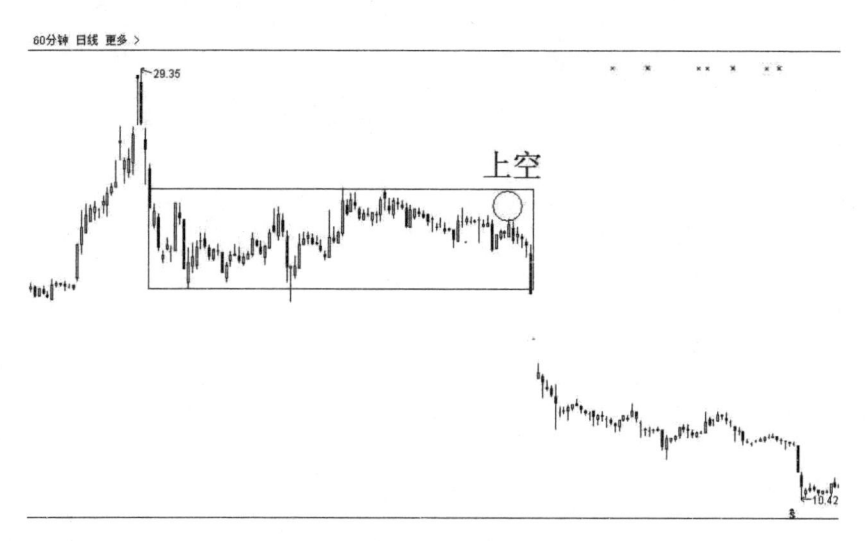

案例一：宝光股份 2017 年 7 月 5 日日线截图——箱体上空

图 9.4　宝光股份日线 JT. 2017.07.05

问 145：做上升中的箱体有哪些要领？

答：

掌握了箱体与矩形的特点，使用箱体与矩形做股票是一个不错的方法，既可以做箱体内的高抛低吸，也可以做"有效突破"和"回踩"。

1. 要做只能做上升途中的箱体。

2. 如果做箱体内的高抛低吸，要找波幅较大的箱体，股价回踩箱底获得支撑再次上涨时买入。箱底买，箱顶卖，箱底止损。

3. 做矩形与箱体的"有效突破"更有价值，此时的量比在 3% 以上最好。买在"有效突破"的大阳线上或跳空突破的阳线上都可以，最好买回踩箱顶，买回踩可以加重仓，跌破箱顶止损。

4. 箱底也是买点，箱顶买箱顶止损，箱底买箱底止损。

5. 买入之前我们要通过 {形态计算}、{空间计算} 和 "XT-H 测量" 确定止盈价。

6. 进行箱体高点 {形态计算} 的时候，要取箱体内 K 线高低点实体的价格。

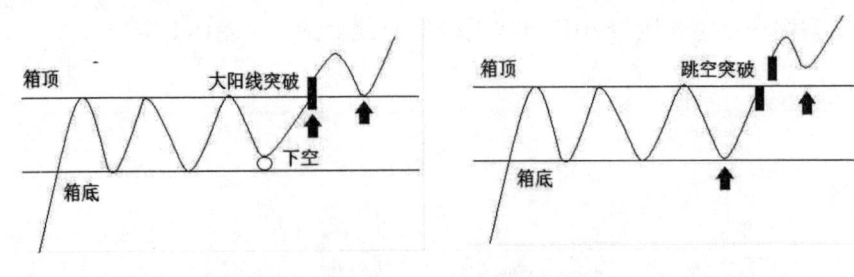

图 9.5　箱体示意图

案例一： 文山电力 2017 年 6 月 15 日日线截图——箱体测量

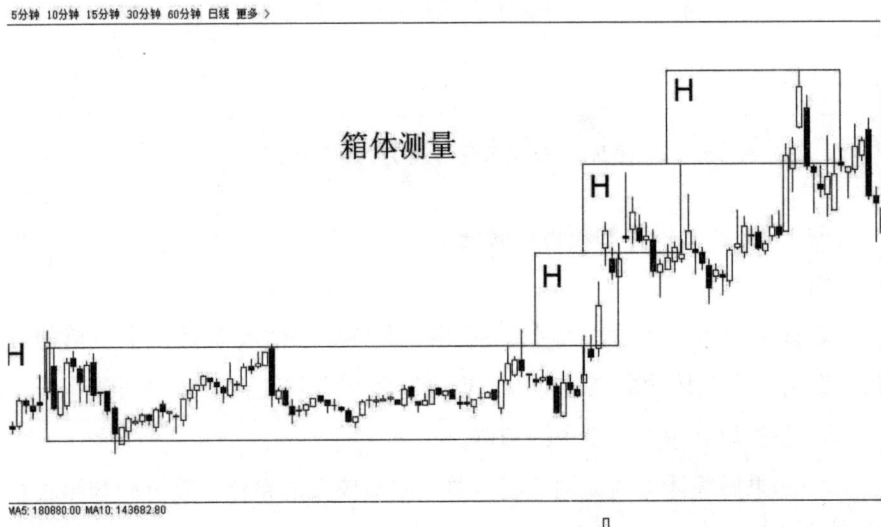

图 9.6　文山电力日线 JT.2017.06.15

第九章　形态的量化

案例二：文山电力 2017 年 6 月 15 日日线截图——箱体测量

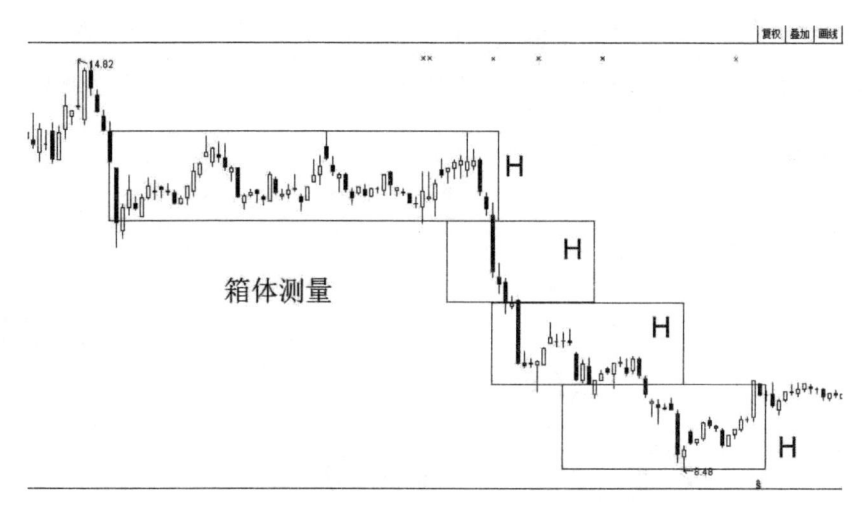

图 9.7　文山电力日线 JT. 2017. 06. 15

图解：

1. 向上测量和向下测量方法一样，关键是画好第一个箱体，画箱体的时候要照顾好大多数 K 线的高点和低点。

2. 画出第一个箱体之后漂移箱体画线，防止新画出来的箱体高度不一样。

3. 箱体的 H 就是箱体的高度。

问 146：计算箱体高点取值有哪些要领？

答：

1. 上升箱体高点计算适用于各个周期，但主要用于日线，这是在 {空间计算} 框架内的计算，如果股价已经到达了"极限高点"，箱体的涨幅一般不会到达 {形态计算} 的高点。如果遇到了疯牛市，股价才有可能向上突破 {形态计算} 高点。

2. 上边轨为 A，下边轨为 B。

3. 切记，在计算高点的时候一定要取箱体中 K 线的实体，这样计算出来的数值比较保守，如果取上下影线计算的高点有可能超出实际值。

171

4. 计算上升箱体要找大箱体，不对矩形进行计算，另外要求这个箱体至少要走出 3 个高点和 2 个低点，并且在形态内一定要缩量。

案例一：深赤湾 A 2017 年 7 月 18 日日线截图——上升箱体正确取点

图 9.8　深赤湾 A 日线取实体示意图

上涨箱体——高点计算

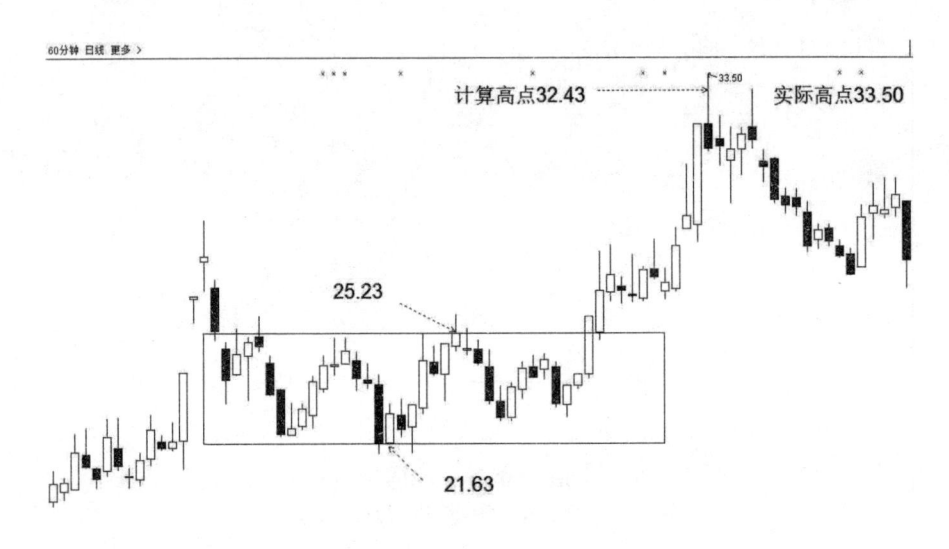

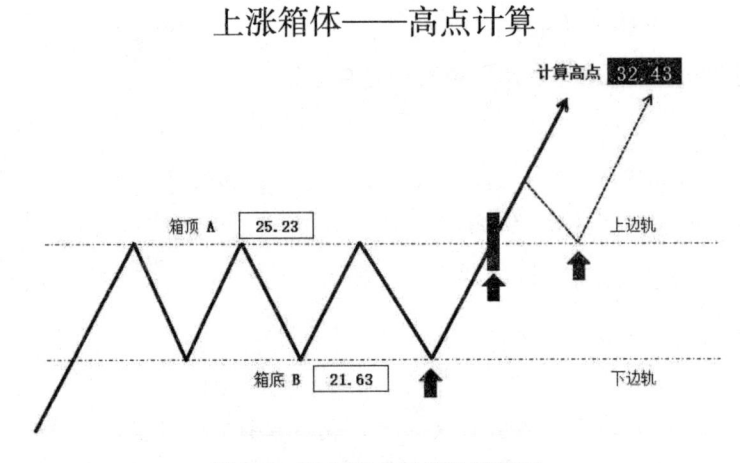

图 9.9　深赤湾 A 日线计算截图

第九章　形态的量化

说明

1. 箱体计算适用于各个周期，主要用于日线。这是在 AB 计算框架内的计算。
2. 上边轨为 A，下边轨为 B。计算高点取实体。至少要有三高两底，形态内缩量。
3. 在大箱体内可以做高抛低吸。
4. 买点如图所示，在上边轨买，上边轨止损，在下边轨买，下边轨止损。
5. 买突破之后的回踩更可靠。

图解：

以上是取实体的计算结果，是计算箱体高点的标准取点方式，计算结果保守、安全、可靠。

案例二：深赤湾 A 2017 年 7 月 18 日日线截图——上升箱体错误取点

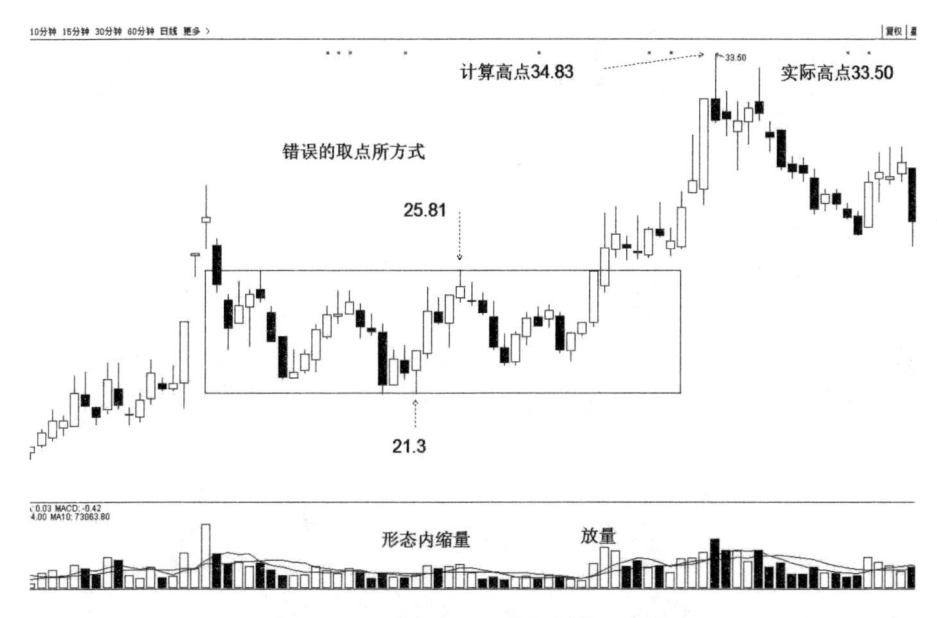

图 9.10　深赤湾 A 日线取影线示意图

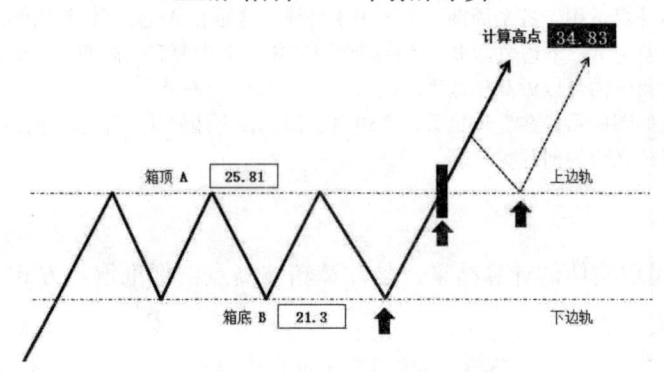

上涨箱体——高点计算

图 9.11 深赤湾 A 日线计算截图

说明
1. 箱体计算适用于各个周期，主要用于日线。这是在 AB 计算框架内的计算。
2. 上边轨为 A，下边轨为 B。计算高点取实体。至少要有三高两底，形态内缩量。
3. 在大箱体内可以做高抛低吸。
4. 买点如图所示，在上边轨买，上边轨止损，在下边轨买，下边轨止损。
5. 买突破之后的回踩更可靠。

图解：

以上是取影线的计算结果，取点方式错了，因此计算出来的结果超出了实际价格。

案例三：珠海港 2017 年 6 月 27 日日线截图——上升箱体正确取点

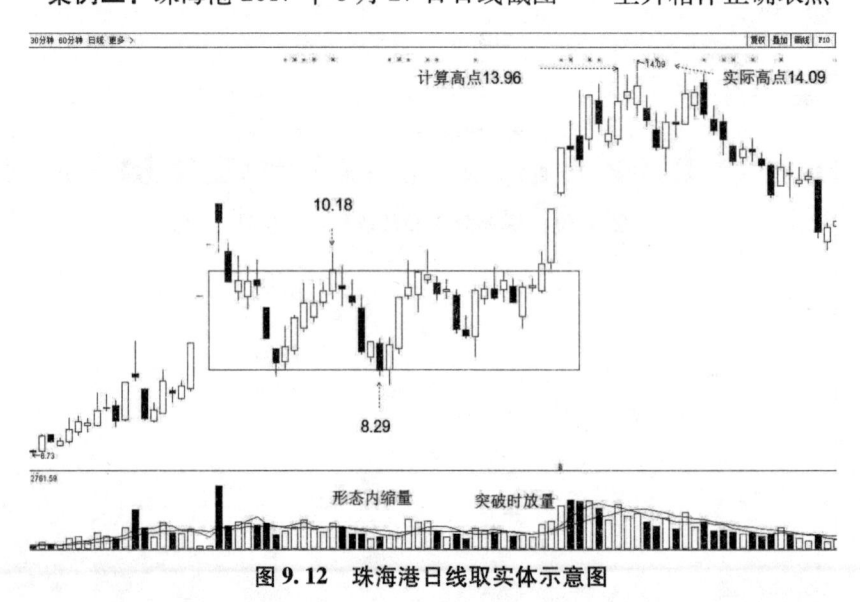

图 9.12 珠海港日线取实体示意图

第九章　形态的量化

上涨箱体——高点计算

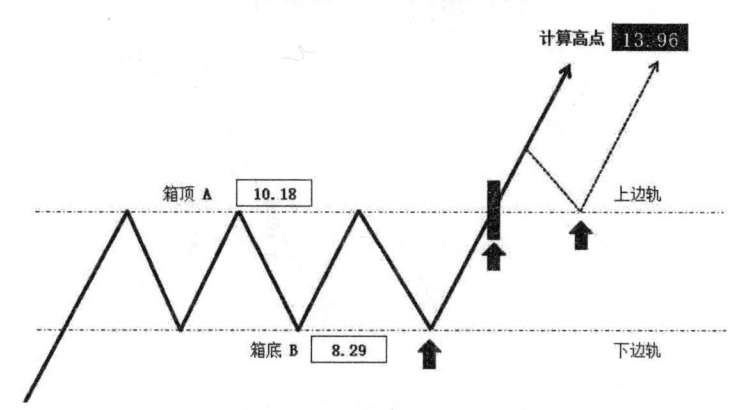

图 9.13　珠海港日线计算截图

说明
1. 箱体计算适用于各个周期，主要用于日线。这是在 AB 计算框架内的计算。
2. 上边轨为 A，下边轨为 B。计算高点取实体。至少要有三高两底，形态内缩量。
3. 在大箱体内可以做高抛低吸。
4. 买点如图所示，在上边轨买，上边轨止损，在下边轨买，下边轨止损。
5. 买突破之后的回踩更可靠。

案例四：珠海港 2017 年 6 月 27 日日线截图——上升箱体错误取点

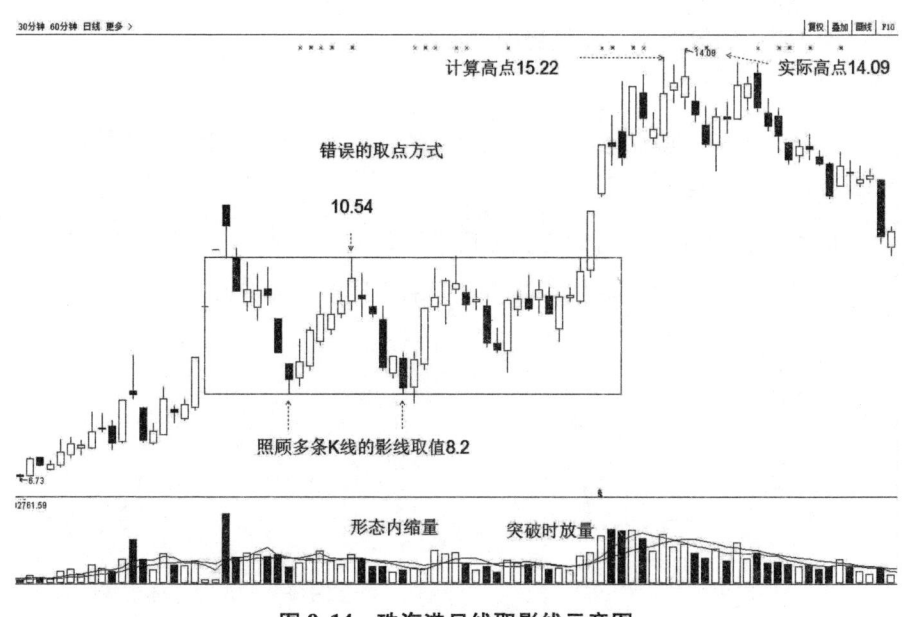

图 9.14　珠海港日线取影线示意图

175

上涨箱体——高点计算

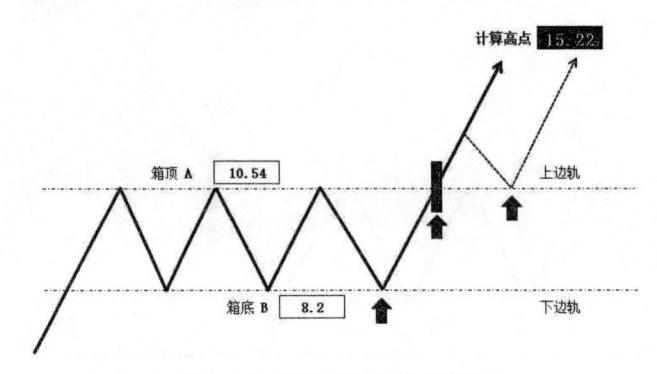

图 9.15　珠海港日线计算截图

说明
1. 箱体计算适用于各个周期，主要用于日线。这是在 AB 计算框架内的计算。
2. 上边轨为 A，下边轨为 B。计算高点取实体。至少要有三高两底，形态内缩量。
3. 在大箱体内可以做高抛低吸。
4. 买点如图所示，在上边轨买，上边轨止损，在下边轨买，下边轨止损。
5. 买突破之后的回踩更可靠。

图解：

上升箱体高点计算一定要取实体。

问 147：如何对付下跌趋势中的箱体？

答：

下跌趋势中的横盘还会下跌，跌破箱底赶紧跑；下跌时的向下突破不需要放量，遇见就跑。

1. 行情出现了上空且向下突破后市看跌。
2. 股价在箱底被大阴线或跳空低开的阴线击穿时应及时逃命。

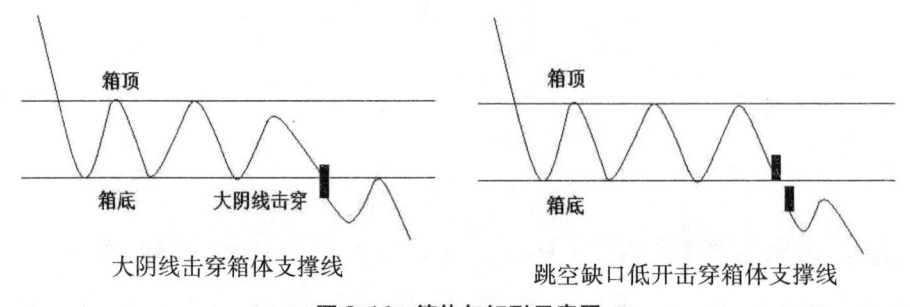

大阴线击穿箱体支撑线　　　跳空缺口低开击穿箱体支撑线

图 9.16　箱体与矩形示意图

第九章 形态的量化

问 148：计算箱体低点取值有哪些要领？

答：

1. 下跌箱体的低点计算主要用于日线，这也是在 {空间计算} 框架内的计算，如果股价已经跌到了"极限低点"，箱体的跌幅一般会跌破 {形态计算} 值。

2. 遇到了疯熊市，股价才会向下跌破箱体形态的计算低点。

3. 上边轨为 A，下边轨为 B。

4. 在计算箱体低点的时候一定要取箱体中 K 线的上下影线，这样计算出来的数值比较保守，如果取实体，计算低点有可能跌破实际值。

5. 计算箱体要找大箱体，不对矩形进行计算，另外要求这个箱体至少要走出两个高点和三个低点，并且在形态内不需要缩量。

案例一：华映科技 2017 年 7 月 27 日日线截图——下降箱体正确取点

图 9.17　华映科技日线取影线示意图

下跌箱体——低点计算

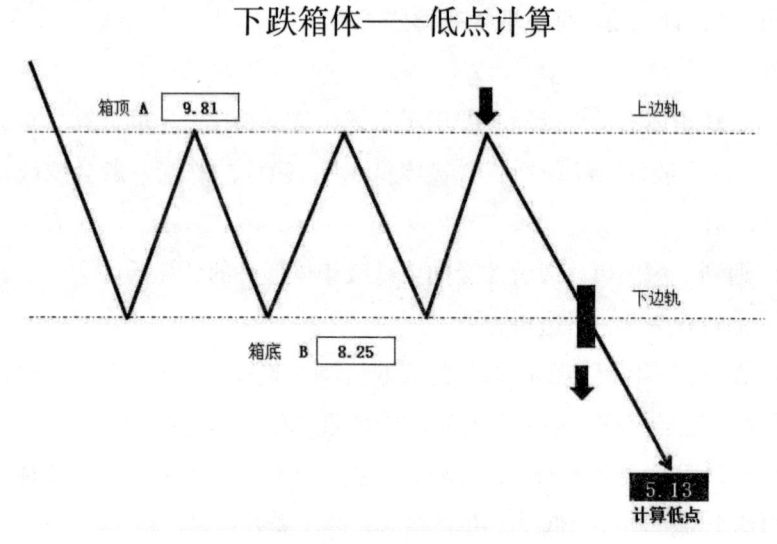

箱顶 A 9.81   上边轨

箱底 B 8.25   下边轨

5.13
计算低点

图 9.18　华映科技日线计算截图

图解：

计算低点的目的是确认买点，如果在计算低位时出现了黄金堆等买入信号就可以跟踪买入，最好的买入点依然是"有效突破"新的形态。

第三节　旗形

问 149：什么是上升旗形？

答：

上升旗形是指在单边上升趋势中的短期回调，后市趋势不变，通常出现在行情急速拉升中股价进行短暂的小幅回调，并形成一个波动密集且向下倾斜的平行四边形整理形态。

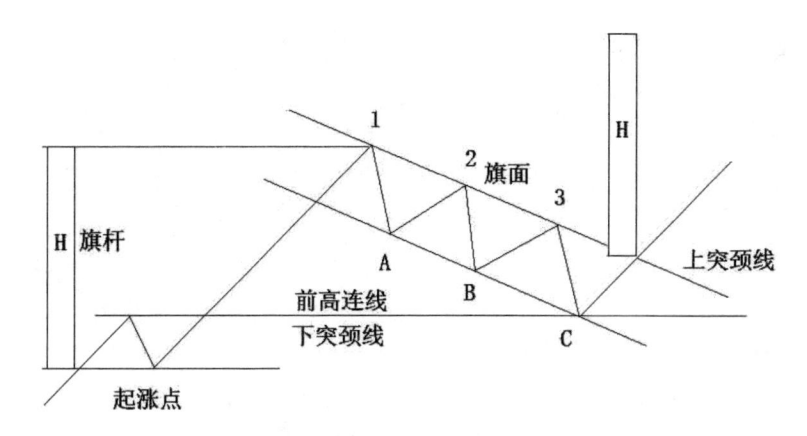

图 9.19 上升旗形示意图

问 150：上升旗形有哪些特点？

答：

1. 上升旗形出现在行情快速上涨的途中。

2. 这是股价上涨受阻后进入调整而形成的一个价格波动剧烈、狭窄、稍微向下倾斜的价格密集区。切记，不要把大起大落当成旗形。

3. 将这个价格密集区的高点和低点分别连接起来，便可以画出两条平行下斜的直线。

4. 当价格止跌并且再次向上"有效突破"前高连线时，意味着调整结束股价继续上涨，上升旗形具有中继性，一般不改变上升的趋势方向。

5. 上升旗形下跌的低点不能跌破前期平台的高点，即"上升旗形不破前高"，跌破了赶紧跑。

6. 上升旗形向下突破的颈线是前高的连线，向上突破的颈线是旗面。

7. 在上升旗形的内部要缩量，"有效突破"时要放量。

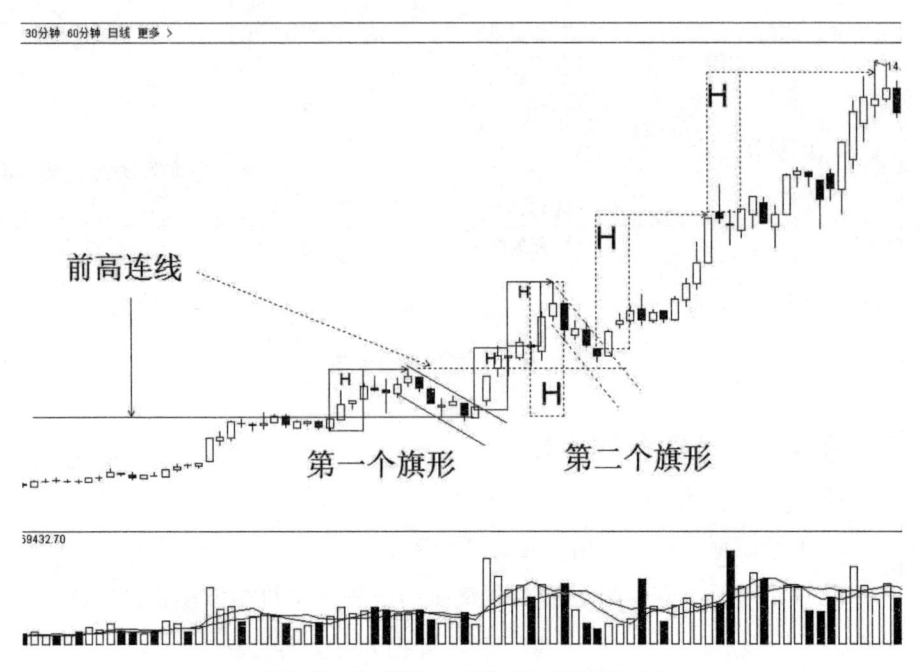

案例一：深深宝 A 2015 年 6 月 16 日日线截图——旗形

图 9.20　深深宝 A 日线 JT. 2015.06.16

图解：

1. 上下两图是在同一张图上画出来的两个上升旗形的测量方法。

2. 打开实盘仔细观察画图取点的方法，认真解读旗形的要领防止找错。

问 151：如何用上升旗形捉牛回头？

答：

研究上升旗形具有很高的实战价值，这是追击上涨中的回踩，捉"牛回头"的有效方法，其要领如下：

1. 要看好位置，上升旗形出现在底部企稳正在上涨的途中，总涨幅最好不要超过 35%，买点在向上"有效突破"上突颈线的位置，不向上突破不买。

2. 旗形整理通常在 3 周内完成，如果超过了 3 周还没有向上突破我们就主动放弃，防止它向下反转。

3. 成交量在上升旗形形成的过程中要缩量，突破旗形时成交量放大。

4. 上升旗形最佳的开仓点在旗形放量突破旗面后回踩前高水平连线的位置，这些位置一旦被确认都是买点。

5. 买上涨途中的第一个上升旗形是最安全、可靠的打法。上升旗形结束整理之后行情一般会跳空攀升，所以行内有句话是"十个旗九个跳"。

6. 买上升旗形也要三分仓，股价跌破前高连线止损。

7. 回踩的具体价格我们要使用｛浪型计算｝中的｛出击回踩｝计算出来。

问 152：如何确定上升旗形的止盈价？

答：

1. 用｛形态计算｝：取旗杆的最高价和旗杆的最低价输入计算器瞬间得到止盈价。

2. 用｛浪型计算｝中的｛跟进止盈｝和｛出击回踩｝做高抛低吸。

3. 用｛时空计算｝计算出哪一天到达最近高点的价格。

4. 用｛空间计算｝算出来总涨幅，用形态的"XT－H 测量"锁定"极限高点"，然后把数值设置到"手机预警"，如果不做高抛低吸的话，不用看盘，何时报警何时卖。

问 153：上升旗形形态计算选点有哪些要领？

答：

1. 旗形的旗杆是几乎垂直的而不能是弯的，所以找 A 点要注意找对，尽量不要下影线，要以实体低点为准。B 点要取最高点 K 线实体的最高点，这样计算出来的结果更加安全、可靠。

2. 超出了"极限高点"的计算结果无效，此时要以"极限高点"为准。

3. 上升旗形回调的低点不能跌破前高连线，跌破了就不是上升旗形了。

4. 在实战中抓"牛回头"要使用｛出击回踩｝计算出低点买入，用上升旗形｛形态计算｝算出卖点卖出。

案例一： 广宇发展 2017 年 11 月 1 日日线截图——上升旗形

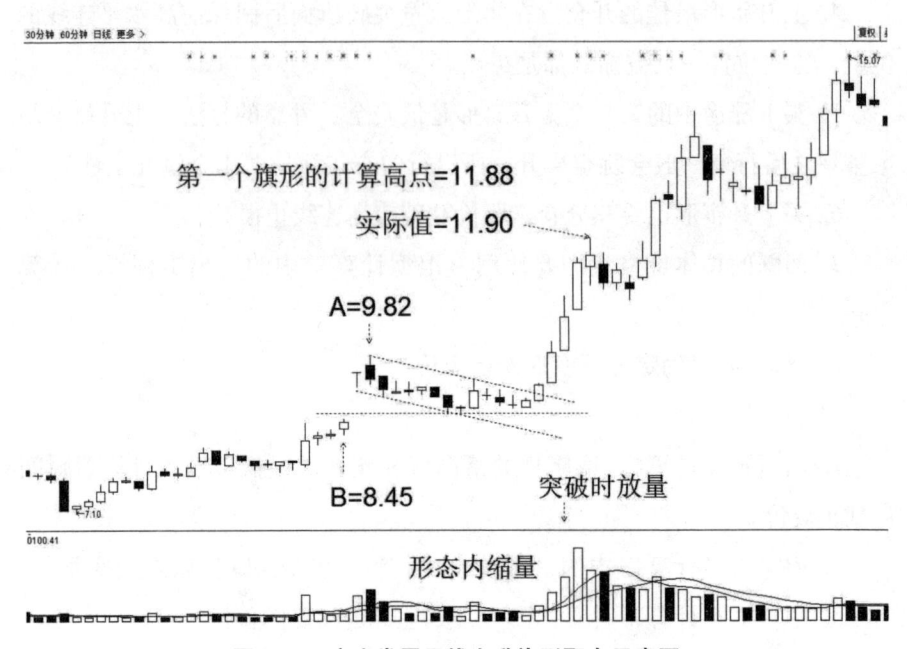

图 9.21　广宇发展日线上升旗形取点示意图

上涨旗形——高点计算

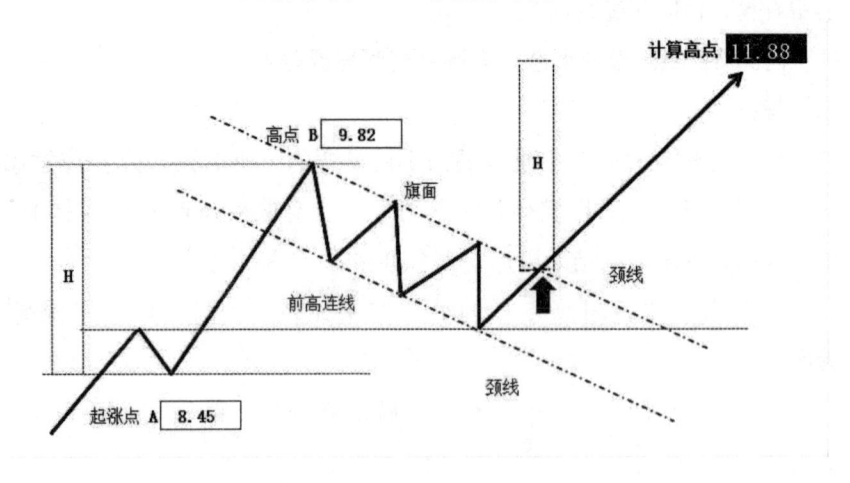

图 9.22　广宇发展日线计算截图

说明
1. 这种计算适用于各个周期，主要用于日线。
2. 这是在 AB 计算框架内的计算。

3. 上升旗形回调的低点一般不破前高连线。
4. 可以使用 H 测量对计算值进行确认。
5. A 点是旗形起涨点，旗杆要直，不要下影线。B 点是旗形最高点 K 线的实体最高点。

案例二：广宇发展 2017 年 11 月 1 日日线截图——上升旗形

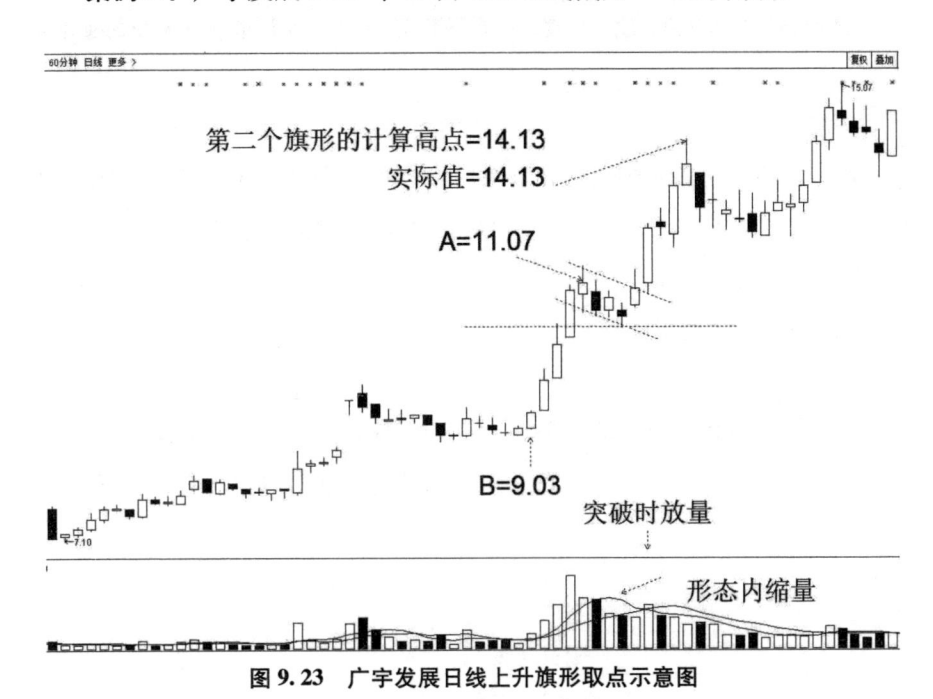

图 9.23　广宇发展日线上升旗形取点示意图

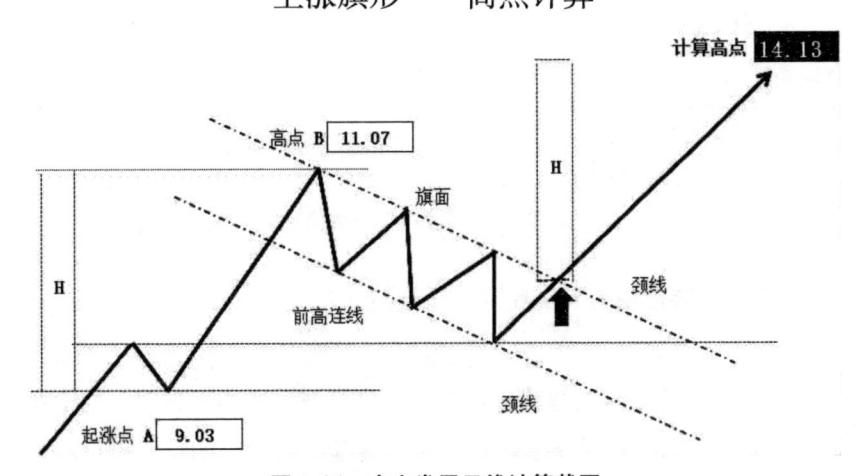

图 9.24　广宇发展日线计算截图

说明

1. 这种计算适用于各个周期，主要用于日线。
2. 这是在 AB 计算框架内的计算。
3. 上升旗形回调的低点一般不破前高连线。
4. 可以使用 H 测量对计算值进行确认。
5. A 点是旗形起涨点，旗杆要直，不要下影线。B 点是旗形最高点 K 线的实体最高点。

图解：

在图中我们可以看到后面还有第三个旗形，为什么不对第三个旗形进行计算呢？因为股价已经到达了"极限高点"，即使计算也不会再涨到 {形态计算} 的计算高点。

问 154：什么是下降旗形？

答：

下降旗形是指在下跌的趋势中形成的回抽，是短期股价形成的一个小幅反弹，后市将继续下跌。将高点和低点分别连接起来就可以画出两条向上倾斜的平行线。

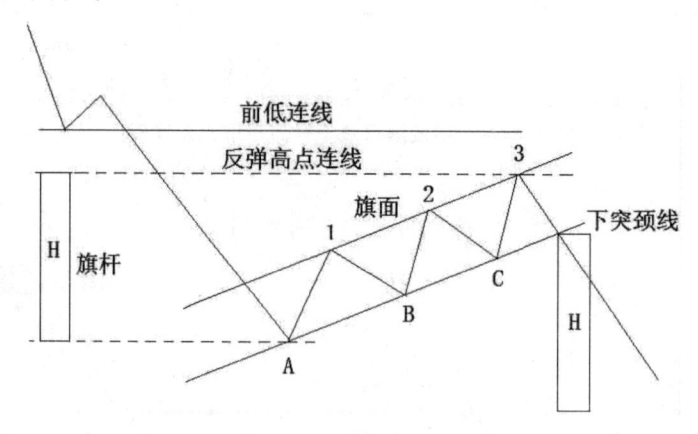

图 9.25　下降旗形示意图

问 155：下降旗形有什么特点和实战意义？

答：

1. 股价在快速下跌的趋势中形成一个价格波动剧烈、狭窄、向上倾斜的价格密集区，意味着反弹结束股价开始继续下跌。它的特点是价格波动很窄，K线都是小阴、小阳线，并且无量。符合了这些特点我们就可以断定它是下降旗形，下降旗形不改变下跌的趋势方向，见了赶紧跑，大跌在后面。

2. 我们可以通过 {浪型计算} 中的 {逃反弹顶} 计算出这个反弹的最高价，涨到这个价格一定要跑掉，行里有句话"下降旗形反抽不过前低"，就是说这个反弹的最高价不会涨过前期低点平台的连线。

3. 下降旗形的下突颈线是最后的逃命机会。

4. 下降旗形能跌多少，我们可以用 {空间计算}、{形态计算} 和"XT-H 测量"确定。

案例一： 华侨城 A 2017 年 8 月 24 日日线截图——下降旗形

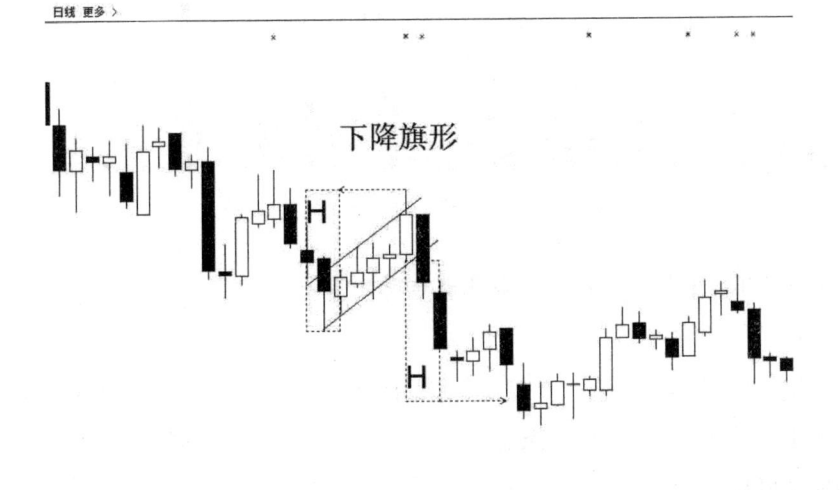

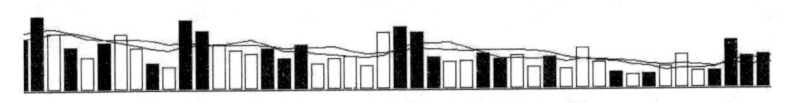

图 9.26　华侨城 A 日线 JT. 2017.08.24

案例二：北方国际 2017 年 7 月 27 日日线截图——下降旗形

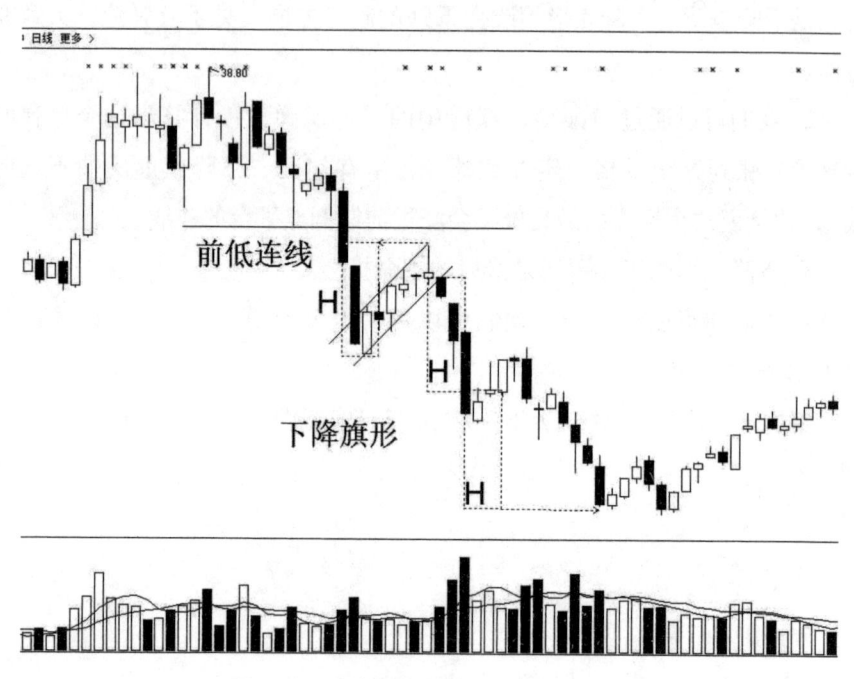

图 9.27　北方国际日线 JT. 2017. 07. 27

问 156：下降旗形形态计算选点有哪些要领？

答：

1. 旗形的旗杆要直，A 点是起跌的点位，取这根 K 线的最高点，B 是下跌旗形的最低点，A、B 点有影线都要取影线，这样计算出来的结果更加安全可靠。

2. 超出了"极限低点"的计算结果无效，此时要以"极限低点"为准。

3. 所有 {形态计算} 的结果是最近的高点或低点，都是在 {空间计算} 框架内的计算。

4. 在实战中可以用 {单边下跌} 配合确认下降旗形 {形态计算} 低点的计算结果。

第九章 形态的量化

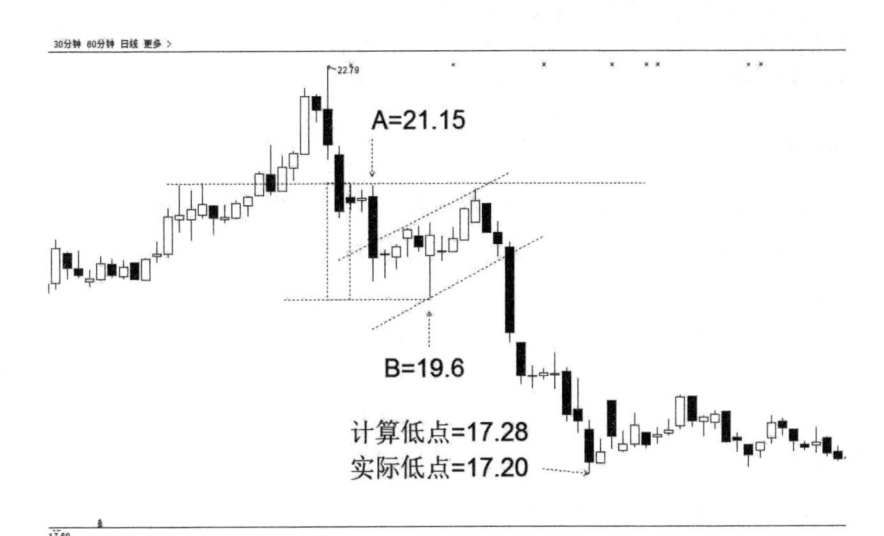

案例一： 中原环保 2017 年 9 月 2 日日线截图——下降旗形取点

图 9.28 中原环保日线下跌旗形取点示意图

下跌旗形——低点计算

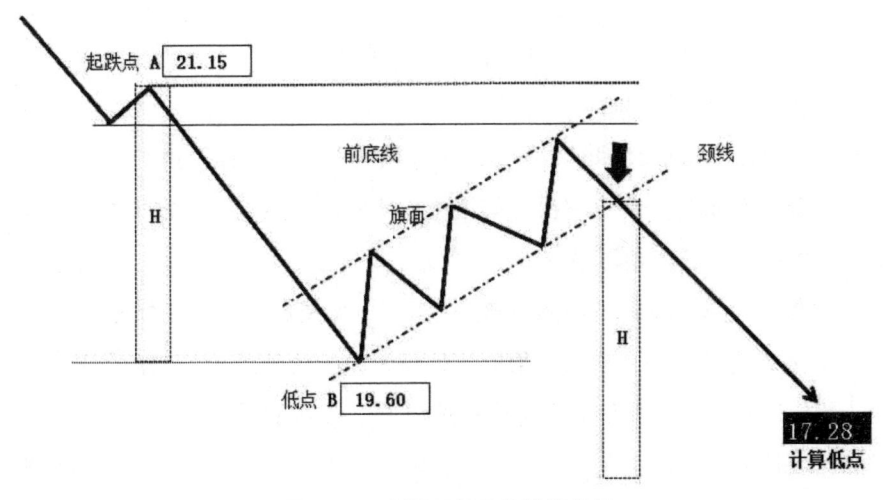

图 9.29 中原环保日线计算截图

说明：
1. 这是在 AB 计算框架内的计算，主要用在日线。
2. 下跌旗形反弹的高点一般不会涨过前低线。

187

3. 如果形态符合要求，可以使用｛逃反弹顶｝即｛反弹雷区｝进行确认计算。

4. 也可以使用 H 测量进行确认。

5. A 点是起跌的点位，取这根 K 线的最高点；B 是下跌旗形的最低点。有影线都取影线，旗杆要直。

图解：

在底部出现了下跌旗形，或者说在接近了"极限低点"出现了下跌旗形，此时用｛形态计算｝算出来的结果无效。

第四节　三角形

问 157：三角形有哪些实战意义？

答：

三角形具有很高的实战价值，是很多挣钱散户使用的一种盈利模式。三角形看似简单实则奥秘无穷。它可以出现在 K 线图的任何位置，并且出现的频率最高，因此只有准确地掌握了三角形的实战要领，才能将其驯化成挣钱工具。

1. 三角形包括：上升三角形、下降三角形、引导三角形、终结三角形、突破三角形、反对称三角形 6 种。

其中突破三角形又称渐缩三角形、收敛三角形、对称三角形。

2. 做三角形首先要看它出现的位置，从底部起涨点到涨幅 35% 之间的上升三角形或突破三角形最有价值。

3. 做三角形也要做"有效突破"，买点、止损点、止盈点都可以量化。

4. 大家之所以都喜欢做三角形，是因为它的突破点容易提前预知，例如，股价走到了上升三角形或对称三角形上下边线的交点往往就是突破的时间点。是不是一定会在这个交点上突破，会不会提前突破，我们可以查看在这个形态内是不是走完了 3 大浪 9 小浪，如果浪型走完了上涨也就开始了。然而最重要的是如果我们预判的突破时间正好赶上"月点"，那么我们就可以找到一只大牛股挣上一笔。

5. 三角形的成立要在形态内缩量，要出现"有效突破"。

问 158：什么是上升三角形？

答：

我们把震荡行情中处在同一水平线上的三个高点连成上边线，把逐步抬高的三个低点连接成一条向上倾斜的下边线，高点的水平线与低点的斜线就构成了三角形的两条边，这就是上升三角形。

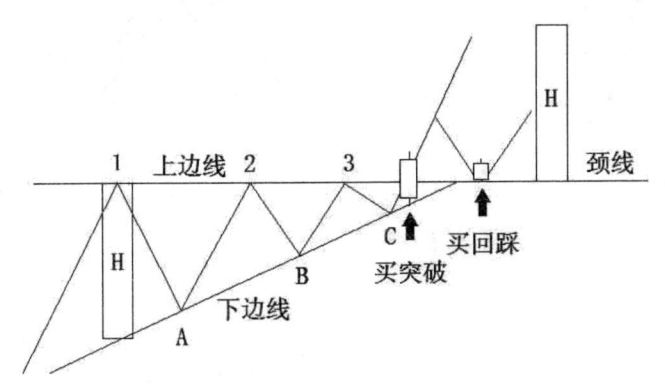

图 9.30　上升三角形示意图

问 159：上升三角形有哪些特点及要领？

答：

1. 价格向上"有效突破"颈线时上升三角形整理结束。

2. 股价向上"有效突破"颈线时是第一个买点，当股价回踩颈线时是第二个买点，股价没有"有效突破"不买。

3. 只要股价跌破了颈线就止损。

4. 上升三角形的止盈价我们可以通过｛形态计算｝、｛空间计算｝、"XT-H 测量"等方法得到。测量时我们以三角形内最高的点到下边线的垂直高度做为 H，以上边线为起点向上测量。

5. 当股价跌破了向上漂移后的上边线时也要止盈。

6. 只要上升三角形出现的位置对，它就具有中继性，不改变趋势的方向。

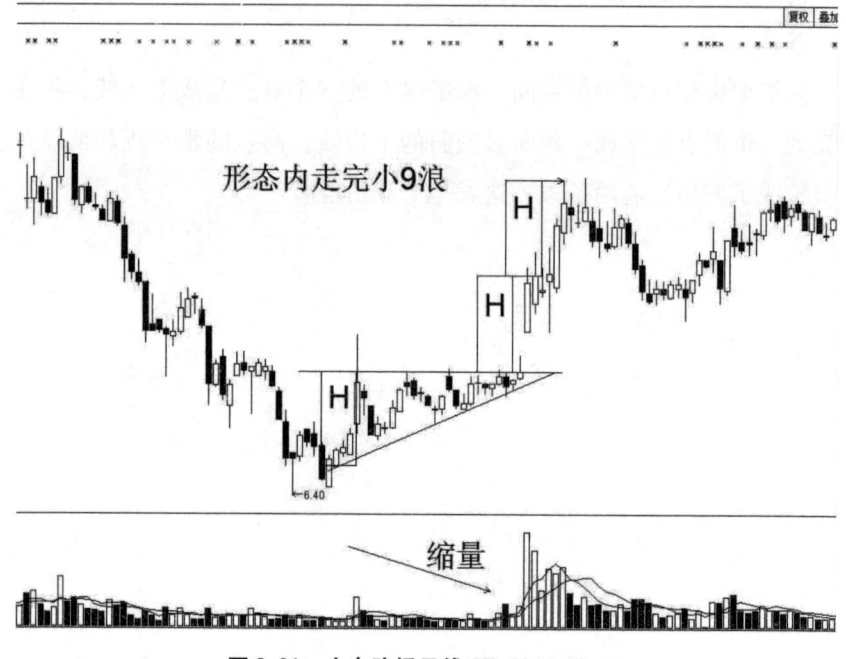

案例一：山东路桥 2017 年 8 月 27 日日线截图——上升三角形

图 9.31　山东路桥日线 JT. 2017. 08. 27

图解：

1. 画图时照顾大多数 K 线。

2. 找 H 要从形态内最高的 K 线往下画 H，画到下边线的交汇点上，不是前低的点位。

3. 进行 {形态计算} 的时候要找前低的最低价，不是旗杆的最低价。

问 160：上升三角形形态计算选点有哪些要领？

答：

1. 上升三角形计算适用于各个周期，主要用于日线。

2. 上升三角形即将走完之后先找到 B 点，然后向下找到与下边轨的交叉点，这个交叉点就是 A 点，C 点是"有效突破"上边轨阳线的最高点。

3. 买点在突破颈线和回踩颈线的点位，买回踩更安全，买入后如果收盘价跌破了颈线要止损，买低位的上升三角形更好。

4. 在上升三角形即将形成的时候注意抢月点股。

第九章　形态的量化

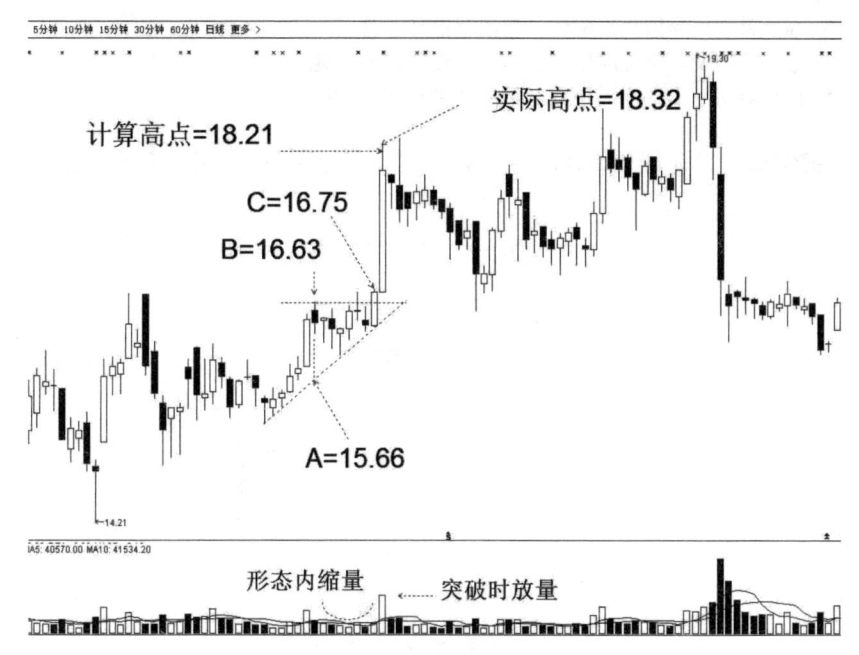

案例一： 金鸿控股 2017 年 9 月 11 日日线截图——上升三角形取点

图 9.32　金鸿控股日线上升三角形取点示意图

上升三角形——高点计算

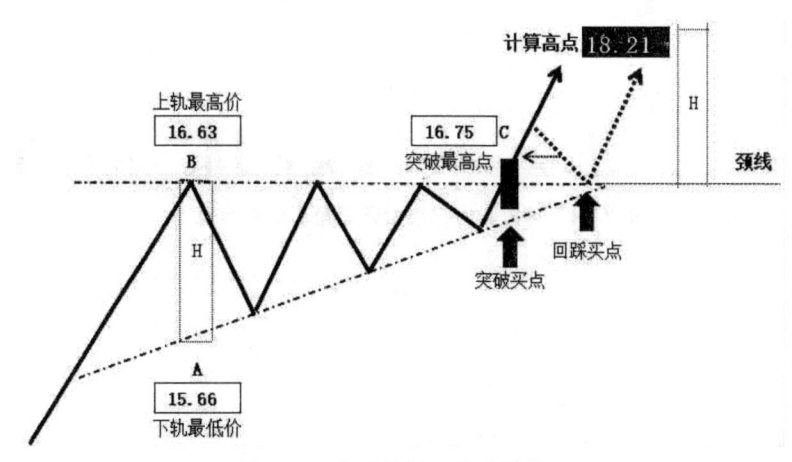

图 9.33　金鸿控股日线计算截图

说明：

1. 上升三角形即将走完之后，先找到 B 点，然后向下找到与下边轨的交叉点即 A 点。C 点是有效突破上边轨阳线的最高点。

191

2. 买突破颈线和回踩颈线，买回踩更安全。买入后如果收盘价跌破了颈线要止损。买低位的上升三角形更好。

3. 在上升三角形即将形成的时候注意抢月点股。

4. 形态内缩量，突破时放量，形态内要走完小 9 浪。

5. 该计算适用于各个周期的 K 线，主要用于日线图。

案例二： 锌业股份 2017 年 9 月 8 日日线截图——上升三角形取点

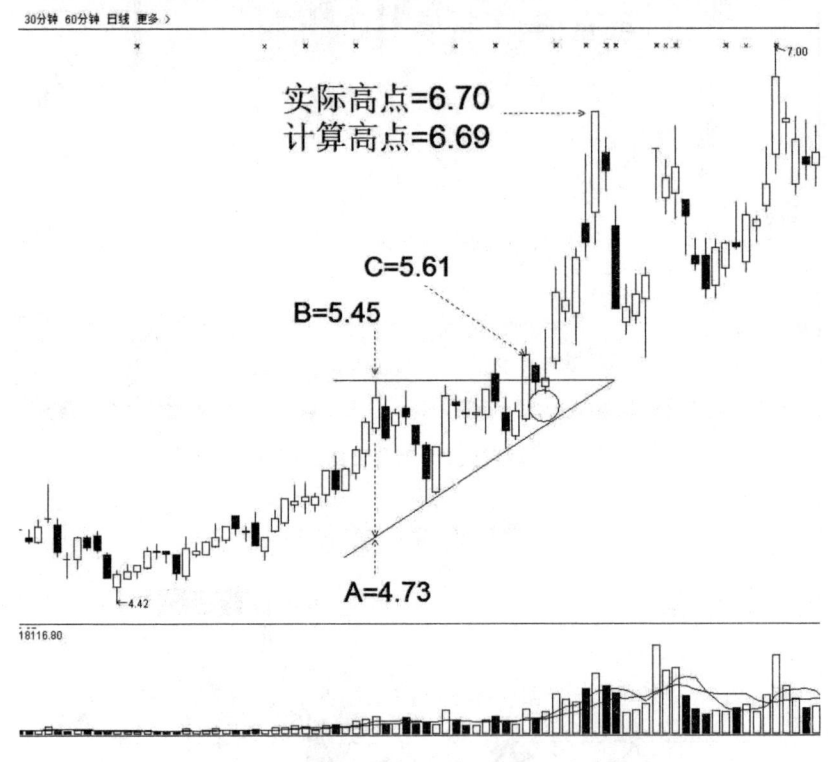

图 9.34　锌业股份日线上升三角形取点示意图

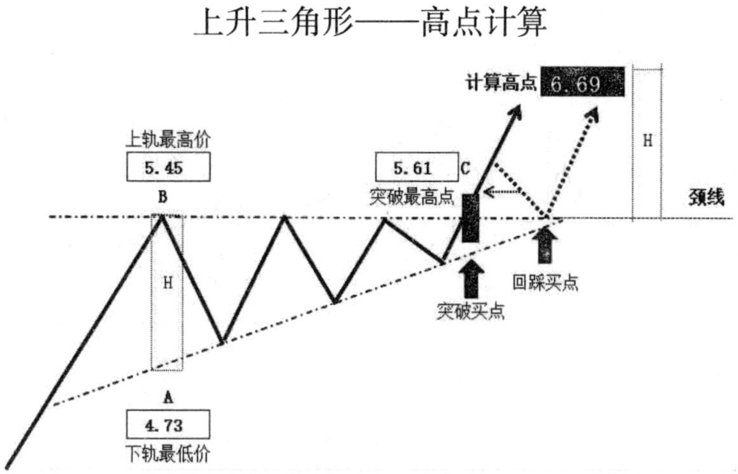

上升三角形——高点计算

图 9.35 锌业股份日线计算截图

说明：

1. 上升三角形即将走完之后，先找到 B 点，然后向下找到与下边轨的交叉点即 A 点，C 点是有效突破上边轨阳线的最高点。
2. 买突破颈线和回踩颈线，买回踩更安全。买入后如果收盘价跌破了颈线要止损。买低位的上升三角形更好。
3. 在上升三角形即将形成的时候注意抢月点股。
4. 形态内缩量，突破时放量，形态内要走完小 9 浪。
5. 该计算适用于各个周期的 K 线，主要用于日线图。

图解：

上升三角形高点计算的结果与｛双低高点｝计算的结果十分接近，在实战中可以用这两种计算相互验证，找到最保守的数值止盈。

问 161：什么是下降三角形？

答：

我们把震荡行情中逐步降低的三个高点连成一条向下倾斜的上边线，把处在同一水平线上的三个低点连成下边线，高点的斜线与低点的水平线构成一个三角形的两边，这就是下降三角形。

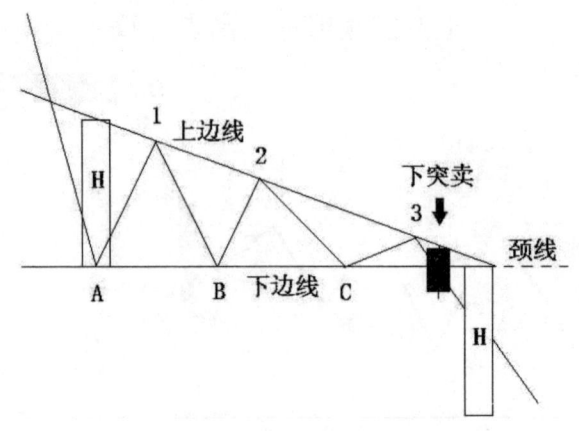

图 9.36　下降三角形示意图

问 162：下降三角形有哪些实战意义？

答：

1. 价格突破了颈线会快速下跌，千万不要心存侥幸，遇见赶紧跑。

2. 确定下降三角形下跌的最低点我们可以通过 ｛形态计算｝、｛空间计算｝结合"XT-H 测量"得出。

3. 测量时我们以下降三角形最前面的最低点向上画到上边线的交汇处为 H，以颈线为起点向下测量。

案例一： 德展健康 2017 年 5 月 22 日日线截图——下降三角形取点

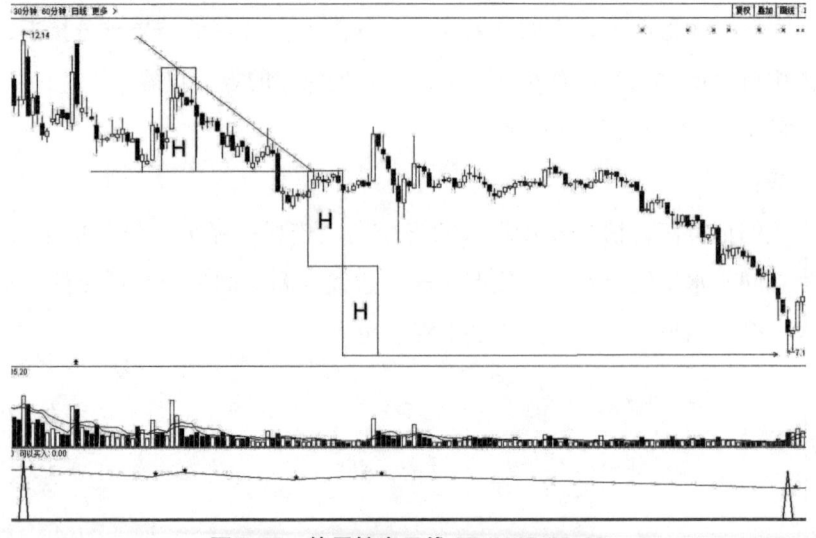

图 9.37　德展健康日线 JT. 2017. 05. 22

第九章 形态的量化

问 163：下降三角形形态计算选点有哪些要领？

答：

1. 下降三角形适用于各个周期，主要用于日线图。

2. 在即将走完下降三角形之后，先找到 A 点，然后向上找 B 点，B 点不一定是与上边轨的交叉点，而是在下跌三角形形态内开始下跌的那根 K 线的最高价，C 点是跌破颈线的那根 K 线的最低价。

3. 在"极限高点"之后出现了下跌三角形反弹到上边轨、跌破颈线、回抽颈线都是卖点。计算低点出现之后不一定就要买，要找到符合要求的买点买入，因为 {形态计算} 算出来的数值只是最近的低点。

4. 在下降三角形的形态内不一定缩量。

案例一： 天保基建 2017 年 7 月 28 日日线截图——下降三角形取点

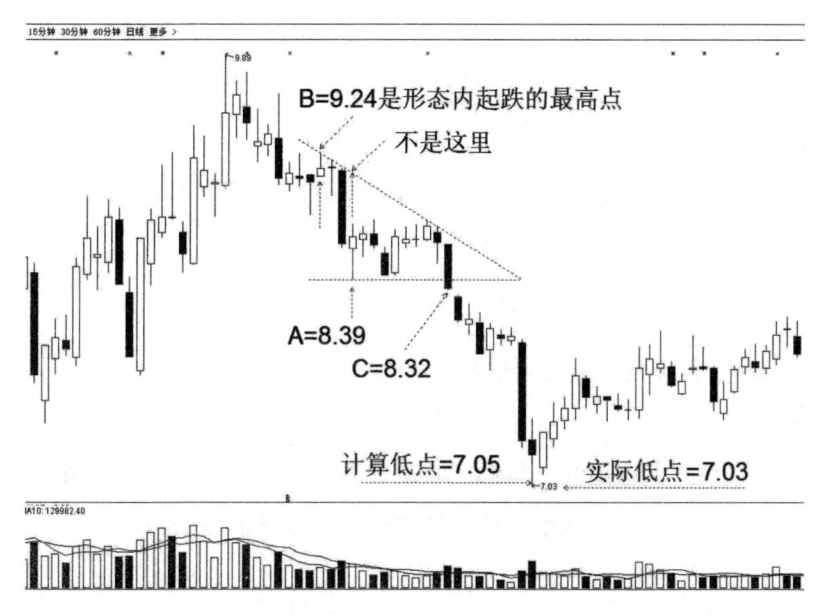

图 9.38　天保基建日线下降三角形取点示意图

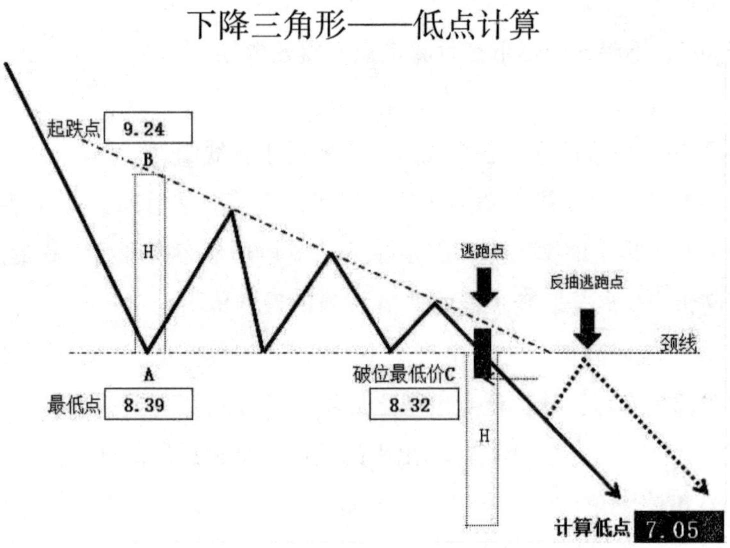

下降三角形——低点计算

图 9.39　天保基建日线计算截图

说明：

1. 即将走完下降三角形之后，一定要找对点，先找到 A 点，然后向上找 B 点，B 点是三角形形态内起跌的最高点。

2. C 点是跌破颈线的那根 K 线的最低价。

3. 高位出现下跌三角形反弹到上边轨、跌破颈线、回抽颈线都是卖点。计算低点出现之后不一定就要买。

4. 形态内不一定缩量。

5. 适用于各个周期的 K 线图，主要用于日线图。

问 164：什么是突破三角形？

答：

突破三角形又称渐缩三角形、收敛三角形、对称三角形，是指价格在上涨或下跌的过程中出现了震荡整理的态势，形成了多个高点和低点（包括影线），高点逐渐下降，低点逐渐抬高，我们将高点相连画出向一条下斜线，将低点相连画出一条上倾线，这就是突破三角形。突破三角形有如下特点：

1. 底部抬高、顶部压低。

2. 突破三角形具有中继性，一般不改变原来趋势的方向。

3. 下有下空、上有上空的突破三角形续航的力度更大。

4. 股价向上突破时上边线是颈线，股价向下突破时下边线是颈线。

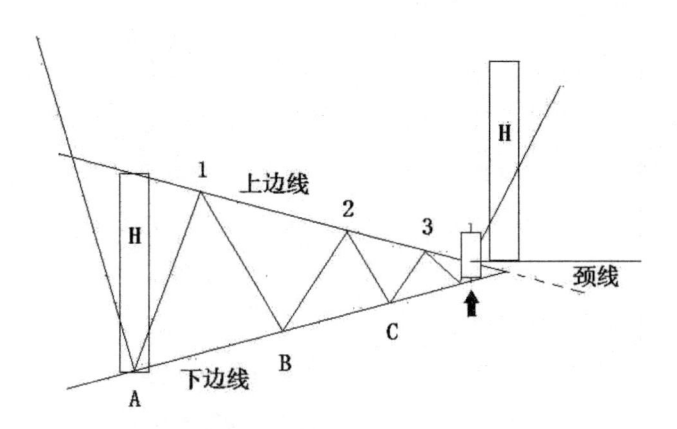

图 9.40　上升突破三角形示意图

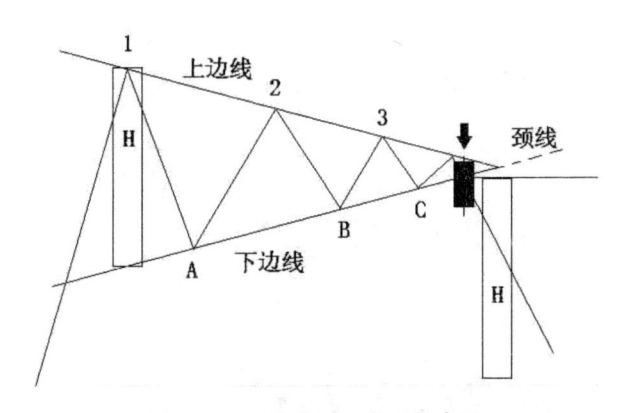

图 9.41　下降突破三角形示意图

问 165：怎样对突破三角形进行量化？

答：

突破三角形具有较高的实战价值，可以进行量化。

第一，突破三角形的第一个买点在走完下跌小 8 浪的终点，第二个买点在向上"有效突破"上边线 3% 的点位，第三个买点在回踩上边线的位置。

第二，突破三角形未来的走势有两种，一个是向上"有效突破"，一个是向下突破，因此也就有两种止损点：

1. 向上突破三角形遇到不测也会失败，它的止损点在跌破上边线的位置。

2. 向下突破三角形的止损点在跌破下边线的位置。

在实战中切不可操刀过急，假如在没有等到向上"有效突破"的时候就买了，要小心股价不能跌破下边线，跌破了赶紧跑。如果后续上升了几个 H 的高度，只要跌破了新的下边线都要赶紧跑，切不要心存侥幸。

第三，我们可以通过 {空间计算}、{形态计算} 和 "XT-H 测量" 的方法确定突破三角形的止盈价。

针对突破三角形还可以通过画等高平行线的方法进行测量，即以突破三角形的高点或低点为起点，画向上或向下的等高平行线。

切记：画突破三角形上下边线、画 H、画平等高行线的时候包括上下影线。

案例一： 华意压缩 2016 年 10 月 12 日日线截图——突破三角形 H 测量

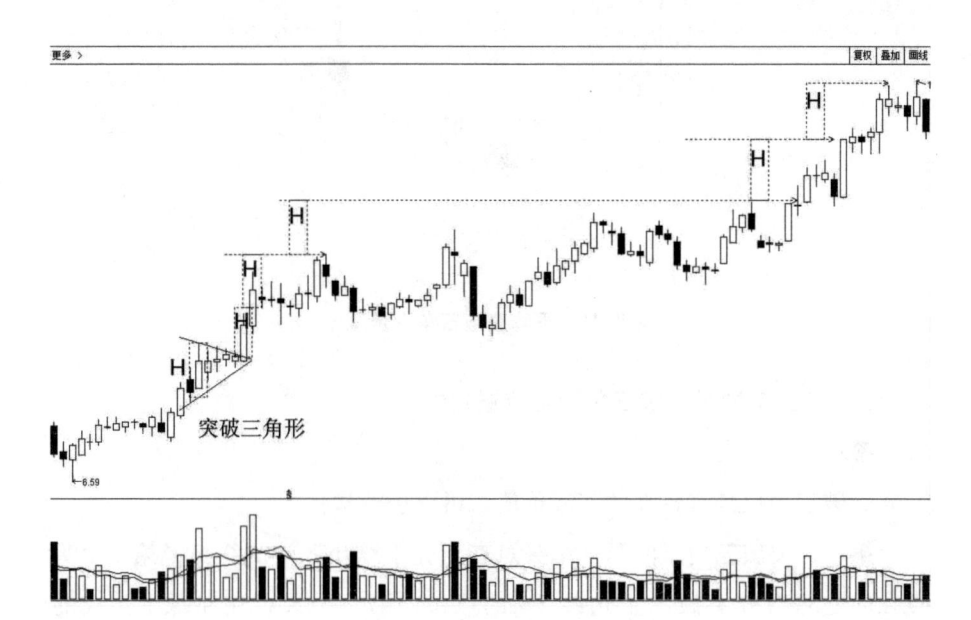

图 9.42　华意压缩日线 JT. 2016. 10. 12

案例二：华意压缩 2016 年 10 月 12 日日线截图——突破三角形平行测量

图 9.43 华意压缩日线 JT. 2016. 10. 12

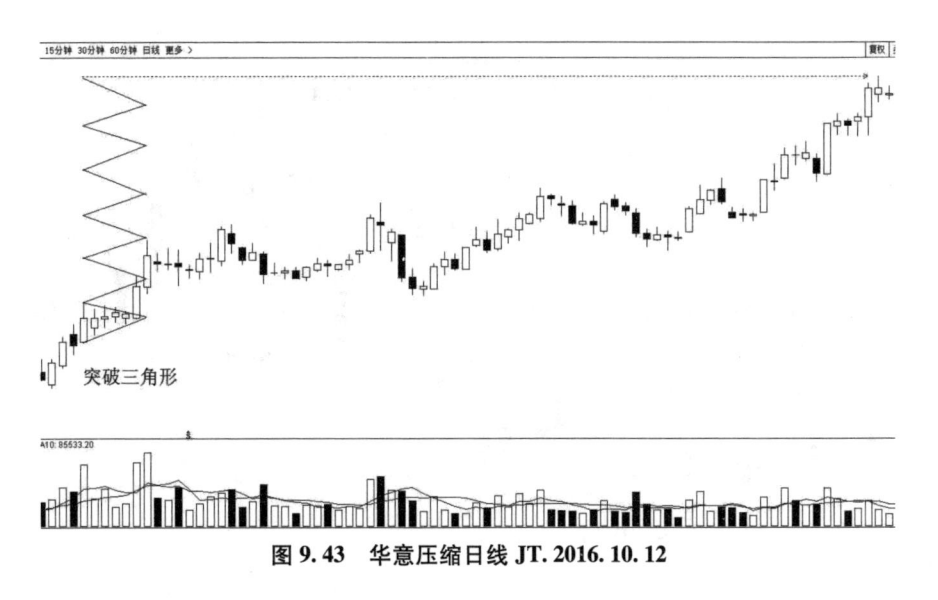

图解：

1. 以上两图是同一张图，上图使用的是"XT-H 测量"，下图是平行线测量。

2. 用平行线测量的好处是：新画出来的上下颈线可以向后平移，紧跟着 K 线走，由于新的颈线不断抬高，也就可以及时跟进止盈，但往往会丢掉后期的涨幅，所以我们要使用 {空间计算} 找到测量和计算结果的吻合点止盈。

3. 期间我们也可以使用 {形态计算} 或 {浪型计算} 和 {时空计算} 躲避回调。

问 166：上升突破三角形形态计算选点要领？

答：

1. 上升突破三角形可以看作变形的上升三角形。

2. 计算上升突破三角形的高点使用上升三角形计算公式，取点的方式与上升三角形一致。

3. 上升突破三角形取实体。

案例一： 海特高新 2017 年 10 月 3 日日线截图——上升突破三角形取点

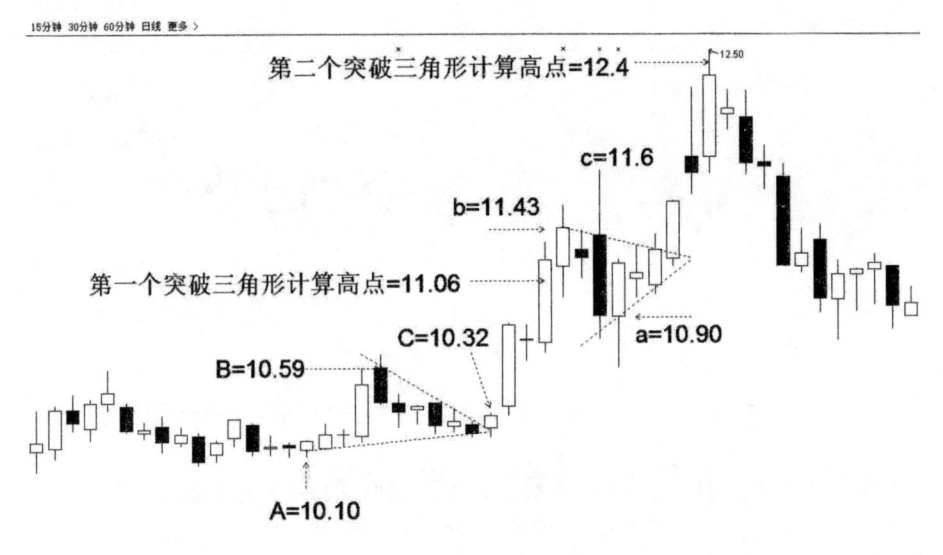

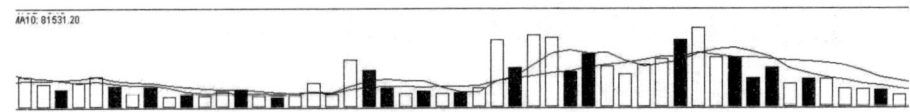

图 9.44　海特高新日线上升突破三角形取点示意图

上升三角形——高点计算

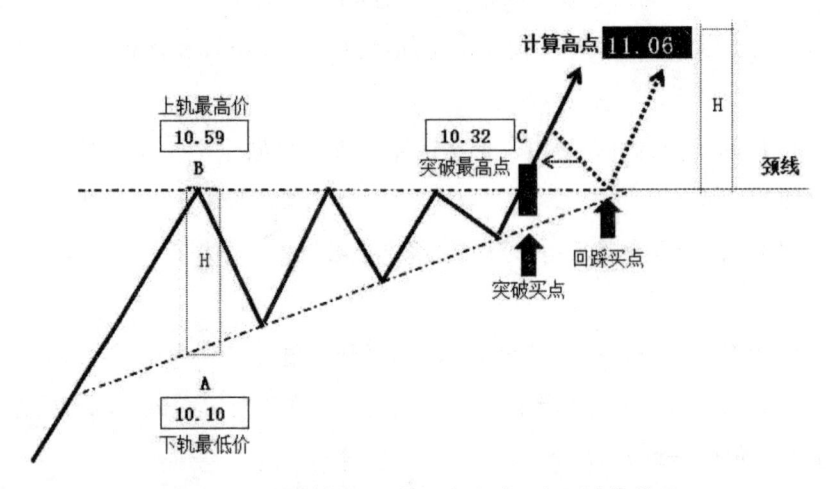

图 9.45　海特高新日线第一个突破三角形计算截图

第九章 形态的量化

说明：

1. 上升三角形即将走完之后，先找到 B 点，然后向下找到与下边轨的交叉点即 A 点，C 点是有效突破上边轨阳线的最高点。

2. 买突破颈线和回踩颈线，买回踩更安全。买入后如果收盘价跌破了颈线要止损。买低位的上升三角形更好。

3. 在上升三角形即将形成的时候注意抢月点股。

4. 形态内缩量，突破时放量，形态内要走完小 9 浪。

5. 该计算适用于各个周期的 K 线，主要用于日线图。

上升三角形——高点计算

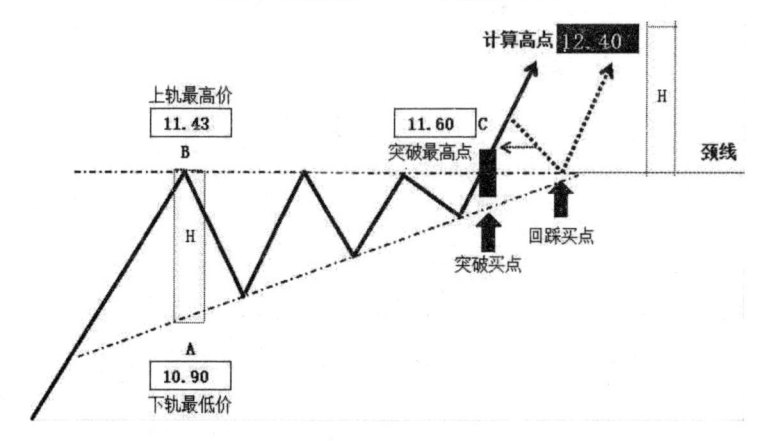

图 9.46 海特高新日线第二个突破三角形计算截图

说明：

1. 上升三角形即将走完之后，先找到 B 点，然后向下找到与下边轨的交叉点即 A 点，C 点是有效突破上边轨阳线的最高点。

2. 买突破颈线和回踩颈线，买回踩更安全。买入后如果收盘价跌破了颈线要止损。买低位的上升三角形更好。

3. 在上升三角形即将形成的时候注意抢月点股。

4. 形态内缩量，突破时放量，形态内要走完小 9 浪。

5. 该计算适用于各个周期的 K 线，主要用于日线图。

图解：

上升突破三角形取实体，计算出来的结果才能安全、可靠。

问 167：下降突破三角形形态计算选点有哪些要领？

答：

1. 下降突破三角形可以看作变形的下降三角形。

2. 计算下降突破三角形的低点使用下降三角形计算公式，取点的方式与下降三角形一致。

3. 下跌突破三角形取影线。

案例一： 闽东电力 2017 年 7 月 5 日日线截图——下降突破三角形取点

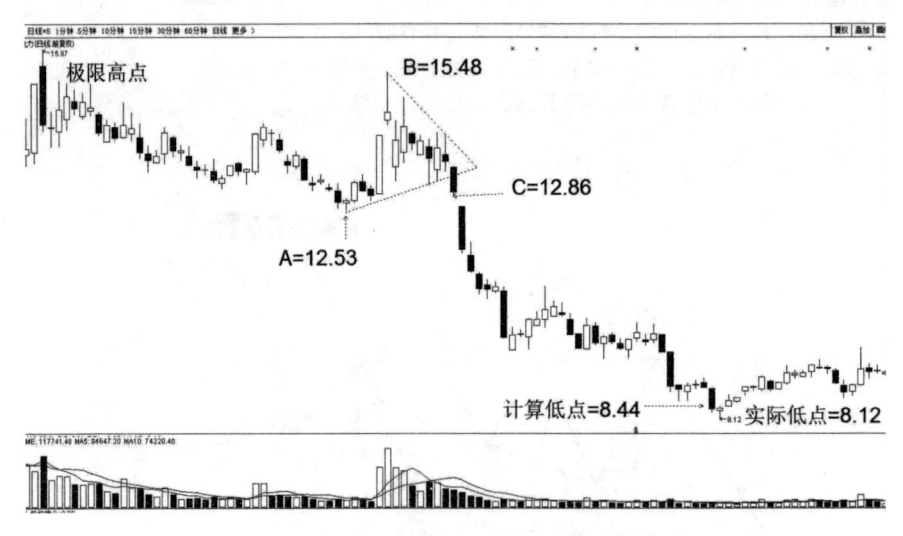

图 9.47　闽东电力日线下降突破三角形取点示意图

下降三角形——低点计算

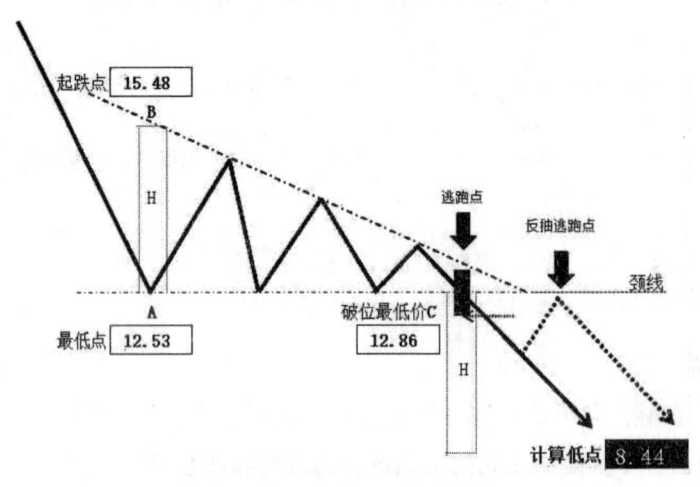

图 9.48　闽东电力日线计算截图

说明：

1. 即将走完下降三角形之后，一定要找对点，先找到 A 点，然后向上找 B 点，B 点是三角形形态内起跌的最高点。

第九章 形态的量化

2. C 点是跌破颈线的那根 K 线的最低价。
3. 高位出现下跌三角形反弹到上边轨、跌破颈线、回抽颈线都是卖点。计算低点出现之后不一定就要买。
4. 形态内不一定缩量。
5. 适用于各个周期的 K 线图，主要用于日线图。

图解：

下跌突破三角形取影线，计算出来的结果才能安全可靠。

第五节　N 字形

问 168：N 字形有哪些实战意义？

答：

在实战中常常会见到 N 字形行情走势，N 字形分为正 N 字形（上升 N 字形）和倒 N 字形（下跌 N 字形）两种。

案例一： 小天鹅 A2017 年 7 月 26 日日线截图——N 字形

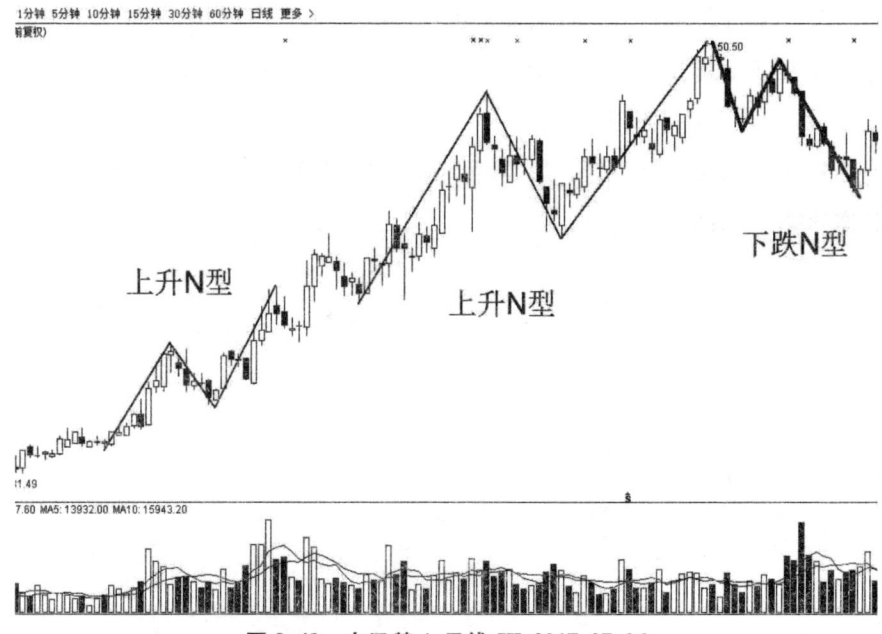

图 9.49　小天鹅 A 日线 JT. 2017.07.26

1. N 字形一般也是中继性形态。

2. 判断行情会不会走出 N 字形，关键要看接下来起涨或下跌的角度，角度基本一样未来才有可能走出 N 字形。

3. 画 N 字形的时候应尽量照顾大多数 K 线，沿着 K 线的走势大致画出来直线就好，不必苛求每根 K 线都沿着直线走。

4. 确定正 N 的高点和倒 N 的低点，最好使用｛时空计算｝，因为这种走势的时间周期短，计算的结果非常精确，并且能算出哪一天能到达计算高点。

5. 使用｛形态计算｝和｛浪型计算｝中的｛出击回踩｝、｛双底高点｝能够把握每一个高点和低点。另外，使用计算的方法对付它，不用管它后期会不会走成 N 字形。

6. 严格地说 N 字形不属于形态，因此，也就没有颈线和突破。

问 169：上升 N 字形形态计算选点有哪些要领？

答：

1. 该计算适用于各个周期，主要用于日线图。

2. 以保守的取点方式取实体，也可以取影线。

3. 到了计算高点一定就要卖出，至少要减仓，要看这里是不是"黄金出货价"，是不是"极限高点"。

4. 上涨段越平行越好，形态越准确计算越精确。使用｛上涨时空｝计算 N 字形更加精准。

案例一： 苏宁云商 2017 年 11 月 7 日日线截图——上升 N 字形取点

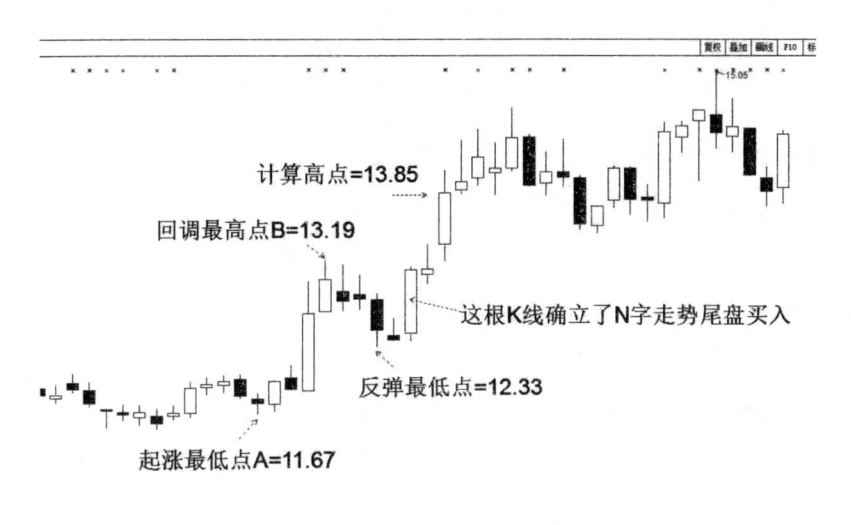

图 9.50　苏宁云商日线上升 N 字形取点示意图

上升 N 字形——高点计算

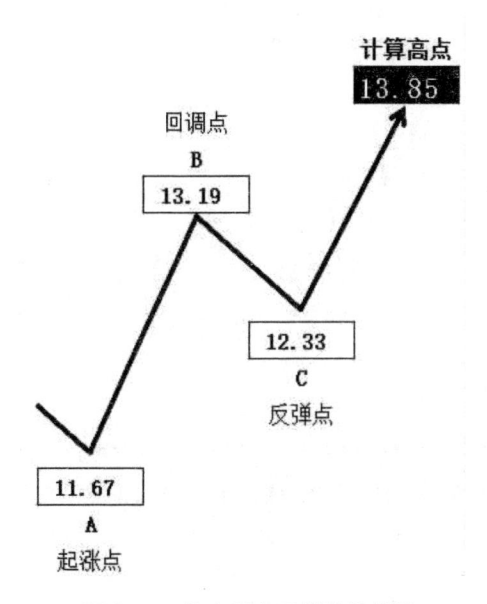

图 9.51　苏宁云商日线计算截图

说明：

1. 上涨段越平行越好，形态越准确计算越精确。
2. 该计算适用于各个周期的K线图，主要用于日线图。
3. 到了计算高点一定就要卖出，至少要减仓。要看这里是不是黄金出货价，是不是极限高点。
4. 严格地说N字形不属于形态。
5. A、B、C取点时取影线，保守计算取实体。

问170：下跌N字形形态计算选点有哪些要领？

答：

1. 该计算适用于各个周期，主要用于日线图。
2. 以保守的取点方式取影线，也可以取实体。
3. 下跌段越平行越好，形态越准确计算越精确。使用{下跌时空}计算N字形更加精准。

案例一：神州长城2017年11月7日日线截图——下降N字形取点

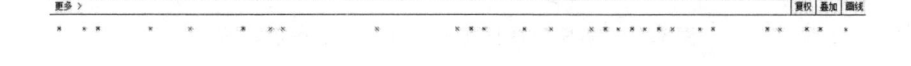

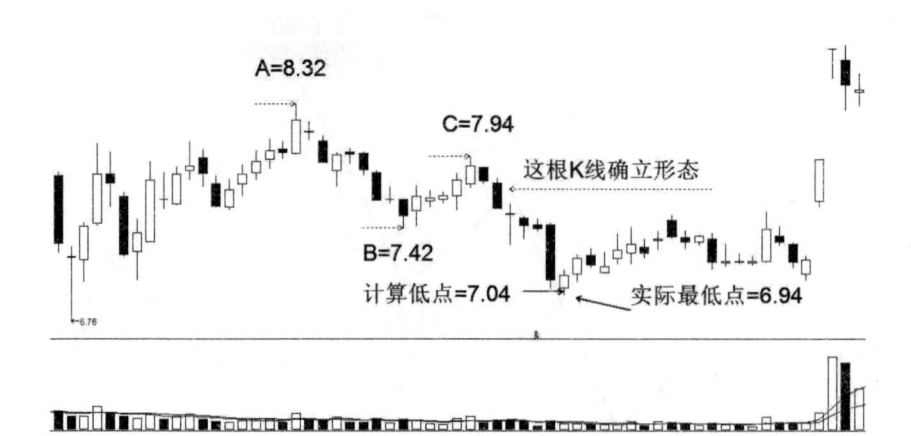

图9.52　神州长城日线下跌N字形取点示意图

下跌 N 字形——低点计算

起跌点最高价
A
8.32

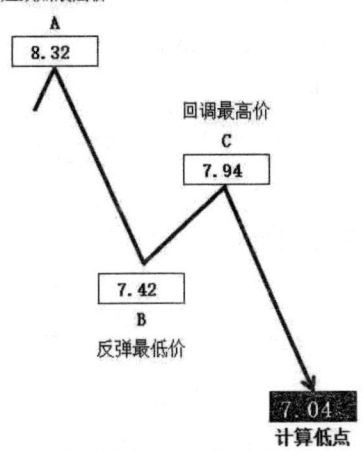

回调最高价
C
7.94

7.42
B
反弹最低价

7.04
计算低点

图 9.53 神州长城日线计算截图

说明
1. 下跌段越平行越好。
2. A、B、C 取点时取影线更安全。
3. 计算低点出现之后不一定就要买。
4. N 字形不属于形态。
5. 该计算适用于各个周期,主要用于日线图。

第六节 弧形

问 171:什么是弧形?

答:

弧形是指由多根 K 线组成的带有弧度的一段行情。弧形是一种常见的形态,且具有很高的利用价值。

第一,根据弧形顺势凸起的方向,弧形分为正弧形和反弧形。

1. 顺着趋势方向形成的弧形为正弧形。例如,趋势向上,形成了向上凸起的弧,再如趋势向下,形成了向下凹的弧都叫正弧形。

2. 逆着趋势方向形成的弧形为反弧形。例如,趋势向上,形成了向下凹的弧，趋势向下，形成了向上凸的弧，二者都叫反弧形。

第二，弧形讲究左右对称。

第三，弧形通常出现在顶部或底部，因此又分为底部弧形和顶部弧形。弧形可以改变趋势方向。

第四，弧形包括顶部正弧形、顶部反弧形、底部正弧形和底部反弧形四种。

问172：为什么会形成弧形？

答：

国家对机构实行了"双20限制"，这样机构或私募就要多家联手同时操作某只个股才能控盘。在出货或建仓的时候必须密切配合，有人护盘、有人建仓、有人出货，为了实现收益平衡他们就会在某一个时段将股价的振幅控制在一定的范围内，这样就出现了弧形的颈线，弧形的颈线具有这样特殊的含义。

由此我们就应该明白弧形的颈线非常重要，有人称顶部的颈线为"生命线""颈线大于天"，因此在顶部一旦股价跌破了弧形的颈线我们一定要果断出局。

问173：怎样画弧形的颈线？

答：

弧形的颈线有两种画法：

1. 如果在弧形中K线的振幅较大，就以弧内K线实体的最低点或最高点为准画一条连接第一和第二个实体低点或高点的水平线，后面的低点或高点应该落在这条水平线上，究竟取高点还是低点要看是正弧还是反弧。

2. 如果弧内都是顺滑的小K线，看不出来哪根K实体的高点有什么不一样，我们就取这个弧垂直高度的1/2画出水平线做为颈线。这种情况只会出现在底部弧形中。

问174：顶部正弧形有哪些特点？

答：

顶部正弧形是由多个震荡高点组成的左右对称的凸起圆弧形，是顶部的构成。

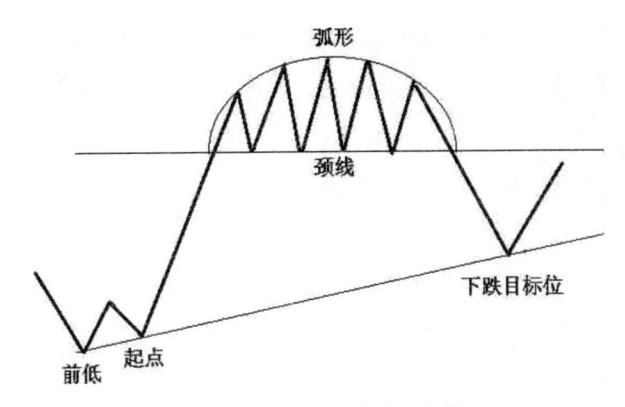

图 9.54 顶部正弧形示意图

1. 顶部正弧形是由多个"包括上影线的小顶"组成的弧形，它以中间的最高点为中心左右对称。

2. 股价一旦跌破颈线就会展开下跌行情。

3. 在顶部正弧形内的震荡期间，如果成交量放大说明机构正在出货。

问 175：如何用顶部正弧形逃顶和测底？

答：

顶部正弧形具有逃顶和测底双重功能。我们使用这些功能加上计算、测量很容易卖在高点、买在低点。

第一，逃顶功能：

1. 股价运行到了高位，我们要看一看是否已经走出来了半个弧，如果是，我们就用"区间统计"测量一下在这半个弧中的"区间换手"，如果超过了50%我们就赶紧跑。

2. 当股价经过了一轮上涨在几根 K 线中反复出现上涨、回调、上涨、创新高、回调、上涨，就这样反反复复大幅震荡大 K 线，并且回调的实体低点都落在了同一条水平线上的时候，说明顶部正弧形正在形成，如果后市股价向下跌破了颈线，不要心存侥幸，遇见了赶紧跑。

第二，测底功能：

当顶部正弧形走完之后，我们就可以测量股价未来下跌的目标位，提前做好"手机预警"，逮住机会做它一把。

1. 我们从"前低"和启动主升浪形的"启动点"画一条射线，那么它未来下跌的目标价就在这条射线上。

2. 如果这条射线跑到了弧形颈线的内部，说明我们找到的点不对，我们要重新选择"前低"或"启动点"。

问176：顶部正弧形有哪些玄机？

答：

1. 如果股价跌破了顶部正弧形的颈线一般要展开暴跌，做手这样做的目的是快速锁住套牢盘，因为做手明白散户一般心存侥幸，希望再次走高时再卖。再者股价跌得越猛，散户的损失越大，损失越大越舍不得卖，锁定套牢盘也就成功了。

那么做手为什么要把散户的筹码锁在高位呢？因为做手要出货兑现盈利，他要把高价货卖给散户，然后快速打低股价，让散户在底部割肉。机构挣的钱就是散户赔的钱，筹码就那么多，如果散户在高位都卖了，打低股价也就没意义了。

机构在高位甩不完高价货，没有理由打压，做手会想办法让散户接盘，如果在高位散户都跑了，机构的高价货就没人要了，机构就赔了。只要机构卖完了高价货，他们就必然会打压，不打压下来就买不到廉价筹码，后期就不好玩了。

2. 股价常常以大阴线或向下的跳空缺口跌破颈线，不给散户逃跑的机会。

3. 历史会重演但不是简单的重复，如果这只股票背后的做手爱用这一招，那么以后他还会用这一招，判断是不是顶部正弧形、是不是能在射线上止跌，可以看看以往的走势，一般来说这条射线对以后也有支撑作用。

4. 顶部正弧形形态的大小与下跌的深度成正比，即所谓"前期涨得猛，后期跌得猛"，不要以为机构让股价猛跌会造成自身损失。其实，机构在底部几乎每天都在高抛低吸，他们在底部就获利了，拉高出货之后留点筹码专门砸盘，是为了打低股价再做一把。

5. 做顶时间越长说明机构出货的时间越长，顶部振幅越大说明出货的力度越大，未来下跌的幅度也越大。

6. 机构通常约定在颈线的上方出货，颈线能显示机构盈利的底线，他们一般在前半个弧内出掉 50%，在后半个弧内出掉 50%。

问 177：顶部反弧形有哪些特点？

答：

顶部反弧形是由多个震荡低点组成的左右对称的凹下圆弧形，这是顶部的构成。

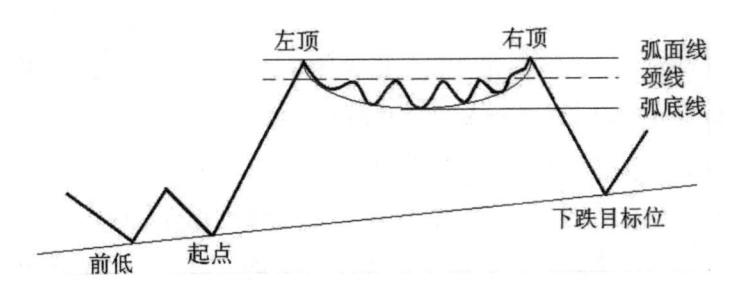

图 9.55　顶部反弧形示意图

1. 顶部反弧形是由多个"包括下影线的小底"组成的弧形，并以中间的最低点为中心左右对称。

2. 画经线以弧内 K 线实体的最高点为准，画一条连接第一、第二个实体高点的水平线，后面的高点应该落在这条水平线之下。

3. 股价一旦跌破颈线就会展开暴跌行情。

4. 在弧内震荡期间，如果成交量放大说明机构正在出货，区间换手也要大于 50%。

问 178：如何用顶部反弧形逃顶测底？

答：

1. 顶部反弧形也具有逃顶和测底双重功能，具体的方法与顶部正弧形大致相同。不同的是股价跌破颈线要跑，跌破弧底是最后的逃命线。

2. 无论顶部是弧形、单顶、双顶、头肩顶都要用 {区间统计} 测量一下它们形态的 {区间换手}，前期涨幅巨大的换手超过 80%，涨幅不太高的换手超过 30% 就危险了。

3. 弧形下凹得太深画颈线的时候取 1/2。

问179：圆弧顶形态计算选点要领？

答：

1. 圆弧顶形态计算主要用于日线。

2. 圆弧顶包括顶部正弧形和顶部反弧形计算公式一样。

3. 圆弧顶计算准确的关键是画准颈线，在走出半个弧形的时候就应该画好颈线。顶部正弧形的 A 点是颈线价格，顶部反弧形的 A 点是弧底价格。

4. 顶部正弧形的 B 点是弧顶价格，顶部反弧形的 B 点是左顶价。

5. 以保守的取点方式取影线，也可以取实体。

6. 圆弧顶的计算数值应与前低射线的价格基本吻合，如果计算结果与测量结果出入较大，应以测量结果为准，因为取点很容易取错。

7. 股价跌至实际点之后如果出现了黄金堆可以买入，但反弹不过颈线，反弹的高度要用｛逃反弹顶｝计算。

案例一：深深房 A 2015 年 8 月 7 日日线截图——顶部正弧形取点

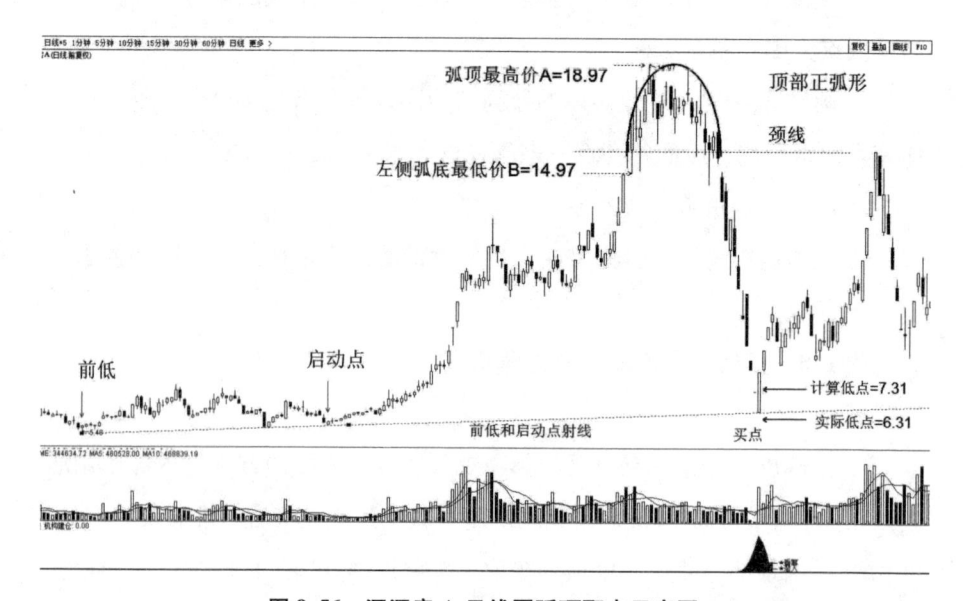

图 9.56　深深房 A 日线圆弧顶取点示意图

圆弧顶——低点计算

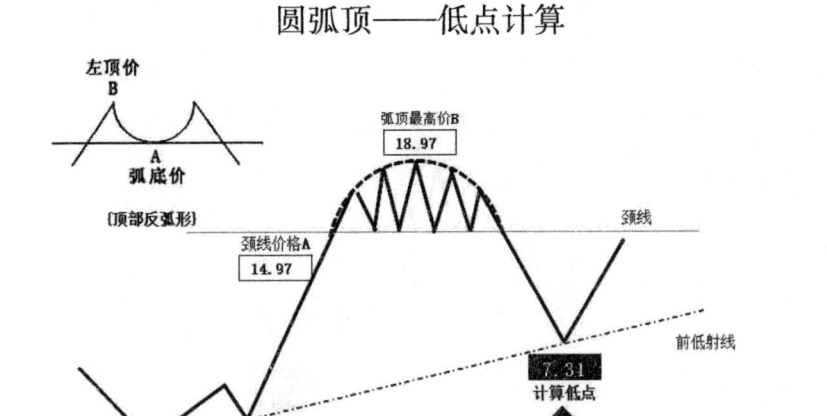

图 9.57 深深房 A 日线计算截图

说明

1. 圆弧顶包括顶部正弧形和顶部反弧形，计算公式一样。走出半个弧形就应该画好颈线。
2. 正弧形的 A 点是颈线价格，B 点是弧顶价。
3. 反弧形的 A 点是弧底价格，B 点是左顶价。
4. 圆弧形顶的计算数值应与前低射线的价格基本吻合，实战中该计算价格仅供参考，以测量价格为准。
5. 圆弧顶主要用于日线。

案例二：中天能源 2016 年 2 月 18 日日线截图——顶部反弧形取点

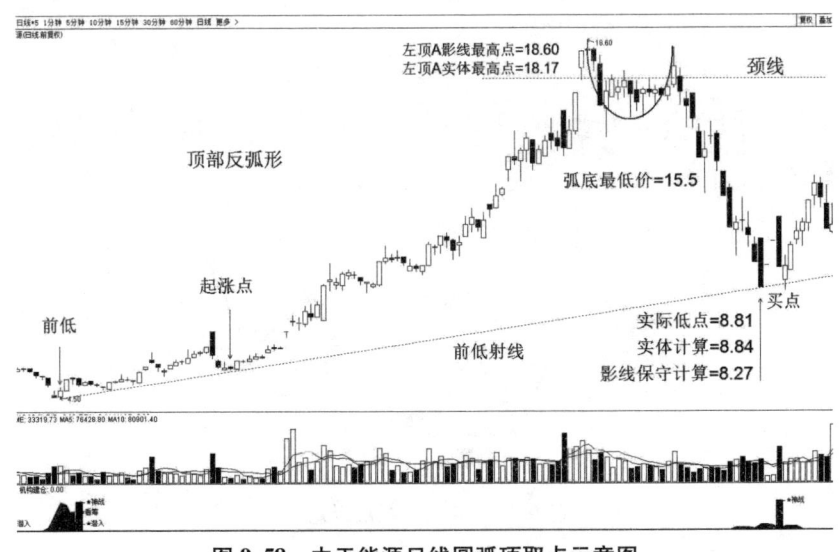

图 9.58 中天能源日线圆弧顶取点示意图

213

圆弧顶——低点计算

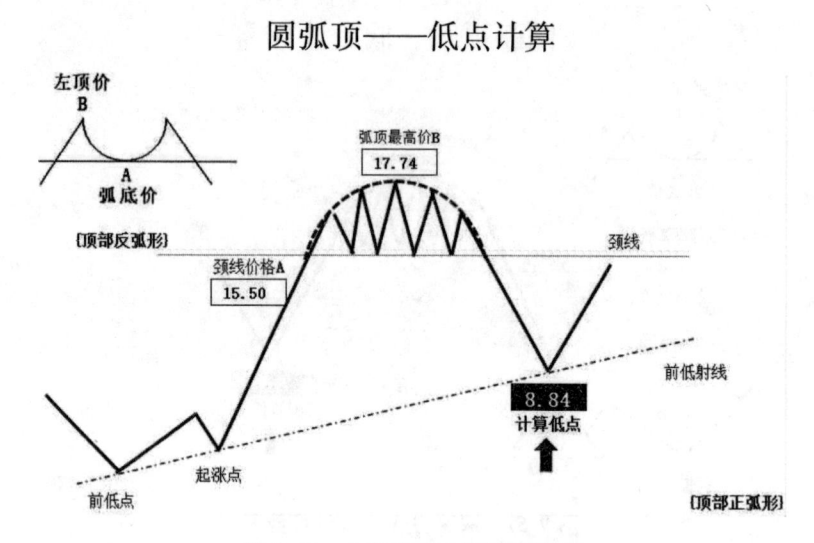

图9.59 中天能源日线计算截图

说明：
1. 圆弧顶包括顶部正弧形和顶部反弧形，计算公式一样。走出半个弧形就应该画好颈线。
2. 正弧形的A点是颈线价格，B点是弧顶价。
3. 反弧形的A点是弧底价格，B点是左顶价。
4. 圆弧形顶的计算数值应与前低射线的价格基本吻合，实战中该计算价格仅供参考，以测量价格为准。
5. 圆弧顶主要用于日线。

问180：什么是底部正弧形？

答：

底部正弧形是一种跌幅较大的K线组合，出现在下跌趋势的底部，弧的最低点是弧面。

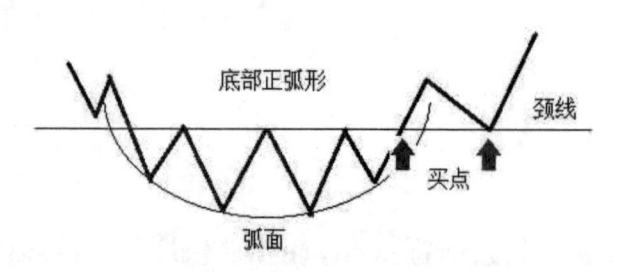

图9.60 底部正弧形示意图

1. 底部正弧形是前期的下跌浪一气呵成，到了底部形成的光滑的弧底。

2. 沿左侧半个弧中两条K线实体的高点画一条水平线，如果只有一个高点，就在这个高点上画平行线，这条水平线就是底部正弧形的颈线。如果弧形下凹得太深或者都是小K线画颈线的时候取弧高的1/2。

3. 弧形越大未来的行情越大，弧形的左边与右边要对称，运行的时间较长则较稳定，我们要有耐心不要被轻易洗出去。

4. 买入的时候我们要提前计算好，看看弧底是不是接近了"极限低点"，有没有出现黄金堆，如果符合了要求也不要急于动手，一定要等出现"有效突破"形态的时候再买。

如果后期出现了对称的向上的跳空缺口，更能说明整理结束，只要出现"有效突破"我们就可以大胆买入，买突破，买回踩都行。跌破颈线则止损。

案例一：时代万恒2016年7月9日日线截图——底部正弧形

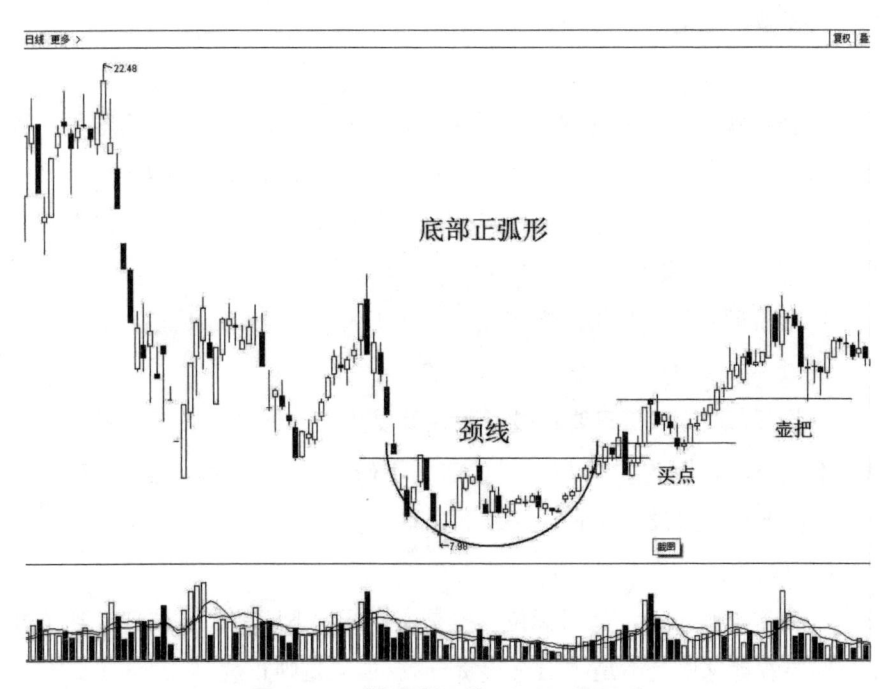

图9.61　时代万恒日线 JT. 2016.07.09

问 181：什么是底部反弧形？

答：

底部反弧形是一种跌幅较大的 K 线组合，出现在下跌趋势的底部，有一个很清晰的双弧线，底部反弧形的颈线是反弧形的弧边。

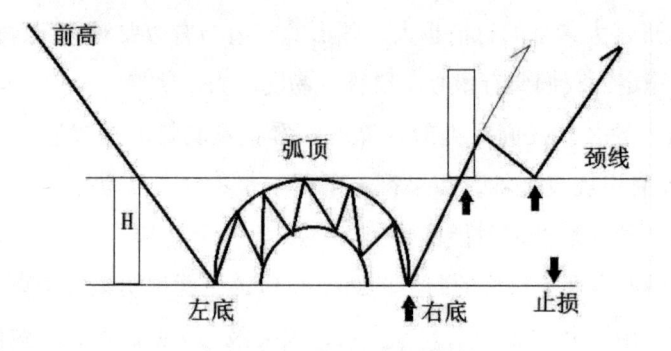

图 9.62　底部反弧形示意图

底部反弧形是最简单、最实用、最容易找到的一种形态，做这样的股票我们要做好量化：

第一，买入：

1. 在反弧形的右底处常常会出现 5 颗星之一，如果出现了 5 颗星、符合了图谱、出现了黄金堆、出现了"狼上金山"，就是第一次买点。

2. 在之后如果出现了大阳线或者是向上的跳空缺口，出现了"有效突破"，就是第二次买点。

3. 股价回踩颈线是第三次买点，三次买入的仓位按照 1：3：6 操作。

第二，止损：

按照形态理论股价只要跌破了颈线就要止损，但是做底部反弧形可以减仓不宜空仓，因为"前高不过，前底不破"，股价一般不会跌破左底，所以我们把止损点设在左底，跌破了立即止损。

第三，止盈：

1. 底部反弧形的上涨目标位一般是前期开始下跌的高点位置，到了这里我们要看看这里是不是"黄金出货价"，如果是则止盈。

2. 我们还可以使用 {空间计算}、{形态计算}、{时空计算}、{浪型

第九章　形态的量化

计算】算出止盈价，使用"XT-H测量"锁定止盈价。注意，在计算的时候取弧形的最高价或最低价以及颈线价。

案例一：通程控股2016年7月9日日线截图——底部反弧形

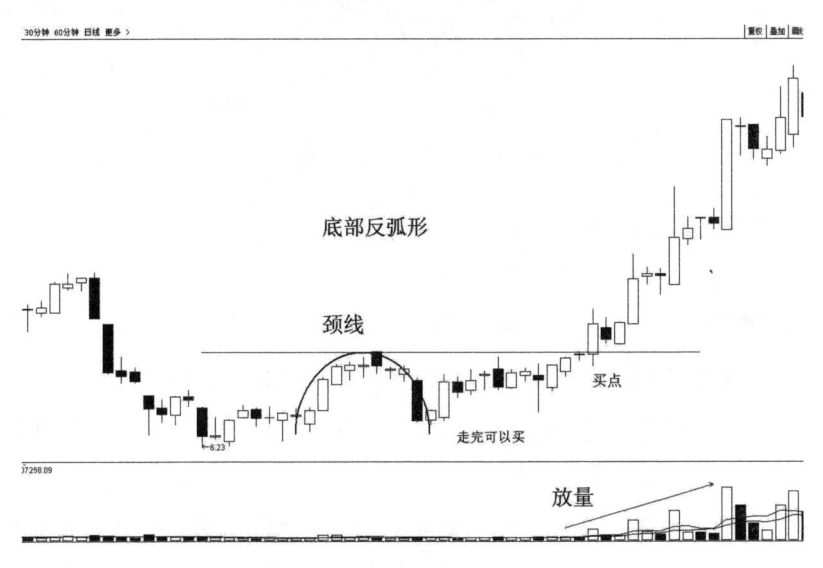

图9.63　通程控股日线 JT. 2016.07.09

问182：什么是壶把儿？

答：

不管是顶部弧形还是底部弧形，不管是正弧还是反弧，当弧形走完之后往往会出现横盘，这种横盘叫"壶把儿"。股价在"壶把儿"内横盘少则5天多则2个月以上。形成"壶把儿"之后未来股价的发展方向一般沿着之前的趋势方向发展，偶尔也会改变方向。

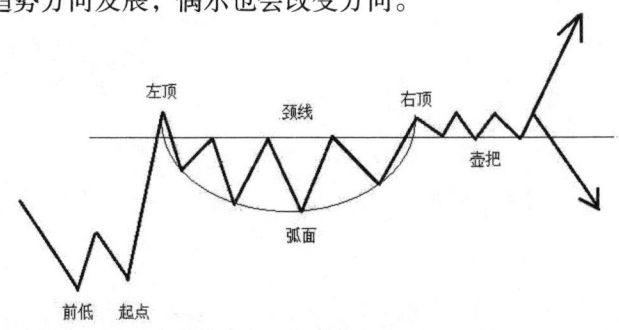

图9.64　顶部壶把儿示意图

217

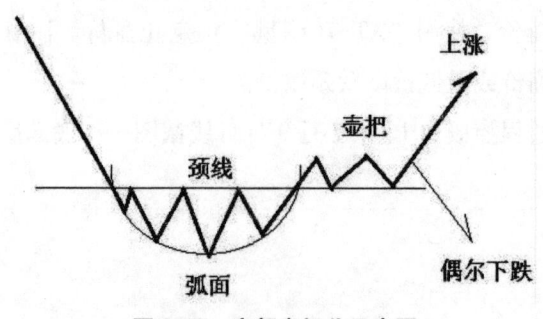

图 9.65　底部壶把儿示意图

问 183：圆弧底形态计算选点要领？

答：

1. 圆弧底﹛形态计算﹜主要用于日线。

2. 圆弧底包括底部正弧形和底部反弧形，计算公式相同。

3. 底部正弧形的 A 点是弧底的价格，底部反弧形的 A 点是弧顶最高价，保守计算取实体低点。

4. 底部正弧形的 B 点是左侧弧面最高价，底部反弧形的 B 点是弧顶最高价，保守计算均取实体价。

5. 形态内缩量，突破时放量。

案例一： 方大集团 2015 年 11 月 15 日日线截图——底部正弧形取点

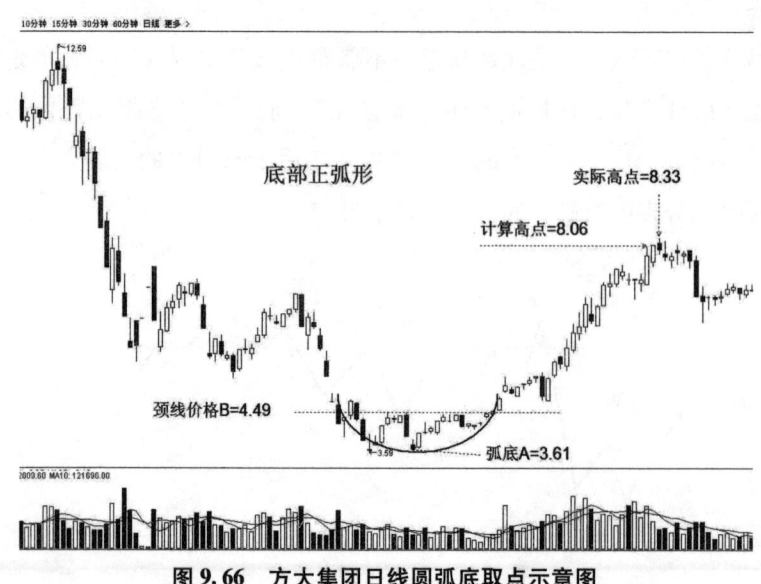

图 9.66　方大集团日线圆弧底取点示意图

第九章　形态的量化

圆弧底——高点计算

图 9.67　方大集团日线计算截图

说明：
1. 圆弧底包括底部正弧形和底部反弧形，计算公式一样。
2. 底部正弧形的 A 点是弧底的价格，B 点的价格是颈线的价格，保守计算取实体低点。
3. 底部反弧形的 A 点是左底最低价，B 点是弧顶最高价，保守计算均取实体价。
4. 形态内缩量，突破时放量。
5. 该计算适用于各个周期，主要用于日线。

案例二：深圳华强 2017 年 6 月 26 日日线截图——底部反弧形取点

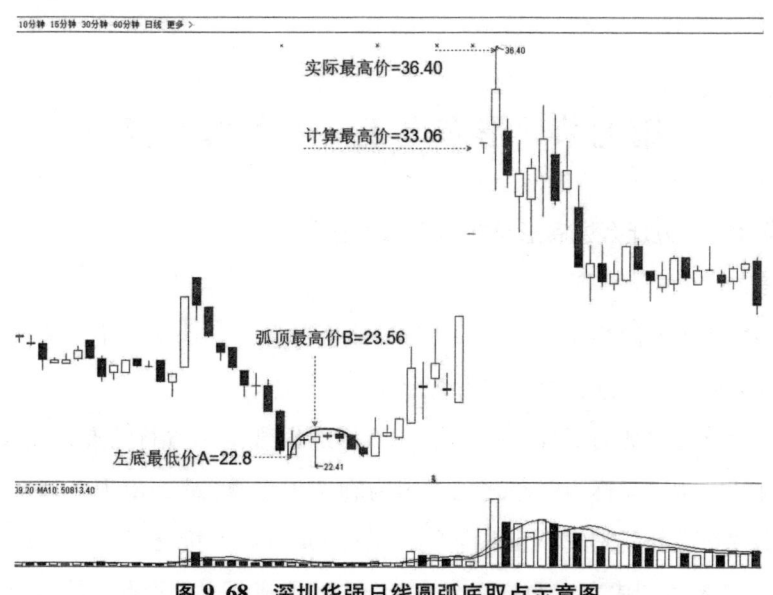

图 9.68　深圳华强日线圆弧底取点示意图

圆弧底——高点计算

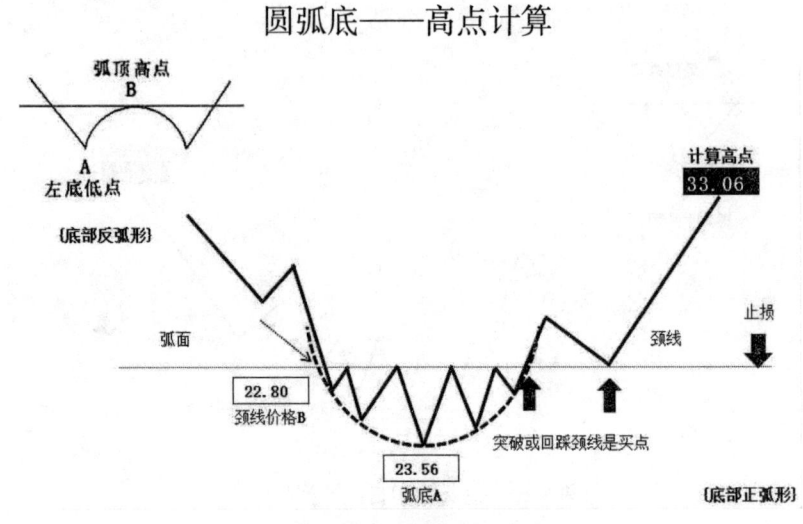

图 9.69　深圳华强日线计算截图

说明：
1. 圆弧底包括底部正弧形和底部反弧形，计算公式一样。
2. 底部正弧形的 A 点是弧底的价格，B 点的价格是颈线的价格，保守计算取实体低点。
3. 底部反弧形的 A 点是左底最低价，B 点是弧顶最高价，保守计算均取实体价。
4. 形态内缩量，突破时放量。
5. 该计算适用于各个周期，主要用于日线。

第七节　形态之王——岛形反转

问 184：为什么说岛形反转是形态之王？

答：

出现两个方向相反的缺口，使顶部或底部形态与前期的主升浪或主跌浪分离形成孤岛，这种形态称为岛形反转。

岛形分为顶部岛形和底部岛形，岛形的出现意味着行情要发生反转。岛形反转之所以被称为形态之王，因为它"说话算数"，出现在顶部就是顶，出现在底部就是底，几乎没有错过。岛形有如下特征：

1. 在 K 线图中左右两侧均有缺口，中间形成孤立的形态，缺口越清晰越好，同时出现缺口的高度应该基本对称。

2. 岛形一般只在顶部或底部出现。

3. 在底部出现的岛形反转一般会启动较大的行情，右侧的缺口是关键的压力位或支撑位，我们把这里做为颈线，股价"有效突破"了颈线之后方可形成反转行情。

问 185：顶部岛形有哪些要点？

答：

1. 顶部岛形的形态特点为一个孤岛。

2. 在顶部岛形中有两个跳空缺口，左边是一个向上的跳空缺口，右边是一个向下的跳空缺口。向上的跳空缺口为上涨衰竭缺口，表明上升波段的终结；向下的跳空缺口为下跌启动缺口，表明下跌波段的开始。

3. 启动下跌的跳空缺口不能出现在横盘区域，否则无效。

4. 顶部岛形中的两个跳空缺口应该较大，一般在 1%~3% 幅度以上。

5. 有的时侯在短周期 K 线图上能看到缺口，而在日线上看不清楚，确认有没有跳空缺口可以看一下短周期 K 线。

案例一：深深宝 A2017 年 1 月 16 日日线截图——顶部岛形

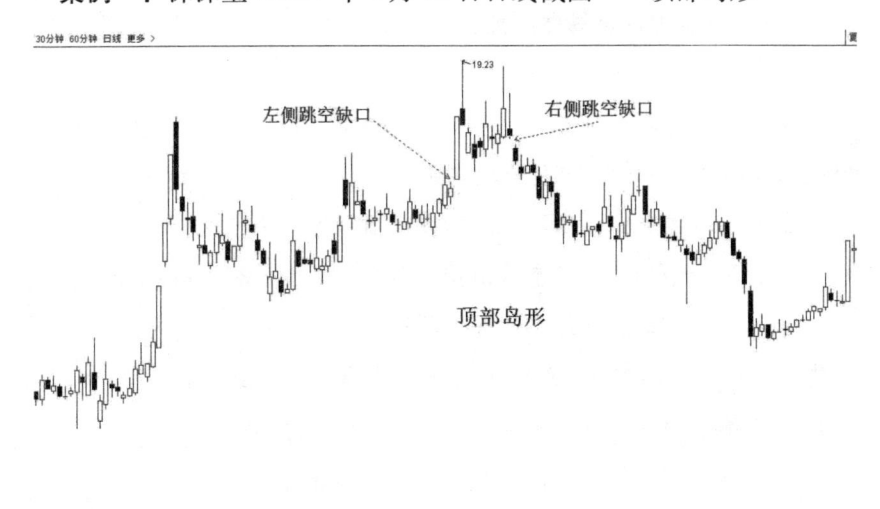

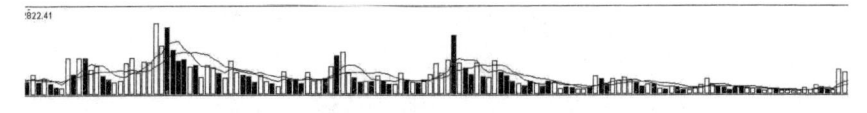

图 9.70　深深宝 A 日线 JT. 2017. 01. 16

案例二：深天地 A 2017 年 7 月 10 日日线截图——顶部岛形

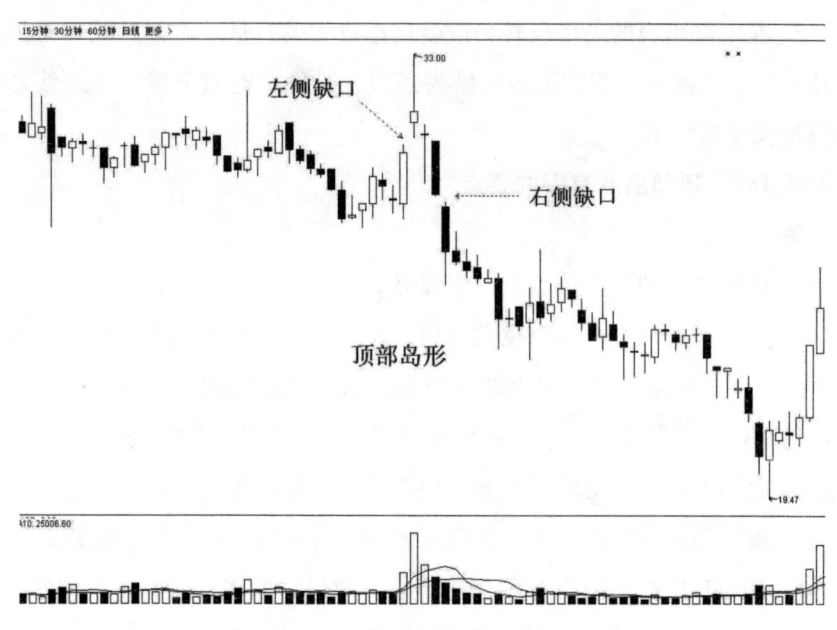

图 9.71　深天地 A 日线 JT. 2017. 07. 10

问 186：底部岛形有哪些要点？

答：

1. 底部岛形也是一个孤岛，也有两个跳空缺口，左边的是一个向下的跳空缺口，右边的是一个向上的跳空缺口。

2. 启动上升的跳空缺口不能出现在横盘区域，否则无效。

3. 底部岛形中的两个跳空缺口越大越好，至少要有 1% 以上的幅度。

4. 在某种形态里的岛形不叫岛形反转。

提示：在看弧形和岛形的时候，要关注形态内的换手率：

1. 顶：换手率区间统计过百、放量滞涨是顶部形态。

2. 底：换手率区间统计过百、放量上涨是底部形态。

第九章 形态的量化

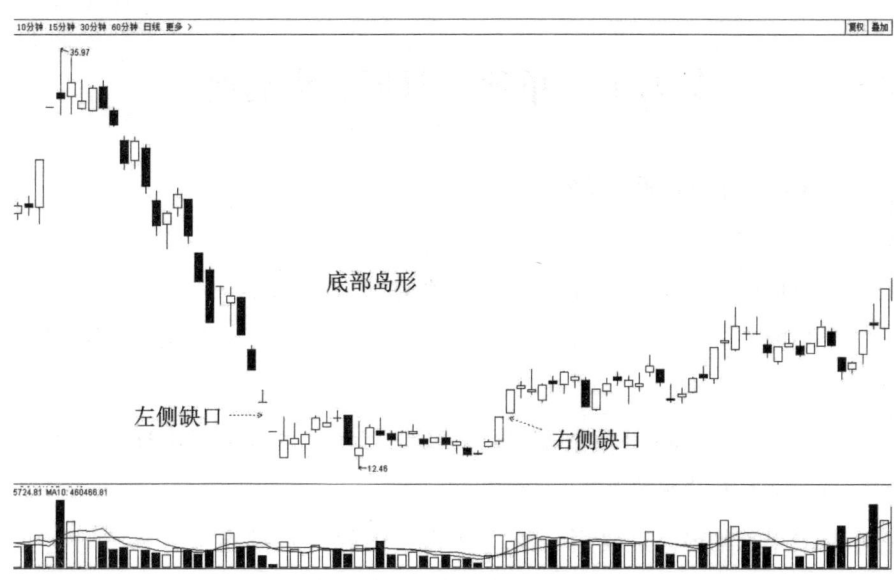

案例一：ST 华泽 2015 年 11 月 3 日日线截图——底部岛形

图 9.72　ST 华泽日线 JT. 2015. 11. 03

案例二：建投能源 2017 年 9 月 15 日日线截图——底部岛形

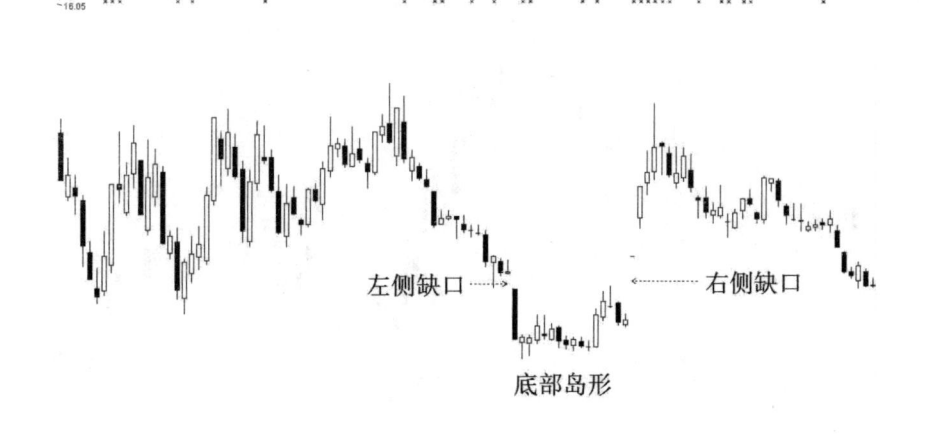

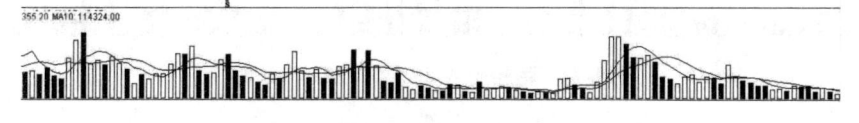

图 9.73　建投能源日线 JT. 2017. 09. 15

第八节　单顶、双顶、头肩顶

问 187：怎样分析单顶？

答：

单顶也称"单双日转势"，是一种常见的顶部形态。

单顶的特征是：在 K 线图上有"五颗星"或"乌云盖顶、黄昏之星、十月怀胎、穿头破脚"等特殊形态。

单顶的形成有可能是做手操盘的历史习惯，也有可能出现了重大利空，也可能是利好见光死。

判断单顶的最高点要用｛浪型计算｝中的｛跟进止盈｝和｛时空计算｝，也可以用"趋势三攻"，因为它是"过天股"。

案例一：黔轮胎 A 2015 年 7 月 9 日日线截图——单顶

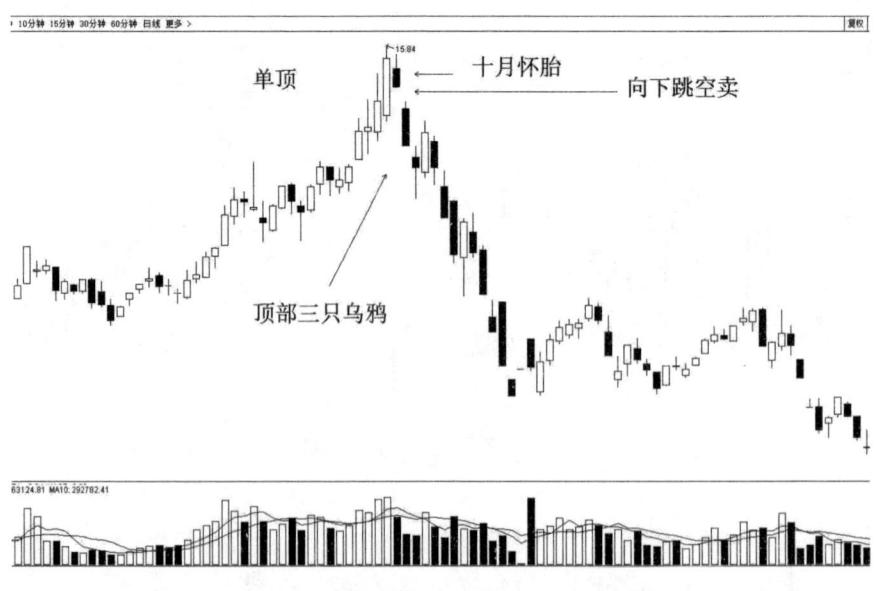

图 9.74　黔轮胎 A 日线 JT. 2015. 07. 09

第九章　形态的量化

问 188：单顶形态计算选点有哪些要领？

答：

1. 单顶 {形态计算} 主要用于日线。计算的形态是走到了"极限高点"或者涨过了极限高点之后的单顶，不是上涨途中下打的单顶。

2. 股价跌破前低的水平连线是颈线。

3. 也可以从 A 点起使用 {空间计算} 进行确认。

4. 这种形态从突破颈线时开始计算，防止形态变形。如果顶部特征明显可以早做计算。

案例一：航天发展 2015 年 8 月 10 日日线截图——单顶取点

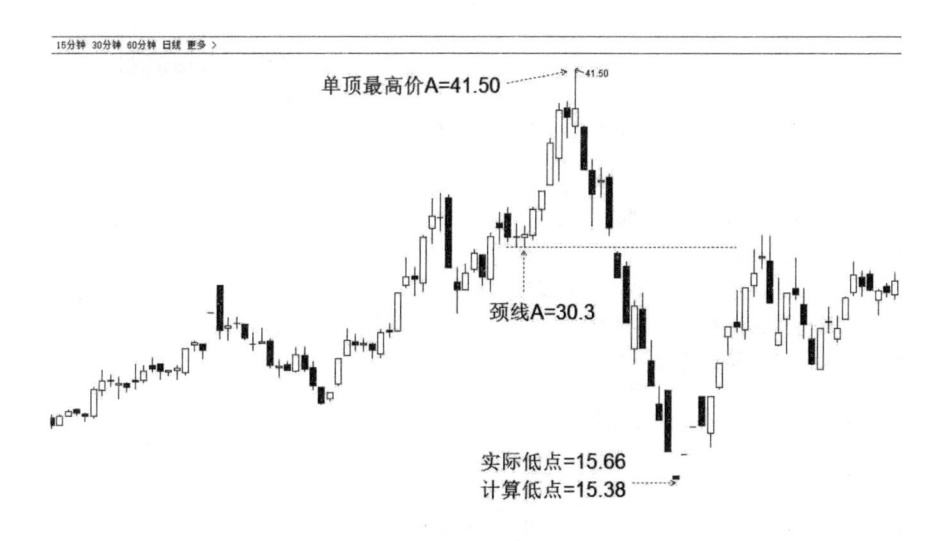

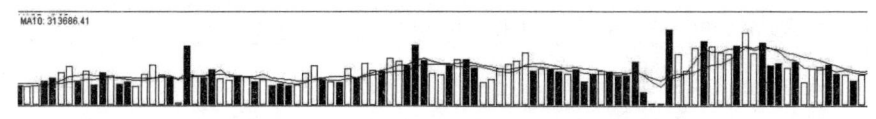

图 9.75　航天发展日线单顶取点示意图

225

单顶（A字顶）——低点计算

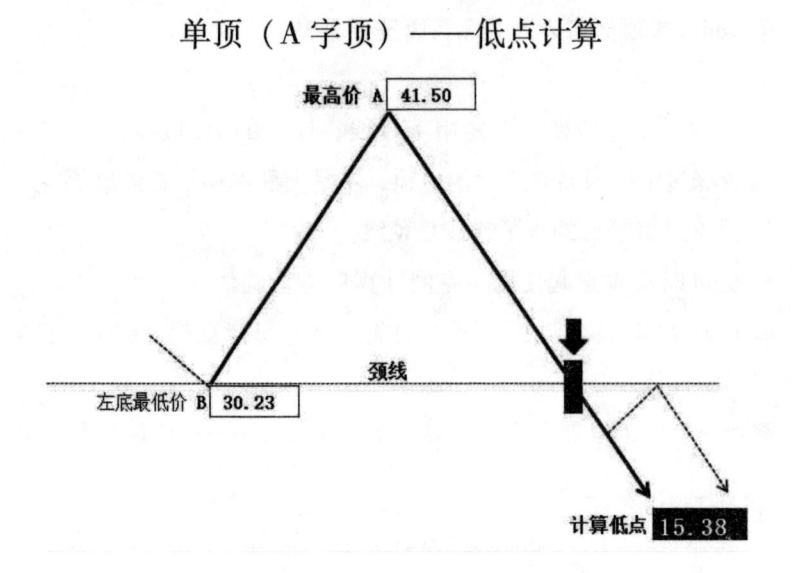

最高价 A 41.50

左底最低价 B 30.23

颈线

计算低点 15.38

图9.76 航天发展日线计算截图

说明：
1. 单顶计算可以运用到各个周期，主要用于日线。必须为极限高点以上的单顶。
2. A点取单顶最高价。
3. 股价跌破前低的水平连线是颈线，B点即为颈线价。
4. 这种形态从突破颈线开始计算，也可以从A点起使用AB计算进行确认。
5. 如果顶部特征明显可以早做计算。

问189：怎样分析双顶？

答：

双顶又称"M头"，也是一种常见的顶部形态。

1. 双顶有两个高点，分别为左顶和右顶，一般为左高右低。

2. 双顶颈线的画法：见了左顶和之后反弹的低点，以这个低点为准画一条水平线，这条线就是颈线。后期股价跌破了颈线则双顶成立，跌破了赶紧跑。

3. 如果走出来的右顶创了新高，或者说它比左顶高了，这时我们要赶紧用｛空间计算｝和｛浪型计算｝中的｛跟进止盈｝算一下这里是不是最高点，是不是出现了"顶背离"，因为双顶一旦成立后市下跌的幅度一般会很大。见了双顶赶紧跑，股价跌破颈线是最后的逃命机会。

第九章 形态的量化

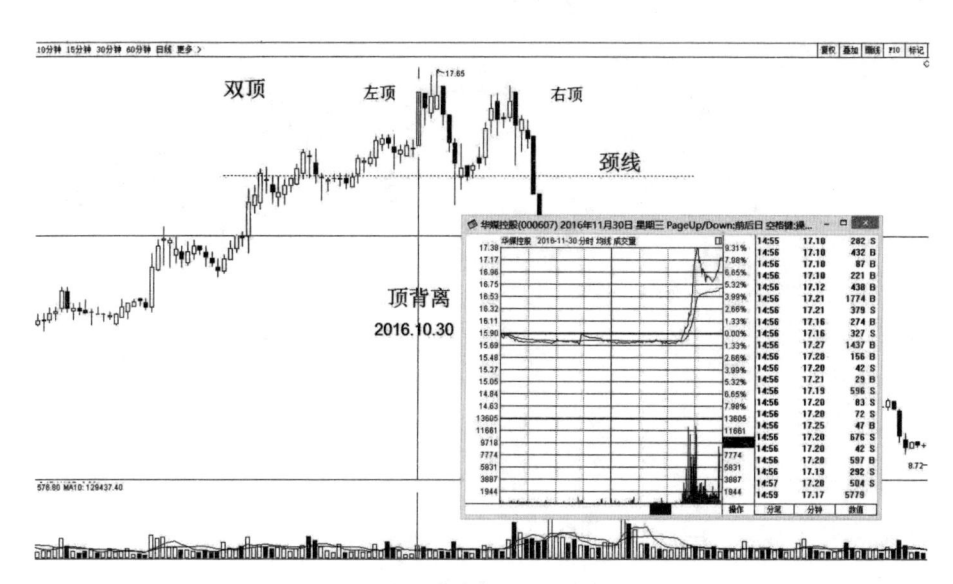

案例一：华媒控股 2017 年 5 月 25 日日线截图——双顶

图 9.77　华媒控股日线 JT.2017.05.25

图解：

1. 图中在 2016 年 11 月 30 日出现了"顶背离"单根 K 线，尾盘就要卖出。

2. "不管何时，只要您手中的股票出现了'顶背离'，不要再做任何计算、测量，二话不说先跑了再说"。这句话价值连城！

问 190：双顶形态计算选点有哪些要领？

答：

1. 双顶形态计算主要用于日线。

2. A 点是颈线价，B 点是 M 头的最高点，以保守算法取影线。

3. 也可以从 C 点起使用｛空间计算｝进行确认。

4. 计算出来的结果是最近的低点，不一定是"极限低点"。

案例一：阳光股份 2017 年 1 月 25 日日线截图——双顶取点

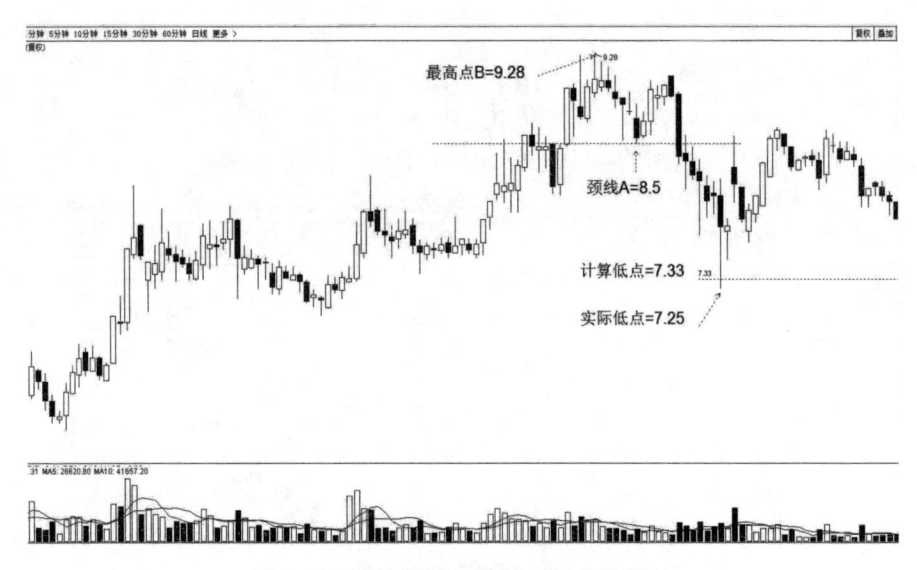

图 9.78　阳光股份日线 M 头取点示意图

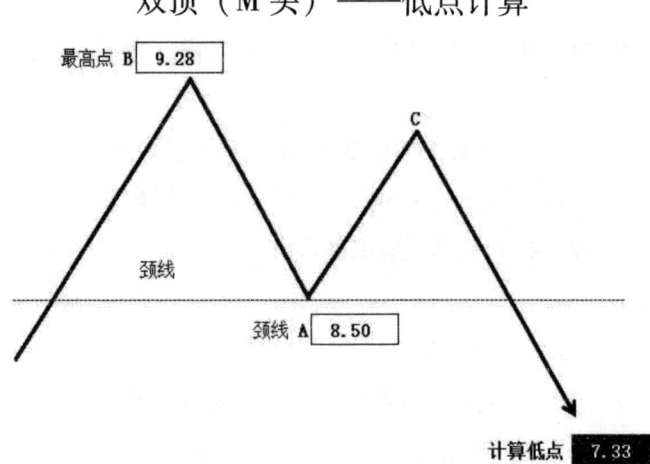

双顶（M 头）——低点计算

图 9.79　阳光股份日线计算截图

说明
1. 这种计算可以用于各个周期，主要用在日线。
2. A 点是颈线位，B 点是 M 头最高点，跌破颈线要跑。
3. 有了中间的低点，画水平线找颈线。
4. M 头出现在高位，前半部分 M 头有 50%的换手就有可能出现 M 头。
5. 在 C 点用 AB 计算可以确认计算低点的准确性。

228

问 191：怎样分析头肩顶？

答：

头肩顶又称三顶，中间是头两边是肩，左肩与右肩之间没有什么特别的关系。头肩顶形成的原因可能是股价从底部急拉上来之后做手需要较长的出货时间，在大牛市的末期常见头肩顶。

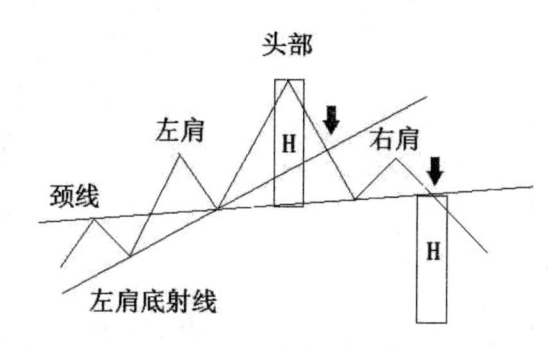

图 9.80 头肩顶示意图

1. 头肩顶有三个高点，分别是左肩、头顶、右肩。左肩是主升浪的终点，头是最高点，右肩是下跌浪的起点。

2. 头肩顶的经线是头两边低点的连线，股价跌破了颈线表明这个头肩顶成立。颈线是"保命线"，只要股价跌破了颈线必须赶紧跑，因为后期的跌幅很大，至少下跌一个 H 的高度。

3. 股价跌破了颈线一般会有一个回抽，千万不要再追进去，回抽的高点一般不过颈线，回抽是给我们最后的逃命机会。

4. 我们可以把左肩两边的低点连成一条趋势线，当股价跌破这条趋势线的时候最好卖出或减仓。

5. 头肩底的计算方法可以使用｛浪型计算｝，也可以变通使用 M 头计算。

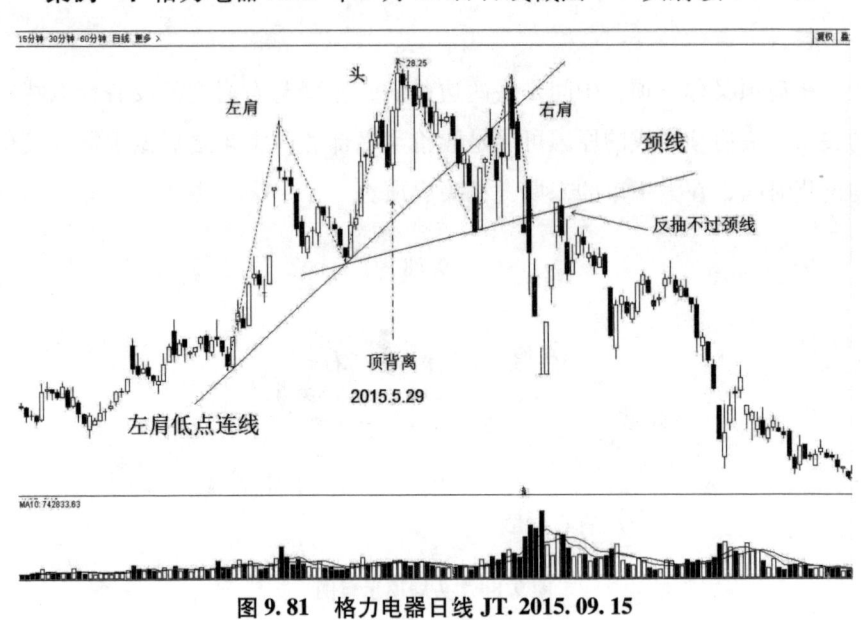

案例一：格力电器 2015 年 9 月 15 日日线截图——头肩顶

图 9.81　格力电器日线 JT. 2015.09.15

第九节　单底、双底、头肩底

问 192：怎样分析单底？

答：

单底也称"V 形反转"和"单双日转势"，是一种常见的底部形态。

1. 单底形成的原因可能是做手的操盘习惯，可能出了重大利好或大盘突变，也有可能是主力自救。

主力自救往往是出现 V 型反转的主要原因，例如，做手打压吸筹，然后拉升到某一高度之后次高位横盘吸筹，只待拉升。可是大盘不配合，大盘下跌散户逃跑，做手往往不愿意花钱护盘，护盘不仅损失大而且很可能护盘失败，随后股价下跌创出新低。这样的话，做手的筹码也被套了，买也不是、卖也不是，做手也很无奈只好"封盘"。一旦大盘止跌，哪怕只有一个星期，做手必将快速拔高，至少要回到当初的横盘区域，这样就形成了单底，这个过程就是 V 形反转。

第九章 形态的量化

2. 我们通过 515 黄金堆就可以看出来，很多做手低吸之后卖不出去了，股价一路缓跌。只要大盘稍微上涨一点做手就会马上拉高出货。其实我们大可放心，做手是不会赔钱的，一有机会他会马上就把股价拉起来，把一路低吸的筹码抛掉。

抢 V 形反转做短线可以快速获利，我们的"冲击卧浪""阳关三叠"就是专抢 V 形反转的杀手锏。

问 193：单底的操作要领有哪些？

答：

1. 做单底能够快速获利，但是确认单底的颈线比较困难，我们常用的方法是先看这只股票历史上是不是经常出现单底。

2. 当股价出现斜线下跌的时候，用｛空间计算｝找到"极限低点"先买一些。

3. 等股价上涨之后找前面的小平台，如果后期出现了与前期对称、等高的小平台，那么，这两个小平台顶部的水平连线就是颈线。还有一种理论说，V 形反转的颈线在这个 V 字的前高水平线上。

4. 有了颈线我们就可以做"有效突破"和"回踩"，买入、卖出、止损、止盈，按部就班就行了。

案例一：云铝股份 2016 年 3 月 3 日日线截图——单底

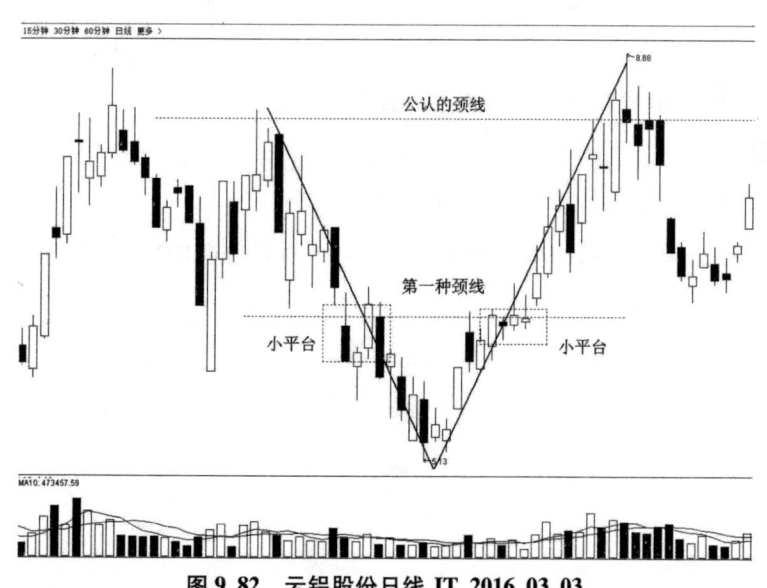

图 9.82　云铝股份日线 JT. 2016. 03. 03

案例二：云铝股份 2016 年 9 月 1 日日线截图——单底

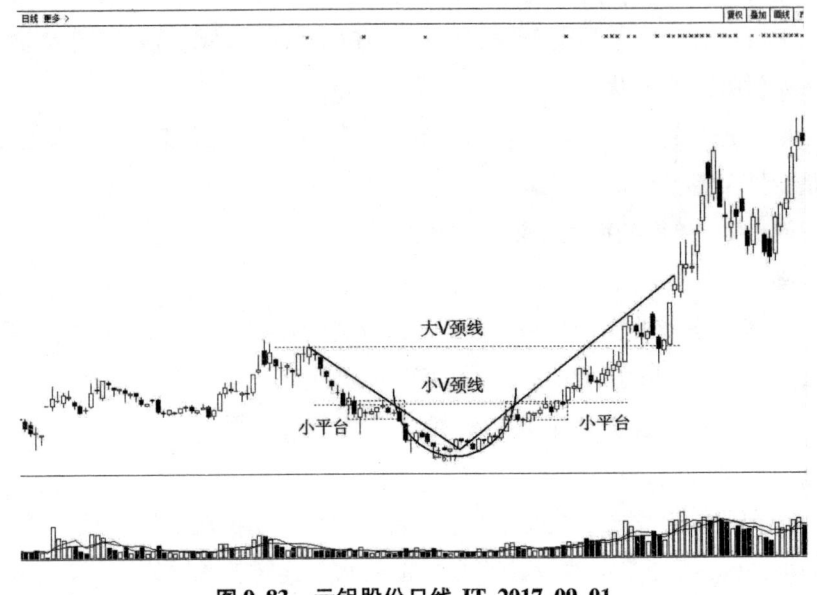

图 9.83　云铝股份日线 JT. 2017. 09. 01

图解：

1. 在图中画了一个底部正弧，意思是说我们还可以利用其他形态判断这里是不是底，如果是顶部岛形那就不用多想了，这里一定是底。

2. 如果没有出现其他的什么形态，出现了"底背离"也行。

问 194：单底形态计算选点有哪些要领？

答：

1. 单底 ｛形态计算｝ 主要用于日线。

2. 股价突破前高的水平连线是颈线，A 点是颈线的价格，保守计算取影线。

3. B 点是单底的最低点，要有黄金堆。

4. 从突破颈线开始计算，可以从 B 点用 ｛空间计算｝ 进行确认计算数值。

第九章　形态的量化

案例一： 云铝股份 2017 年 8 月 25 日日线截图——单底取点

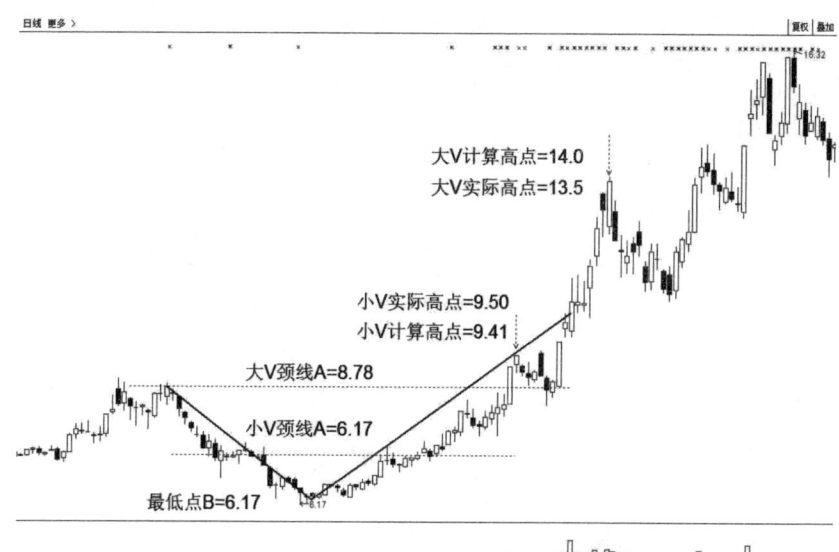

图 9.84　云铝股份日线单底取点示意图

单底（V 字底）——高点计算

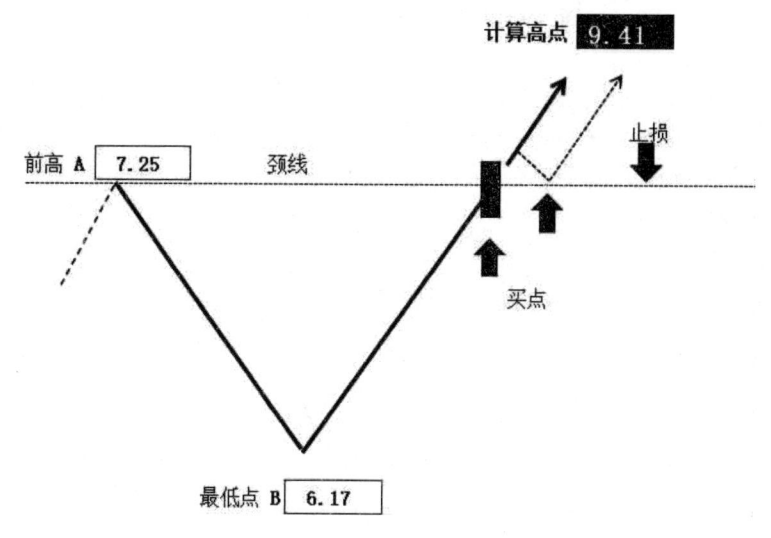

图 9.85　云铝股份日线小 V 计算截图

233

说明：
1. 单底计算可以运用到各个周期，主要用于日线。
2. 股价突破前高的水平连线是颈线，A 点是颈线的价格。
3. B 点是单底最低点，要有黄金堆。
4. 从突破颈线开始计算，从 B 点用 AB 计算进行确认。
5. 跌破颈线止损。

单底（V 字底）——高点计算

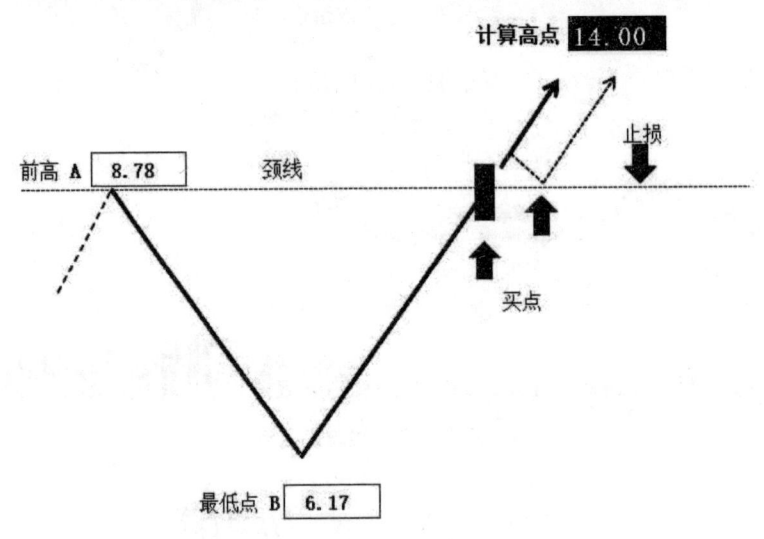

图 9.86　云铝股份日线大 V 计算截图

说明：
1. 单底计算可以运用到各个周期，主要用于日线。
2. 股价突破前高的水平连线是颈线，A 点是颈线的价格。
3. B 点是单底最低点，要有黄金堆。
4. 从突破颈线开始计算，从 B 点用 AB 计算进行确认。
5. 跌破颈线止损。

问 195：怎样分析双底？

答：

双底又称 W 底，是一种最常见的筑底形态。双底存在两个低点，按照这两个低点的位置关系双底分为：平行双底、上漂双低、下漂双底。

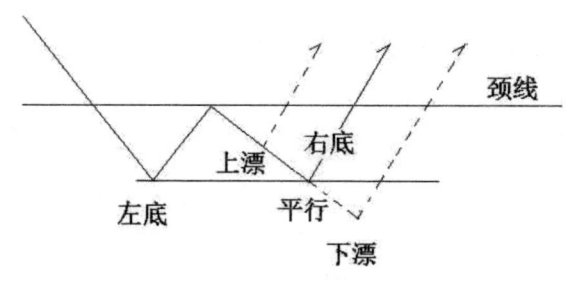

图 9.87 双底示意图

1. 找到双底形态内最高的 K 线，以这根 K 线实体的高点为准，画一条水平线，这条线就是双底的颈线。

2. 买入：当股价"有效突破"双底经线的时候是第一次买点，回踩颈线的时候是第二次买点，这个买点叫"浪子回头"，一般是一条阴线，买入的时候需要良好的心态。

3. 止损：当 K 线的收盘价跌破颈线时止损。

4. 止盈：我们可以使用 {{空间计算}、{形态计算}、{时空计算} 和 {浪型计算} 中的 {双低高点} 算出止盈价，配合"黄金测量"和"XT-H 测量"锁定止盈价。

案例一：深南电 A 2016 年 2 月 29 日日线截图——双底

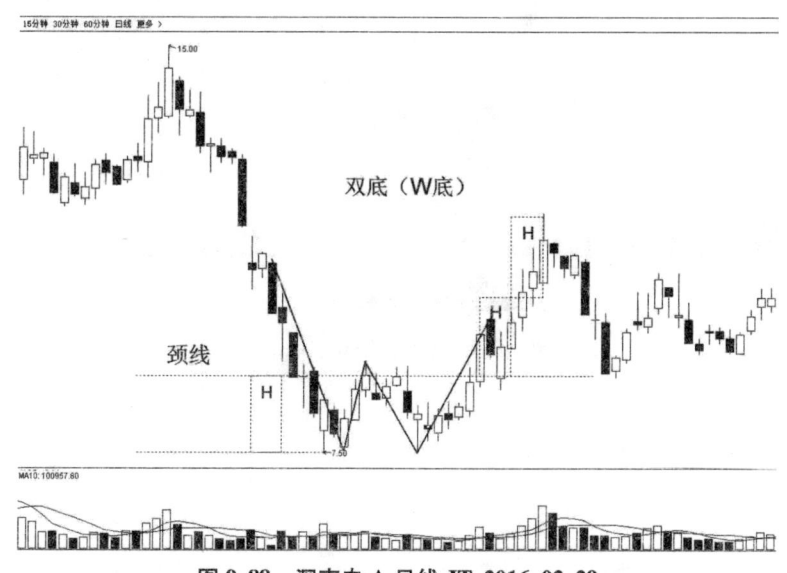

图 9.88 深南电 A 日线 JT. 2016. 02. 29

问 196：双底形态计算选点有哪些要领？

答：

1. 双底计算可以运用到各个周期，主要用于日线。

2. 颈线是中间高点的水平线，A 点是颈线的价格，B 点是最低的那个低点。

3. 使用｛形态计算｝可以确认｛双低高点｝计算的结果，实战中取实体值。

4. 从突破颈线开始计算。

5. 这种计算是形态计算，与｛双低高点｝计算公式不同。

案例一：深南电 A 2016 年 3 月 11 日日线截图——双底取点

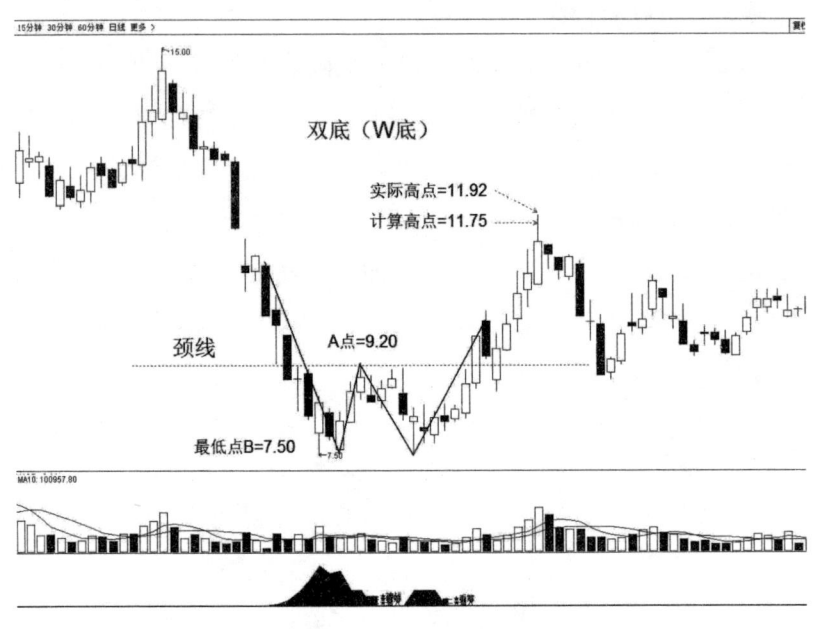

图 9.89　深南电 A 日线双底取点示意图

双底（W字底）——高点计算

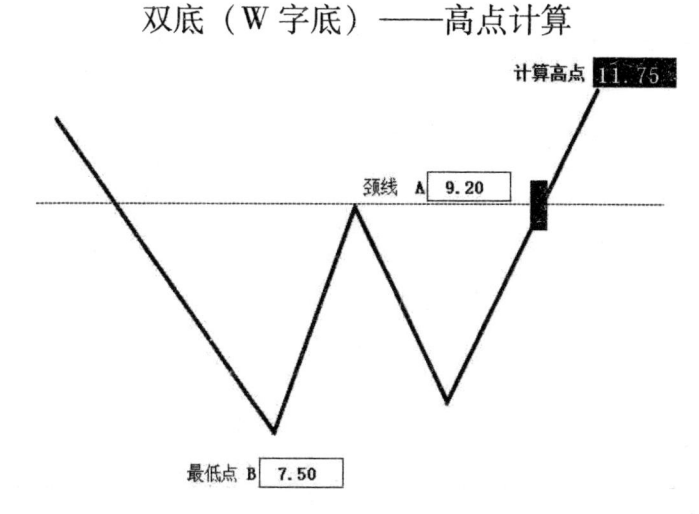

图9.90 深南电A日线计算截图

说明
1. 双底计算可以运用到各个周期，主要用于日线。
2. 颈线是中间高点的水平线，A点是颈线的价格，B点是最低的那个低点。
3. 使用这种计算可以确认｛双低高点｝计算的结果，实战中取实体值。
4. 从突破颈线开始计算。
5. 这种计算是形态计算，与｛双低高点｝计算公式不同。

图解：

在进行W底形态计算的时候，B点是W底中最低的那个点，哪个低取哪个，与它所在的前后位置无关。

问197：怎样分析头肩底？

答：

头肩底又称三底，它也是一种最常见的筑底形态，按照形态中三个低点的位置关系头肩底分为：平底、缩头底、伸头底。

图 9.91 头肩底示意图

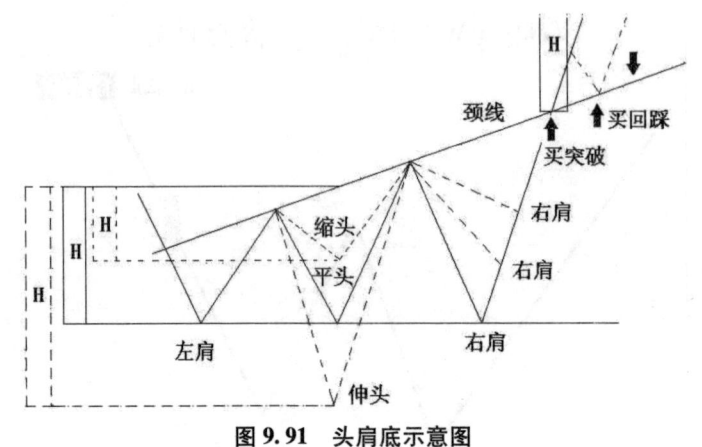

1. 头肩底的经线是两个反弹高点的连线，水平、上漂、下漂都可以。

2. 可以买"有效突破"，买回踩，跌破颈线止损。止盈价可以通过｛空间计算｝、｛形态计算｝、｛时空计算｝和｛浪型计算｝中的｛双低高点｝计算出来，也可以使用"XT-H 测量""黄金测量""缺口测量"确认最高点。

3. 做头肩底时需要注意，它的颈线具有很强的支撑力，当股价跌破颈线的时候一般在 30 分钟之内得到收复。

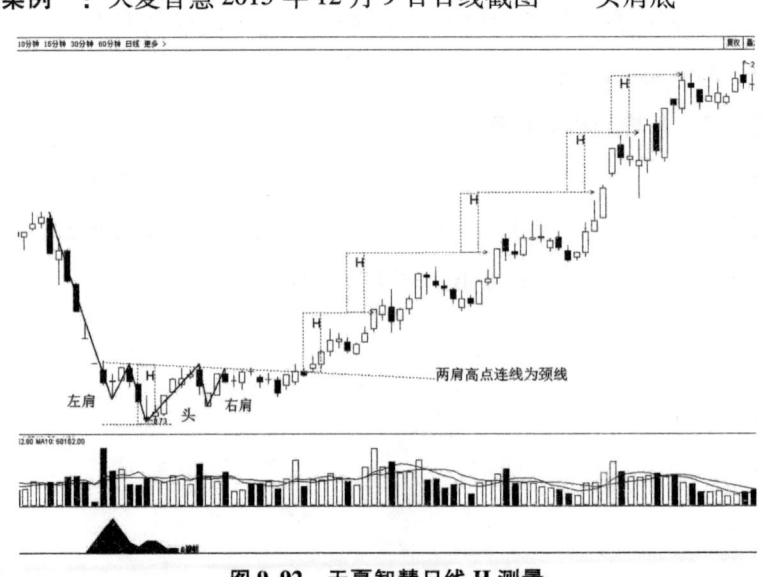

案例一： 天夏智慧 2015 年 12 月 9 日日线截图——头肩底

图 9.92 天夏智慧日线 H 测量

第九章　形态的量化

问 198：如何自动选出符合某种形态的个股？

答：

虽然说所有的底部形态都不在我们的"长线 12 模"之列，但是学会分析形态是重要的基础，如果您希望做形态可以使用自动选股，自动选股方法有三种：

1. 使用《傻瓜狼自动选股器》直接选股。

2. 打开烽火版软件，将鼠标放在 K 线窗口，按住右键向右拖动鼠标，您会看到"区间统计"，然后松开鼠标就会出现一个对话框，点击"形态匹配选股"，点击"确定"就可以选出您想要的形态。"相似度"一般定为 90%，要求越高越不容易选出股票。

3. 您还可以点击"自绘形态"，然后绘制您想要的形态，画好后点击"执行选股"即可。

第十章　黄金测量

只使用黄金堆就能挣钱，大家应领会其中的奥妙，运用到实践中去。

计算是一种量化，测量也是一种量化，相比之下测量直观简单，相信大家花几分钟的时间就可以掌握"黄金测量"的方法。证券投资本来就很简单，不是搞得越复杂越挣钱，简单不代表不实用，简单往往能够直接反映事物的实质，正所谓大道至简。

黄金堆做成了指标，指标成千上万各有千秋，使用价值有天壤之别。好指标可以帮助我们锁定胜局，不好的指标会让我们误入歧途。由于不同的指标设计原理不一样，所以指标之间也会产生分歧，这个让你买那个让你卖。由于指标需要盘中已经发生的信息支持，所以所有的指标都是"马后炮"。加入了未来函数的技术指标具有一定的预见性，而预见又是一种揣测，所以，含有未来函数的指标随时都有"失真"的可能。

经过九年的锤炼我们做出来的交易系统极具参考价值，是一套成功的盈利模式。《傻瓜狼交易系统》由成交量、狼王交易、无函高点、波段操作、长持短打、黄金堆和筹码图等指标构成，其中的黄金堆就是我们的"金饭碗"，我们用黄金堆进行"黄金测量"，方法简单、实用、精度高。

"黄金测量"可以应对任何行情，可以做长线也可以做短线，可以看到做手开始打压吸筹的点位，还可以确定做手出货的价格，就连做手在盘中高抛低吸的小动作都可以看得清清楚楚。使用黄金堆不仅能够测量出股价上涨的空间，也能预判时间。

因此"黄金测量"独成体系，是一种傻瓜式盈利模式，也是一种完整的经典战法。

第一节　黄金堆与黄金测量

问 199：为什么说黄金堆是我们的金饭碗？

答：

《狼王交易系统》非常简单很容易掌握，很多读者、朋友都在使用，但不同的人使出来的"路数"都不一样，给我的感觉是一些人正面对着这套系统玩盲人摸象。

有位大姐只使用黄金堆，只要黄金堆出全了她就买，然后用鼠标测量一下"黄金出货价"，在手机上设个报警就不管了，啥时候手机一响就卖出股票，仅此一招就能挣钱，根本不盯盘，不在一根 K 线上纠结，一年下来只做几只票。买股票的时候就知道应该能挣多少个点，大概用多长时间涨到目标位，人家的操作方法一点都不比整天瞎忙活的人挣得少。

我们知道会挣钱的人总是往钱堆里扎，哪里有钱往哪里跑。做股票也一样，因为"股价上涨，资金推动"，黄金堆就是告诉我们哪里有我们所期盼的小财神。

问 200：什么是黄金堆？

答：

我们把黄金堆做成了指标，实际上黄金堆不是指标，它是股价在下跌的时候统计出来的"资金逆留存"。我们知道"股价下跌，资金流出"，股价疯狂下跌散户一般就要逃跑，那么在股价下跌的时候以"下拉价"抢入的资金是谁的呢？不用多想肯定是做手的，至少绝大部分是做手的。把这些暴跌之下抢入的筹码统计出来做成指标就形成了黄金堆。

黄金堆没有买卖信号，它只是机构打压吸筹的表现，由于机构建仓后有的马上拉升，有的要洗盘、试盘，因此黄金堆出现之后有时需要很久才会展开拉升。

黄金堆有如下特点：

1. 它能监测到机构从哪根 K 线开始打压吸筹。

2. 它能显示机构在哪个价格区间建仓、重仓的最低价、建仓的量有多大。

3. 它能显示机构在哪个价格准备启动。

4. 它能显示机构每天做 T 的买点和卖点。

5. 它能显示机构在各个周期上的买点和卖点。

机构从布局、拉升到出货，时间周期一般要用几个月或更长的时间，但是不管机构要运作多长时间，做手一定会在他开始打压吸筹的那个价格出货，如果行情好机构会顺势而为把出货价定得更高，但无论如何，机构一定会把价格拉升上去，拉不到他开始打压吸筹的价格绝不会善罢甘休，除非他是慈善家。

我们把机构开始打压吸筹的价格成为"黄金出货价"，股价到不了这个价格不管它出现多大的震荡、出现多大的阴线或回调都不用担心，我们不要在乎一城一地的得失，应该像神仙一样优哉游哉地等着挣钱，陪着主力一起打"神战"。

附录 3：黄金堆编程说明

M1 赋值：500 日内最高价的最高值的 13 日简单移动平均

M2 赋值：250 日内最高价的最高值的 13 日简单移动平均

M3 赋值：890 日内最高价的最高值的 13 日简单移动平均

M4 赋值：500 日内最低价的最低值的 13 日简单移动平均

M5 赋值：250 日内最低价的最低值的 13 日简单移动平均

M6 赋值：89 日内最低价的最低值的 13 日简单移动平均

M7 赋值：（M1$*$0.558+M2$*$0.558+M3$*$0.558+M4$*$0.96+M5$*$0.96+M6$*$0.96）/6 的 17 日简单移动平均

M8 赋值：（M1$*$0.55+M2$*$0.55+M3$*$0.65+M4$*$1.25+M5$*$1.23+M6$*$1.2）/6 的 17 日简单移动平均

M9 赋值：（M1$*$0.68+M2$*$0.68+M3$*$0.68+M4$*$1.3+M5$*$1.3+M6$*$1.3）/6 的 17 日简单移动平均

M10 赋值：（M7$*$3+M8$*$2+M9）/6$*$1.738 的 17 日简单移动平均

M11 赋值：最低价+1 日前的最低价的绝对值的 3 日 [1 日权重] 移动平均/最低价+1 日前的最低价和 0 的较大值的 3 日 [1 日权重] 移动平均 *100

M12 赋值：如果收盘价 * 1.35 <= M10，返回 M11 * 10，否则返回 M11/10 的 3 日简单移动平均

输出机构建仓：如果最低价 <= 42 日内最低价的最低值，返回（MH+M11 * 2)/3，否则返回 0 的 3 日简单移动平均/200 画带状线

当满足条件 3.8 上穿机构建仓 AND 机构建仓<1 日前的机构建仓时，在 0 和 3.8 位置之间画柱状线，宽度为 1，0 不为 0 则画空心柱，画紫色

当满足条件 3.8 上穿机构建仓 AND 机构建仓<1 日前的机构建仓时，在 3.8 位置书写文字，画黄色

当满足条件 10 上穿机构建仓 AND 机构建仓<1 日前的机构建仓时，在 0 和 10 位置之间画柱状线，宽度为 2，0 不为 0 则画空心柱，画粉色

当满足条件 10 上穿机构建仓 AND 机构建仓<1 日前的机构建仓时，在 10 位置书写文字，画白色

当满足条件 82 上穿机构建仓 AND 机构建仓<1 日前的机构建仓时，在 0 和 18 位置之间画柱状线，宽度为 4，0 不为 0 则画空心柱，画红色

JS：从前 3 日到前 1 日持续机构建仓>0.618 AND（统计 21 日中满足 0.618 上穿机构建仓 ORCROSS（62，机构建仓）的天数>=2)

当满足条件 JS 的 13 日过滤时，在 15 和 0 位置之间画柱状线，宽度为 4，0 不为 0 则画空心柱．，画黑色

当满足条件 JS 的 13 日过滤时，在 15 位置书写文字，画红色

问 201：什么是"黄金测量"？

答：

1. 在各个周期上都可以进行"黄金测量"。

2. 进行"黄金测量"的目的是找到主力出货的价格。

3. 测量的方法是找到开始出现黄金堆的位置，向上找到这个位置对应的那根 K 线。

如果对应的是一根实体很小的 K 线，那么主力未来出货的价格就是这

根小K线的最高价。

如果对应的是一根实体很大的K线，那么主力未来出货的价格就是这根大阴线的半分位。

4. 我们只要在这个价位上画一条水平线，就可以知道未来股价要上涨的空间，到了这个价格我们根据大盘行情，要么减仓，要么空仓。这个价格就是我们测量出来的"黄金出货价"。

5. 针对急跌下来的，并且是黄金堆数值较大的股票，我们可以测量一下它从开始打压建仓到黄金堆的峰顶，也就是跌到最低价的时候，用了多少根K线，将根数乘以1~1.25就是未来涨到"黄金出货价"的大致时间。针对缓跌下来的股票需要乘以2~2.5。

案例一： 中国宝安2017年8月11日日线截图——｛黄金测量｝

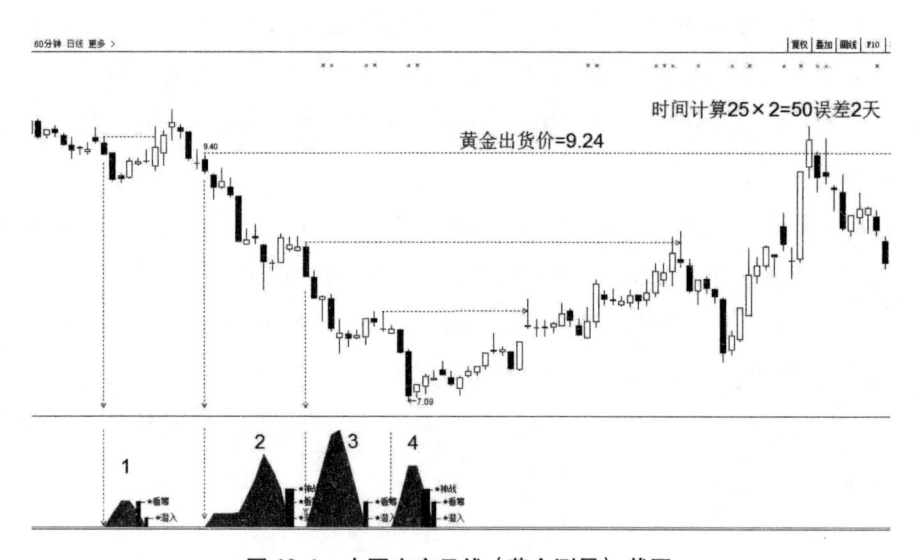

图10.1　中国宝安日线｛黄金测量｝截图

图解：

1. 这是中国宝安的日线，从图中我们可以看到4个黄金堆，在第1个黄金堆上做手打压吸筹用了3天，在5天之后把货出掉了，因此这个黄金堆对后期就没有意义了。

2. 在第2个黄金堆上打压吸筹之后主力没有出货，因为股价没有涨过

第十章 黄金测量

开始打压的那根 K 线的价格。随后做手继续打压吸筹，这样就出现了第 3、第 4 个黄金堆，在这两个黄金堆上做手都没有出货。

3. 股价到达了"极限低点"开始拉升，做手分三次出货，直到最后一笔在第一个黄金堆开始建仓的价格把货全部出掉了，时间、空间基本到位。

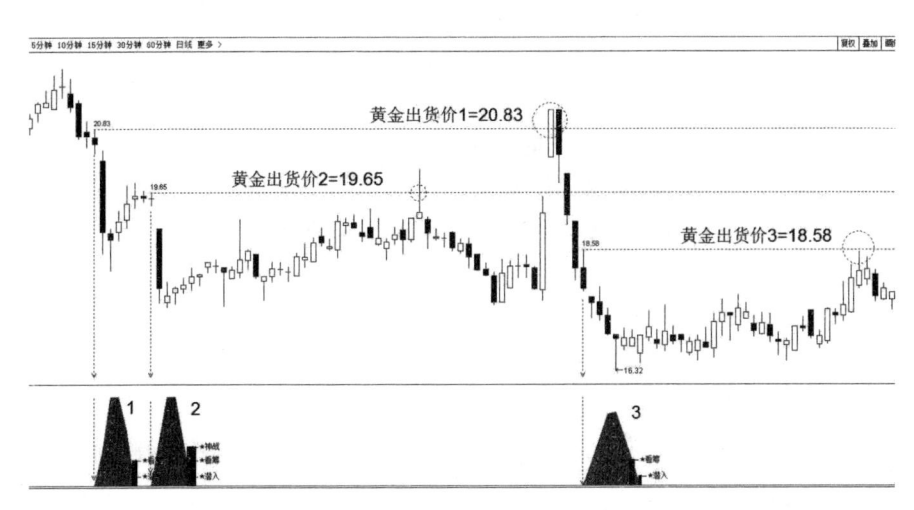

案例二：沙河股份 2017 年 6 月 19 日日线截图——｛黄金测量｝

图 10.2　沙河股份日线｛黄金测量｝截图

图解：

1. 这是沙河股份的日线，图中有 3 个黄金堆，在第 1 个黄金堆上做手没有出货。在第 2 个黄金堆上做手以 19.65 元出掉了第二次建仓的筹码，以 20.83 元出掉了在第 1 个黄金堆上建仓的筹码。

2. 只要做手进行过打压吸筹，他一定会在当初开始打压的价格上出货，否则他就不挣钱，在没有涨到"黄金出货价"的时候如果出现了暴跌、下打都是洗盘，每一次快速打压都是做手故意做出来的。

3. 做手在 20.83 元附近出掉了全部筹码，又开始打压股价，股价暴跌，在下跌第四天时做手又开始吸筹，这样就出现了第 3 个黄金堆，这个黄金堆与之前的黄金堆没有关系，到了 13.58 元做手挣钱跑了。

4. 从图中我们还可以看出"黄金测量"十分精准。

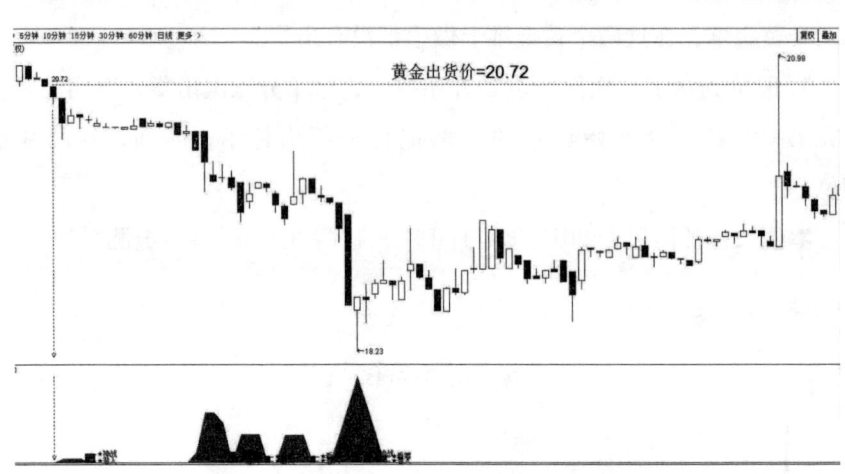

案例三：深华发 A 2017 年 6 月 27 日 15 分钟截图——{黄金测量}

图 10.3　深华发 A 15 分钟线黄金测量截图

图解：

1. 这是深华发 A 的 15 分钟线，从图中我们进一步确认了做手打压吸筹的起点就是要拉升到的高点。

2. 这个案例说明"黄金测量"适用于各个周期。黄金堆的峰值就是主力重仓的最低价。

3. 在实战中我们要耐心等待黄金堆出完整，因为做手有可能展开多次打压吸筹。

案例四：赛德电池 2017 年 11 月 20 日 1 分钟截图——{黄金测量}

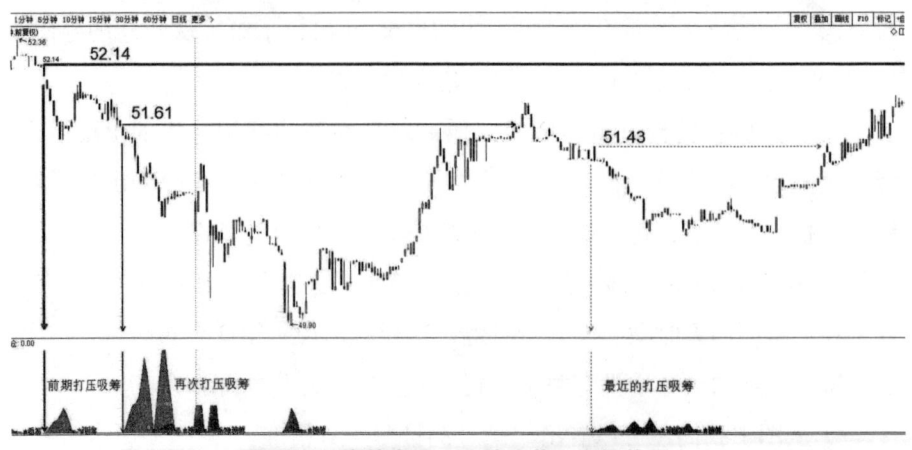

图 10.4　赛德电池 1 分钟线黄金测量截图

第十章 黄金测量

图解：

1. 这是赛德电池的 1 分钟线，图中在最近一次打压吸筹结束之后做手在 51.43 元出掉了一些筹码，而后股价继续上涨了，为什么股价还会上涨呢？这是因为做手在前期打压吸筹时所获得的筹码还没有出掉，他必须拉高到 52.14 元才肯罢休，显然股价还没有涨够。

2. 通过这个案例我们要明白，做手每一次打压吸筹都希望在最近的时间内把货出掉，但是做手常常会利用大盘的涨涨跌跌顺势拉升或顺势打压，这样做手可以节省控盘成本。总的来说，他一定会拉高到前期开始打压吸筹的价格。

3. 从图中我们还可以看到做手在中间还进行过一次大幅的打压吸筹，在 51.61 元走掉了。这是 1 分钟 K 线，从中我们应该看出主力几乎每天都在进行高抛低吸。

4. 在 1 分钟线上，主力在短周期上进行差价较大的高抛低吸说明他的控盘能力较强，这样的股票是好股票。主力做差价较小的高抛低吸说明主力的控盘能力差，有可能这只股票属于庄家自救的股票。

问 202：黄金堆有哪些特点？

答：

1. 无论哪只股票、哪个 K 线周期，做手开始打压吸筹的那根 K 线所对应的价格都是今后的"黄金出货价"，不遇天灾人祸股价一定要涨到这个价格。

2. 如果大盘配合股价常常会涨过"黄金出货价"。因为黄金堆既适用于个股也适用于大盘，大盘下跌，个股往往也下跌，大盘资金流入，个股出现黄金堆。如果大盘还没有涨到"黄金出货价"，而个股已经涨过了它的"黄金出货价"，这时个股一般会跟随大盘继续涨，直到大盘涨到了"黄金出货价"个股也就不涨了。

3. 如果个股尾盘打压吸筹，出现了较大的黄金堆，一般第二天开盘就会冲高回落，冲高的价格至少要达到"黄金出货价"。

4. 如果出全了一个黄金堆，结果股价没有涨到它的"黄金出货价"就下跌了，说明做手没有卖掉刚刚吸纳的筹码，接下来一定会出现新的黄金堆，股价涨到了后面的"黄金出货价"之后有可能继续下跌，继续出现黄金堆，但是后期股价一定会涨到最前面那个黄金堆的"黄金出货价"。

5. 如果出全了一个黄金堆不久股价就涨到或超过了这个黄金堆的"黄金出货价"，那么这个黄金堆就作废了，说明做手完成了一次高抛低吸。后面再出黄金堆就要按照新出来的黄金堆去找新的"黄金出货价"。

第二节　黄金堆交易要领

问203：黄金堆有哪些买入要领？

答：

我们的黄金堆没有买入信号，我们应该怎样找买点呢？

1. 做日线时，我们首先要通过计算或测量找到"极限低点"，在"极限低点"上要出"狼上金山"或者"狼占金山"。

2. 做515时第一次买点在黄金堆的峰值上，第二次买点在"狼上金山"的价格，第三次买点在"狼占金山"的位置。

3. 每个黄金堆的峰值都是机构分批建仓的最低价。在筑底期间一般会接连出现黄金堆，做手不断地打压吸筹，因此我们要等待机构建完仓之后再买，也就是说黄金堆出全了再买。

4. 黄金堆出全之后我们看一看：

是不是在黄金堆峰值上出现了｛空间计算｝的"极限低点"；

是不是｛最后一跌｝的最低价；

是不是｛形态计算｝或"XT-H测量"的最低价；

是不是｛出击回踩｝的最低价；

是不是出现了"狼上金山"或"狼占金山"。

5. 如果符合了某个"模"的要求那就要按"模"执行。如果前面有"狼上金山"或"狼占金山"眼下又出现了"有效突破"那就更好了。不要犹豫，不要婆婆妈妈迟迟下不了决心而与挣钱的机会擦肩而过。

6. 选股时要买"三快一准黄金票"，不能买庄家自救的股票。

问 204：什么是三快一准黄金票？

答：

1. "三快一准黄金票"是指个股在日线上"快速下跌、快速建仓、快速拉升、准确出货"的股票。压一下盘查看一下这只股票的历史习惯，就能看出来它是不是"三快"，"一准"是指这只股票只要拉到了"黄金出货价"准确出货，这样的股票占绝大多数。

2. 有的股票在某个短周期的 K 线图玩上"三快一准"，我们根据自己的资金情况和时间情况赶着主力做短线，如果有充裕的时间看盘可以做 T。资金大要选短周期，虽说每笔交易挣点不多，但获利的速度快。资金少只能选 15 分钟以上较长的周期，否则就只剩下缴费了。

案例一：中国长城 2017 年 3 月 20 日日线截图——{黄金测量}

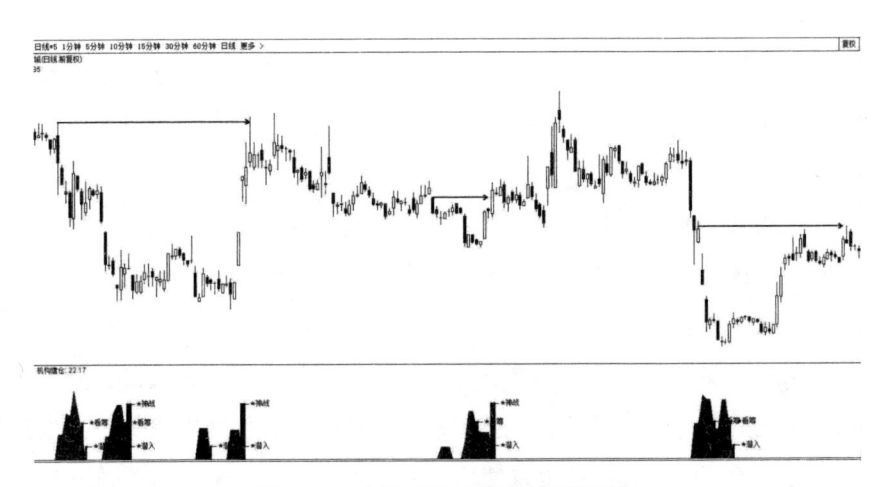

图 10.5　中国长城日线黄金测量截图

图解：

1. 这是中国长城的日线，从图中我们可以看到股价每次拉升到"黄金出货价"都出现了回打，这是比较标准的"三快一准黄金票"。

2. 在实战中，只要股价上涨到了"黄金出货价"都是减仓或空仓的机会。

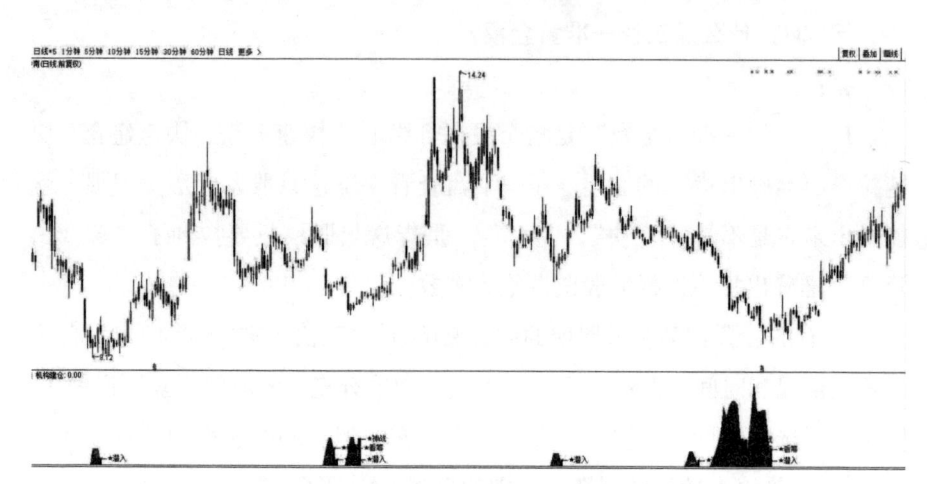

案例二： 中金岭南 2017 年 7 月 3 日日线截图——{黄金测量}

图 10.6　中金岭南日线黄金测量截图

图解：

1. 这是中金南玲的日线，从图中我们可以看到主力每次建仓之后都把股价拉起来了，这样的股票就是"三快一准黄金票"，这样的股票占绝大多数。

2. 从图中我们还可以看到，每次拉高的价格都超过了"黄金出货价"，如果我们只按照"黄金出货价"出货就会丢掉一些利润，因此我们运用计算的方法确认高点。

3. 在一般的情况下，主力每次打压吸筹的起始点都在最高的位置，股价跌下来之后这个点就成了前高点，那么主力是在"黄金出货价"上出货还是要涨过前高呢？我们还可以使用"筹码测量""三阳测量"确认股价会不会涨过前高。如果会涨过前高我们就可以大胆持股，跑完上涨的全过程。

问 205：什么是庄家自救票？

答：

1. 所谓"庄家自救票"是指在日线上股价一路缓慢下跌，一路出现大大小小的黄金堆，一走就是好几个月或者好几年，从日线上能看到黄金堆却看不到出货。这样的股票就是"庄家自救票"。

2. 遇到这样的股票首先我们可以查看它的基本面，看看是不是有什么问题。

3. 我们还可以看看它的 1 分钟 K 线，这样的股票每天都要在 1 分钟线上做很多次差价很小的高抛低吸，这点差价对他们来说是钱，对我们来说根本做不了。

4. 我们可以使用 {空间计算} 看它是不是还没有跌够。有的股票跌破了"极限低点"还要下跌，这都是"庄家自救票"，这样的股票千万别碰。

案例一：南京公用 2017 年 11 月 20 日日线截图——{黄金测量}

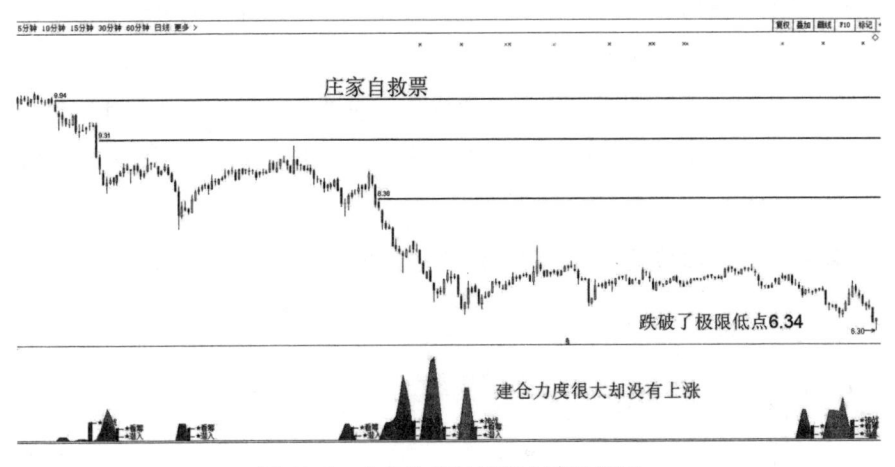

图 10.7　南京公用日线黄金测量截图

图解：

1. 这是南京公用的日线，从图中我们可以看出主力多次建仓，股价却一直没有拉起来。只见建仓，不见出货，这就是"庄家自救票"。

2. 这样的股票看似主力吃亏了实际上人家还是挣钱的，他们在盘中反复做 T 早已摊低了成本。

问 206：什么是"狼上金山"？

答：

1. 在黄金堆上出现了波段操作大级别买入信号，这种情况叫"狼上金山"。

2. 出现了"狼上金山"表示机构在筑底期间基本上已经建仓完毕，此时的黄金堆不规则，常常出现连续的黄金堆。

3. 出现的"狼上金山"是止跌企稳之后的反弹信号，接下来会走反弹 1 浪。

问 207：什么是"狼占金山"？

答：

1. 在 K 线图标上，之前曾经出现过"狼上金山"，过了很久又出现了一个独立的并且是很规则的一个小梯形黄金堆，在这个小梯形黄金堆上又出现了波段操作买入信号，这种情况叫"狼占金山"。

2. "狼占金山"是突破启动信号，接下来要走主升 3 浪，这时的长持短打信号一般不出现抄底线。

3. "狼占金山"表明机构在启动拉升之前进行了最后加仓，此次加仓之后向上突破"黄金出货价"的概率很大，能不能突破、能不能过前高要看"筹码测量"的结果。

案例一：中洲控股 2016 年 8 月 19 日日线截图——{黄金测量}

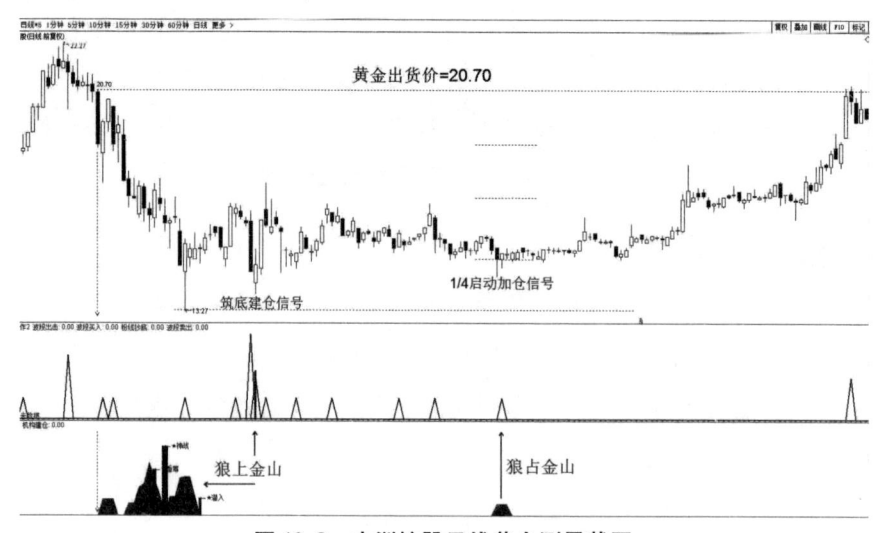

图 10.8　中洲控股日线黄金测量截图

图解：

1. 这是中洲控股的日线，在图中出现了筑底建仓的"狼上金山"波段操作大级别买入信号并带有超底线，这是第一个买点。买入信号可以在黄

第十章 黄金测量

金堆的正上方或后面，而不能在黄金堆的前面。

2. 在后面出现的加仓启动信号"狼占金山"是第二个买点，在这个点位股价不能跌破从开始打压吸筹到最低点的1/4。

案例二：TCL集团2017年11月7日日线截图——｛黄金测量｝

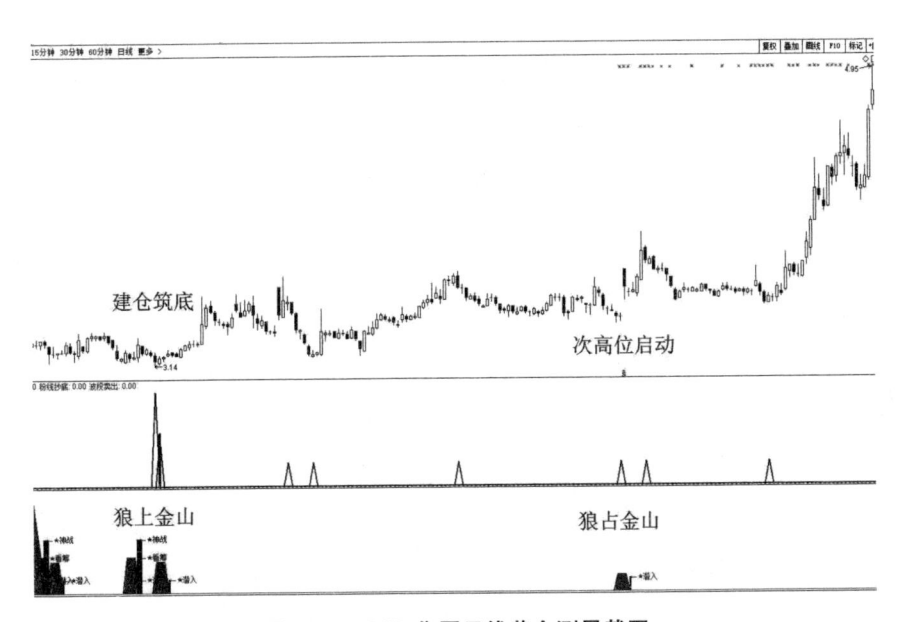

图10.9　TCL集团日线黄金测量截图

图解：

1. 这是TCL集团的日线，在实战中我们要注意，启动加仓信号不一定非要出现小梯形黄金堆，只要前期有筑底建仓黄金堆，后期股价没有跌下来反而加仓了，就可以看作是"狼占金山"的启动信号。

2. 注意不断创出新高的股票，在上涨的途中会出现多次加仓信号，例如美的集团，前有"狼上金山"，后面出现过3次"狼占金山"，股价节节攀升。

问208：黄金堆有哪些卖出要领？

答：

1. 首先黄金堆的卖点在"黄金出货价"上，这是常规的买点。

2. 为了对付能涨过"黄金出货价"的股票，在底部买入之后我们就要

253

进行"筹码测量",判断一下股价会不会过前高。对于没有可能突破前高的股票到了"黄金出货价"一走了之就好。对于要过前高的股票我们要使用｛空间计算｝算出未来的"极限高点",保守几分钱卖出。

3. 股价过了前高以后我们还可以使用"趋势三攻""三阳测量""选点线"等方法跟进止盈。

第三节 黄金时间计算

问209:什么是黄金时间计算?

答:

｛黄金时间｝计算出来的是未来股价上涨到"黄金出货价"所需要的时间,因为K线计算可以适用于各个周期,因此我们计算时要用K线的根数进行计算。

｛黄金时间｝计算有两种情况,一种是急跌的情况,一种是缓跌的情况,因此我们给出两种计算公式。｛黄金计算｝的计算的精度不够仅供参考。

案例一:徐工机械2017年7月31日日线截图——急跌｛黄金时间｝

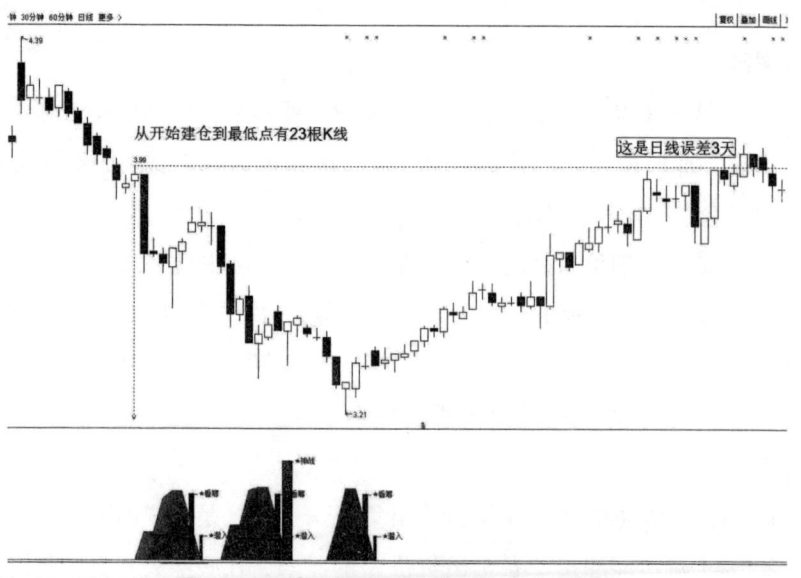

图10.10 徐工机械日线黄金时间计算截图

第十章　黄金测量

案例二：兴业矿业2017年12月5日日线截图——急跌｛黄金时间｝

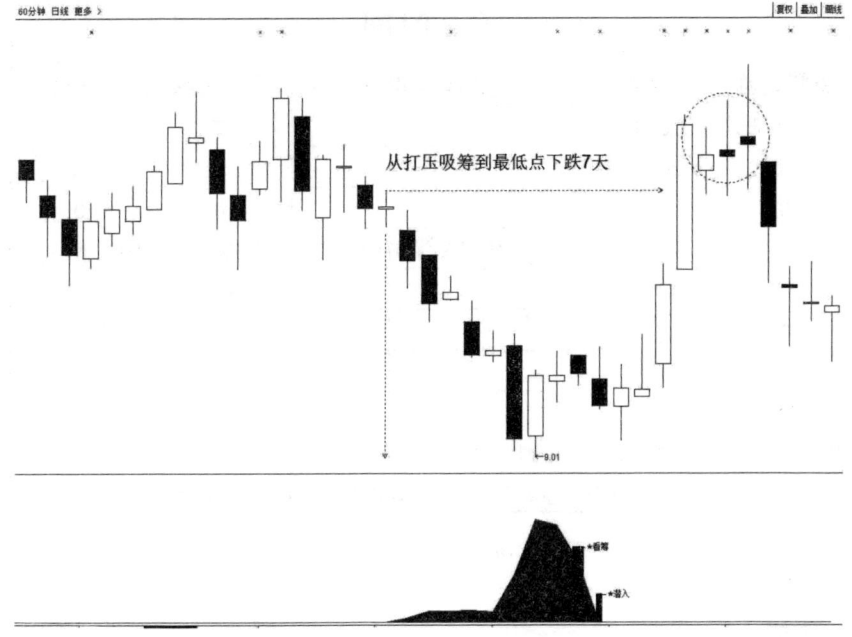

图10.11　兴业矿业日线黄金时间计算截图

案例三：四环生物2017年8月2日日线截图——缓跌｛黄金时间｝

图10.12　四环生物日线黄金时间计算截图

255

股票名称	代码	急跌K线根数	达标K线范围（根）	
徐工机械	000425	23	25	35
兴业矿业	000426	7	8	11
0	0		0	0

股票名称	代码	缓跌K线根数	达标K线范围（根）	
四环生物	000518	22	44	57
0	0		0	0
0	0		0	0

黄金时间

1. 从开始打压到最低点K线的根数！注意急跌缓跌！
2. 该计算可以用于各个周期，主要用于日线！计算时间不精确，仅供参考！

图 10.13 计算器截图

图解：

1. 我们数一下从做手开始打压吸筹的那根 K 线开始一直到 K 线最低点的那根 K 线，看看一共包含了多少根 K 线，将 K 线的根数输入计算器就能计算出来未来在多少天股价应该涨到"黄金出货价"。

2. 注意区分急跌或缓跌，选对计算公式。

3. 这种计算可以运用到各个周期。

附录4：黄金计算公式

设 A=急跌时下跌 K 线的根数　　设 B=缓跌时下跌 K 线的根数
急跌时股价到达黄金出货价的时间范围 = A * 1.1OR1.5
缓跌时股价到达黄金出货价的时间范围 = B * 2OR2.6

后　记

亲爱的读者朋友，要想把股票做好一定要掌握一门技术，简单的也好复杂的也好只要能挣钱就是好技术，靠撞大运早晚会赔得精光。

经过近10年的磨砺，傻瓜狼炒股技术逐步走向成熟，运用傻瓜狼天地量理论把握大盘、运用黄金堆和傻瓜狼交易系统把握个股总的来说赢多输少。另外，在获得财富的同时结交了很多好股友是我最大的快乐，从这些朋友身上学到了更多的知识是我最大的收获。久而久之我发现凡是在证券市场取得成功的人都有一个共性，那就是人品好、心量大肚量宽，都有一颗厚重的仁爱之心。

最近几年有幸结识了几位很有建树的私募操盘手，并学到了很多鲜为人知的秘诀，其中有擅长计算的未来老师，擅长趋势分析的曙光老师，精通盘口的东风老师和善于分析资金进出的短线高手老九老师等。说实话，傻瓜狼证券投资技术在很大程度上汲取了诸位老师的真经。在股市拼杀我们玩的是真金白银，没有扎实的技术无异于火中取栗，真的不如金盘洗手远离股市。要想在股市获利必须付出艰苦的学习，学到真本事，掌握真技能。在这本书中讲到的计算虽然说仅仅是证券投资技术的一方面内容，但是有了这样的好东西使我们的傻瓜狼如虎添翼，斩获财富更为可靠、便利。

承蒙各位老师的支持以及中国经济出版社师少林老师的鼎力相助，这套计算技术得以发表，在此我代表自己和傻瓜狼广大读者向参与出版这本书的各位老师一并表示衷心感谢。

常言道："世间众生多如蚁，莲心只渡有缘人。"也许您对书中讲到的计算和测量很感兴趣，但是您没有现成的计算器和黄金堆，这样的话，您就很难辨别这套技术的真伪，希望您把这本书读明白之后与我们联系，我们开发了《傻瓜狼交易系统》和《傻瓜狼交易计算器》体验版，您可以确认一下书中所讲的案例是不是真实的，把您手中的股票计算一下、测量一下，看看未来的走势会不会应验量化的结果，真真切切地感受一下什么是傻瓜狼量化交易。

每当我看到一些散户没有技术只能赔钱的时候真的很可怜他们，没有金刚钻硬揽瓷器活，任凭赔得一塌糊涂也不舍得投资技术的学习和掌握，殊不知这些技术凝聚着多少人的心血和付出。炒股技术是一项挣钱的技术，跟对老师、学点真东西您可以受用一辈子，不要怕您交的那点学费挣不回来，知识本无价，有了可靠的技术没有人能够阻挡您走向成功。

如果我们有缘您会得到一套《傻瓜狼视频讲座》、一套《傻瓜狼系列丛书》、一套《傻瓜狼交易计算器》、一套《傻瓜狼交易系统》，您还可以通过本人认识更多的股市高手。

我们的付出希望有所回报，有收费也只是象征性收费，希望大家理解和支持。也许您会质疑为什么是"象征性收费"，说实话，我们之所以把"黄金当稻草"奉献给大家，理由很简单，因为我信奉佛教，希望用我的菩提之心抚慰更多"落难股市"的人，用真实的技术回击股市的欺骗，用稳健的交易取代胡打乱撞。

希望有梦的朋友们加我 QQ：1214053843，或者登录我们的个人网站：www.shendishi.com 网站，免费下载《交易系统试用版》和《计算器试用版》，真真切切地体验一下傻瓜狼量化交易能不能用于实战，能不能给您带来财富。本书介绍的计算和预测仅仅是傻瓜狼技术的一部分内容，为了保证大家能够真正学会傻瓜狼技术，随时欢迎您来我们的工作室接受傻瓜狼实盘操作培训，现场选股当面交易，牛市布局长线，熊市做超级短线，看看我们的技术能不能挣钱。

最后，欢迎您早日加入咱们的团队，重拾信心，驾驭傻瓜狼勇敢地投身于第三次造富运动。

把成功，留给懂得付出的人！
把财富，留给懂得追求的人！
把技术，献给心地善良的人！

最后，恭祝大家学习顺利，投资盈利，早日实现财富梦想，把日子过

后　记

得红红火火，美满幸福。

申棣什
2018.01.01